山区公路沿河路基动态失稳机理与防治技术

柴贺军　王俊杰　唐胜传　阎宗岭　贾学明　著

科学出版社

北京

内 容 简 介

  本书综合应用现场调研、室内试验、物理模拟试验、数值模拟和理论研究等方法,在对沿河路基分类的基础上,分析了其失稳破坏特点,研究了其动态失稳机理;研究了路基静止土压力、主动土压力和被动土压力的计算方法;讨论了沿河路基地下水的渗流计算问题,给出了河水位下降过程中的路基地下水浸润线位置的计算方法;提出了一种新的土石混合沿河路基整体稳定性分析方法,讨论了节理化岩质路基稳定性的分析和计算方法;基于沿河路基防护结构常见病害类型及成因机制分析,提出了沿河路基的防护技术概要,并开发了石笼挡土墙路基防护结构。

  本书适于交通工程、水利工程、土木工程领域的研究人员、工程技术人员及研究生参考使用。

图书在版编目(CIP)数据

山区公路沿河路基动态失稳机理与防治技术/柴贺军等著.—北京:科学出版社,2017.11

  ISBN 978-7-03-053631-0

  Ⅰ.①山⋯　Ⅱ.①柴⋯　Ⅲ.①山区道路-公路路基-失稳-防治　Ⅳ.①U418.5

中国版本图书馆 CIP 数据核字(2017)第 137543 号

责任编辑:周　炜 / 责任校对:桂伟利
责任印制:张　伟 / 封面设计:陈　敬

科学出版社出版

北京东黄城根北街 16 号
邮政编码:100717
http://www.sciencep.com

北京虎彩文化传播有限公司 印刷
科学出版社发行　各地新华书店经销

*

2017 年 11 月第 一 版　开本:720×1000 B5
2024 年 1 月第三次印刷　印张:15 1/2
字数:309 000

定价:128.00元
(如有印装质量问题,我社负责调换)

前　　言

沿河路基是山区公路路基的主要类型之一,由于河水的作用,其不仅容易失稳灾变,且维修困难。通常人们将沿河路基的破坏归结为河水的冲刷作用,针对水流对公路路基的冲刷作用,许多专家和学者进行了研究,但未考虑水与岩土体之间的相互作用关系,即没有揭露沿河路基的内在失稳机理,对沿河路基的防护工程和支挡结构物的适宜性研究方面由于未充分考虑其内在灾变,致使在目前此类灾变的评价和治理方面有所欠缺。

本书在国家科技支撑计划项目"西南山区干线公路路基灾变过程控制理论与动态调控技术研究"(项目编号:2015BAK09B00)、交通部基础研究项目"山区公路沿河路基动态失稳机理与防治技术"(项目编号:2005319740090)、交通运输部联合科技攻关项目"沿河路基生态防护及地质环境保护关键技术研究"(项目编号:2006353350240)的资助下,重点开展了沿河路基的灾变机理、涉水路基的稳定性评价方法、在地下水及其动水位作用下孔隙水压力和土压力的计算方法、在滑裂面不规则或者为潜在的不规则滑裂面时涉水路基灾变体的新的稳定性计算方法、沿河路基灾变的新型防护技术的开发与应用等方面的研究。基本形成沿河路基灾变机理、稳定性计算理论、土压力计算方法和一系列防灾减灾特殊技术,近些年在重庆、四川、云南、广东、贵州等地的沿河路基灾变评价和防灾减灾中得到推广和应用。

本书共 8 章,由招商局重庆交通科研设计院有限公司柴贺军、唐胜传、阎宗岭、贾学明和重庆交通大学王俊杰共同撰写,全书由柴贺军统稿。

招商局重庆交通科研设计院有限公司李海平、杨建国、陶丽娜、张昌林、孟云伟,以及研究生胡元鑫、张丽娟、王操、蒋洋等参与了本书的部分研究工作,在此一并致以衷心的感谢。

限于作者水平,书中难免存在不足和不妥之处,敬请读者批评指正。

目　　录

第1章 绪 论

1.1 研 究 背 景

随着我国公路交通事业的发展,山区公路交通状况得到改善,但山区、丘陵由于地形所限,公路路线多沿江、沿河布线,出现大量的沿河路基,多处沿河路基出现破坏失稳灾害。从调查统计资料来看,主要有四类沿河路基:①路基为天然岸坡,岸坡为岩体或松散堆积体;②填方路基;③沿河的挖方路基;④在不良地质体上修筑形成的路基。沿河路基与其他路基的显著不同点在于河(库)水的存在,由于河流多为季节性河流,受其地质、地形、地貌条件限制,具有水流情况复杂、流速高、汛期冲刷强的特点,尤其河曲路段汛期冲刷远远高于顺直路段。也就是说,河水的存在改变了近河侧路基边缘的水动力条件、路基的地下水文条件、路基的渗透条件,造成路基遭受河水的冲刷、地下水的渗透与浸泡、路基岩土体中超孔隙水压力升高等,导致沿河路基动态变形和失稳破坏频繁发生,影响公路的正常使用。据交通运输部相关信息,仅在 2004 年汛期,由于云南、贵州、四川、重庆、西藏等省(自治区、直辖市)出现持续阴雨天气,部分地区多次遭受特大暴雨侵袭,沿河公路路基发生大量变形失稳破坏,导致部分路段短时间交通中断。截至 2004 年 7 月 30 日,全国公路出现短时间交通中断 200 余次,路基失稳破坏 5174km,导致路面破坏 8032km。为此交通运输部曾紧急安排两批资金共 5600 万元,支持云南、广西、重庆等省(自治区、直辖市)地抢修公路。由于河水的冲刷淘蚀,沿河路基不仅容易破坏失稳而且难于维修。因此,如果沿河路基失稳,不仅影响山区交通事业的发展,而且还会给当地的经济建设事业带来负面影响。

目前,山区公路沿河路基现状不佳,尤其是有的公路,有些地方随时可能因为水的冲刷、侵蚀而发生失稳。山区沿河路基失稳的主要表现为塌陷、岩崩和滑坡,公路沿河岸坡失稳现象在全国均普遍,尤以西南地区的四川、重庆、贵州、云南等最为发育,此类大小灾害每年都有发生。例如,1998 年 10 月 6 日巴塘县波戈溪乡国道 318 线 337~338km 的巴楚河沿河路基失稳,100 多万 m^3 的滑坡体中有 30 多万 m^3 推入巴楚河,30 多米高的土坝导致巴楚河被阻断并形成水库。四川成都至九寨沟公路茂县的周场坪段为沿河路基,1995~1998 年,因为路基内地下水及河流冲刷等作用导致该路基多次失稳,路基多次修建,在该段留下 5 个高程不同的废弃路基,最终公路不得不架桥从河对岸通过。该段公路因为河水作用而造成的路基变形、失稳的现象随处可见,每年因此维护路基的费用很高。1995 年 7 月 25 日康定境内瓦丹公路 28km 处,大渡河左岸落鹰岩由于河水的作用失稳发生岩崩,8万多 m³ 乱石堵塞大渡河,使之断流约半小时之久。1997 年甘孜州苏洼龙乡金沙江左岸发生大型滑坡,一次性约 10 万 m³ 的土体滑入江中;1996 年黑水河德石窝沟右岸哈木山发生大型岩崩;1994 年武隆县鸡冠岭发生岩崩,30 万 m³ 的乱石泄入乌江河道。长江上游的岷江、涪江、沱江,以及安宁河中游冕宁—德昌段的沿河公路等都不同程度存在失稳现象;贵州的乌江,西藏自治区的泊龙藏布,云南的澜沧江、怒江及其支流也都出现沿河路基的失稳破坏,造成不同程度的断路和灾害。以长江干流宜宾到武汉段 1700 多 km 的河道为例,公路路基稳定性差和较差的地段,左岸占 52.4%,右岸占 53.8%。这些灾害不但导致公路被毁,而且阻塞河道对当地造成严重社会影响和经济损失。

1.2　研究内容

沿河路基所处的环境具有以下三个鲜明的特点:①路基受到水流冲刷与淘蚀作用;②江河水位变化使路基侵蚀部位变化,坡体内孔隙水压力、渗透压力也发生变化;③在水岩耦合作用下,路基岩土材料的流变作用会加剧透水层孔隙水压力变化,甚至产生超孔隙水压,使不透水层产生上浮力,导致路基失稳。沿河路基的失稳是多种因素,特别是上述三种因素长期作用而发生的一种演变过程。每种因素都可能在一定条件下成为路基失稳的决定性因素。沿河路基的稳定是相对的,稳定中存在不稳定性,失稳是各动态因素作用的结果。因此公路沿河路基失稳是一种动态过程,称为动态失稳。

对于第一个特点,交通运输部近 30 年来将其作为水毁,不同地区根据本地特点展开大量研究,取得很多成果,这些研究成果在路基水毁的评价和设计中得到应用。但在结构物的设计和既有构筑物的危险性评价中,冲撞力和冲刷深度两个参数的确定和计算依据不够充分。在这两个参数方面未再做进一步的研究工作。

对沿河路基的后两个特点前人研究较少,缺乏能用于路基评价和设计的成果。因此有必要对沿河路基灾变机理、稳定性评价方法、土压力计算方法和此类灾害的防灾减灾技术等进行重点研究,以便为沿河路基灾变确定合理的沿河路基防护工程和支挡结构形式与防护治理方案提供依据,也可以为沿河路基的防护工程和支挡结构的设计方案选择提供充分的论证依据。

本书包括以下三个部分:

(1) 沿河路基在多种因素耦合作用下的动态失稳机理研究。

(2) 动水位作用下沿河路基稳定性研究。

(3) 沿河路基防护工程和支挡结构的工程适宜性研究。

1.3　研 究 意 义

目前我国山区高等级公路处于建、管、养并重之际,而本书解决的问题是目前山区高等级公路修筑、养护面临的主要问题,因此,本书解决沿河路基在水流作用下的动态失稳机理,为支挡结构和防护工程的选择与设计提供技术支撑,不仅具有较大的经济价值和技术价值,而且具有较好的社会效益。

1.4　国内外研究现状

沿河路基是山区公路路基的主要类型之一,由于河水的作用,其路基不仅容易失稳破坏,且维修困难。通常人们把沿河路基的破坏归结为河水的冲刷作用,针对水流对公路路基的冲刷作用,许多专家和学者从岩土力学、水力学、河流动力学及泥沙运动规律的角度对沿河路基的水毁破坏和防护措施等方面进行研究。这些研究成果都是基于水流冲刷作用,并未考虑水与岩土体之间的相互作用关系,即没有揭露出沿河路基的内在失稳机理,对沿河路基的防护工程和支挡结构物的适宜性研究方面也有所欠缺。

山区公路沿河路基的失稳是一个多因素作用的动态过程,其主要原因为河水对路基的冲刷淘蚀作用、河库水水位的变化引起路基岩土体内的孔隙压力及渗透压力发生变化而使岩土体发生变形破坏及地下水对岩土体的各种不良作用。沿河路基的失稳是上述三种因素长期作用下而发生的一种动态演变过程,因此对沿河路基失稳机理的研究并不能局限在路基水毁研究范畴,而是包括上述三种因素的综合研究,彻底研究清楚其失稳机理,为沿河路基的支护和防治提供理论依据。下面分别从水在岩土体中的渗流、渗流场-应力场耦合分析,以及沿河路基防护工程和支挡结构的主要型式及特点等多个方面进行论述。

1.4.1　水在岩土体中的渗流及孔隙水压力的确定

通常人们把沿河路基的破坏归结为河水的冲刷作用,针对水流对公路路基的冲刷作用,文献[1]~[7]从水力学、河流动力学及泥沙运动规律的角度进行研究。这些研究成果都是基于水流冲刷作用,并未考虑水与岩土体之间的相互作用,即没有揭露出沿河路基的内在失稳机理。高冬光等在西藏自治区进行了川藏公路沿河路基水毁研究,对沿河路基水毁进行了成因分析并对其工程防护措施进行研究[1]。

对于水在岩土体介质中的运动规律,其实质最终可归结为三个方面的问题:①岩土体介质;②水的问题;③水与岩土体介质的相互作用。对于沿河路基岩土体和水而言,其研究核心在于岩土体的透水性、河水的冲刷淘蚀作用、地下水的静水压力和渗透力,以及各种荷载引起的超孔隙水压力。

Darcy 定律表明,渗流速率 v 与水力梯度 i 之间呈线性比例关系,比例系数 K 称为渗透系数,其数学表达式为

$$v = -Ki \tag{1-1}$$

式中,负号为渗流方向与水中势能增加方向相反。

Darcy 定律是最基本也是最简单的渗流本构方程,大部分土的渗流服从 Darcy 定律,但也有相当一部分土的渗流不服从 Darcy 定律。土体的类别不同,其渗透性也不同。砂性土的渗透性受其颗粒大小、级配、密度及土中的封闭气泡等影响;影响黏性土渗透性的因素要比砂性土复杂,其矿物成分、土的结构和组构对渗透性均有影响。例如,对黏性土,龚晓南给出公式来反映黏性土孔隙比 e 与渗透系数的关系,即

$$e = \alpha + \beta \ln K \tag{1-2}$$

式中,e 为孔隙比;K 为渗透系数;α 与 β 为与塑性指数有关的常数。

各类土的渗透系数变化范围很大,见表 1-1。同时,由于土体具有各向异性,其渗透性也具有各向异性的性质。

表 1-1　各类土渗透系数变化范围[7]

土的种类	渗透系数/(cm/s)
卵石、碎石、砾石	$> 1 \times 10^{-1}$
砂	$1 \times 10^{-1} \sim 10^{-3}$
粉土	$1 \times 10^{-3} \sim 10^{-4}$
粉质黏土	$1 \times 10^{-5} \sim 10^{-6}$
黏土	$\leqslant 1 \times 10^{-7}$

地下水动力学中给出地下水三维非稳定流微分方程:

$$\frac{\partial}{\partial x}\left(K_x \frac{\partial H}{\partial x}\right) + \frac{\partial}{\partial y}\left(K_y \frac{\partial H}{\partial y}\right) + \frac{\partial}{\partial z}\left(K_z \frac{\partial H}{\partial z}\right) = \mu_s \frac{\partial H}{\partial t} \tag{1-3}$$

如果为稳定流,则其微分方程变为

$$\frac{\partial}{\partial x}\left(K_x \frac{\partial H}{\partial x}\right) + \frac{\partial}{\partial y}\left(K_y \frac{\partial H}{\partial y}\right) + \frac{\partial}{\partial z}\left(K_z \frac{\partial H}{\partial z}\right) = 0 \tag{1-4}$$

式中,μ_s 为储水率;H 为渗流水头;K_x、K_y、K_z 为 x、y、z 方向的渗透系数。如果为各向同性介质,即 $K_x = K_y = K_z = K$,式(1-4)变为著名的 Laplace 方程:

$$\frac{\partial^2 H}{\partial x^2} + \frac{\partial^2 H}{\partial y^2} + \frac{\partial^2 H}{\partial z^2} = 0 \tag{1-5}$$

此时水中渗流水头与流速的关系为

$$\begin{cases} u_x = -K\dfrac{\partial H}{\partial x} \\[2mm] u_y = -K\dfrac{\partial H}{\partial y} \\[2mm] u_z = -K\dfrac{\partial H}{\partial z} \end{cases} \tag{1-6}$$

根据有效应力原理,饱和土体内任一平面内受到的总应力可分为有效应力和孔隙水压力两部分,土的变形与强度的变化只取决于有效应力的变化。确定土体中的孔隙水压力,也就能确定其有效应力。孔隙水压力可以通过实测求得,也可以通过计算求得。在各种经典土力学教科书中详细说明了自重应力情况静水位条件下和稳定渗流条件下的孔隙水压力的计算方法。沿河路基除了要受到河流冲刷淘蚀作用外,还要受到行车荷载,因此研究附加应力状态下的孔隙水压力(即超静孔隙水压力)就显得非常重要。确定附加应力状态下的孔隙水压力的一种较为简便的方法是利用孔压系数的概念对孔压进行计算[8]。Skempton 等认为,土中的孔隙压力不仅是由于法向应力所产生,而且剪力的作用也产生新的孔隙压力增量,并在三轴试验研究基础上,提出复杂应力状态下的孔隙压力表达式[9]:

$$\Delta u = B\left[\Delta\sigma_3 + A(\Delta\sigma_1 - \Delta\sigma_3)\right] \tag{1-7}$$

式中,$\Delta\sigma_1$ 和 $\Delta\sigma_3$ 分别为土中大、小主应力的增量;A、B 分别为不同应力状态下的孔隙压力系数。A 常用试验测定,B 的表达式如下:

$$B = \frac{1}{1 + nC_V/C} \tag{1-8}$$

式中,C_V、C 分别为孔隙流体与土的体积压缩系数。

对于饱和土,$B=1$;在非饱和土的情况下,由于土的孔隙中含有空气,$B<1$,且随应力变化而变化。因此,只要知道土体中任一点的大、小主应力变化情况,就可以根据三轴不排水试验中测出的孔压系数 A、B,并利用式(1-7)计算出相应的初始孔隙压力[10~12]。如果不是轴对称三维应力状态,而是一般三维应力状态,主应力增量为 $\Delta\sigma_1 > \Delta\sigma_2 > \Delta\sigma_3$,Henkel 针对此情况提出一个确定饱和土孔隙压力的修正公式,即

$$\Delta u = \frac{1}{3}(\Delta\sigma_1 + \Delta\sigma_2 + \Delta\sigma_3) + \frac{a}{3}\sqrt{(\Delta\sigma_1 - \Delta\sigma_2)^2 + (\Delta\sigma_2 - \Delta\sigma_3)^2 + (\Delta\sigma_3 - \Delta\sigma_1)^2} \tag{1-9}$$

式中,$\Delta\sigma_2$ 为中主应力的增量;a 为 Henkel 系数,需要进行试验测定。而对于非饱和土,毕肖普(1960)提出了修正的有效应力公式:

$$\sigma = \sigma' + u_a - \chi(u_a - u_w) \tag{1-10}$$

式中,u_a 为孔隙气压力;u_w 为孔隙水压力;χ 为与饱和度有关的系数,对于饱和土

其值为 1，而对于干土则为 0。Fredlund 也详细说明了孔隙压力参数的推导，但同时也重点说明这些公式不是用来取代孔隙压力参数的直接量测。墨西哥的 Badillo 在对非饱和固结土的研究中提出一个可用于三轴试验的重塑土、正常固结或预固结土的孔隙压力公式，即

$$\frac{\Delta u}{\sigma_c}=\frac{\Delta \sigma_m}{\sigma_c}-\left(\frac{\sigma_e}{\sigma_c}-\frac{\sigma_c}{\sigma_e}-1\right)\left[\frac{\sigma_1-\sigma_3}{(\sigma_2-\sigma_3)_f}\right]^\beta \tag{1-11}$$

式中，σ_m 为平均应力；σ_c 为各向同性作用的固结应力；σ_e 为与 σ_c 体积变形等效的固结力，正常固结时二者相等；$(\sigma_2-\sigma_3)_f$ 为固结时剪切破坏的应力状态，破坏时 $[(\sigma_1-\sigma_3)/(\sigma_1-\sigma_3)_f]^\beta \to 1$，实用时可用三轴固结试验确定系数 β。文献[13]、[14] 在 Skempton 公式基础上根据有效应力理论，以弹性理论和混合物理论为基础导出非饱和黏土孔隙压力的一般公式，并由此得出各向同性压缩和侧向约束压缩两种情况下的孔隙压力计算公式，其表达式见式(1-12)～式(1-15)。

各向同性等压的孔隙压力公式：

$$\Delta u = B\Delta \sigma_z \tag{1-12}$$

$$B=\frac{1}{1+n\dfrac{C_a(1-S_r)-C_w S_r}{m_V(1-n+nS_r)}} \tag{1-13}$$

式中，u 为孔隙度；C_a 为孔隙气的体积压缩系数；C_w 为孔隙水的体积压缩系数；S_r 为饱和度；m_V 为滑架的体积压缩系数；B 为孔隙水压力系数。

侧向约束压缩的孔隙压力公式为

$$\Delta u = B'\Delta \sigma_z \tag{1-14}$$

$$B'=\frac{1}{1+n\dfrac{C_a(1-S_r)-C_w S_r}{m_V(1-n+nS_r)}\left[1+\dfrac{2(1-2\nu)}{1+\nu}\right]} \tag{1-15}$$

试验结果表明，式(1-12)～式(1-15)与 Skempton 公式构成一致，其中系数 B 的试验结果显示毛细压力对孔隙水压力有一定的影响。表 1-2 所示为孔隙水压力系数 A 的值。

表 1-2　孔隙水压力系数 A 的值

土样(饱和)	A(破坏时)	土样(饱和)	A(对基础沉降来说)
很松的细砂	2～3	严重超固结黏土	$-0.5～0$
灵敏黏土	1.5～2.5(0.75～1.5)	很灵敏的软黏土	>1
压实砂质黏土	0.25～0.75	正常固结黏土	0.5～1
正常固结黏土	0.7～1.3(0.5～1.0)	超固结黏土	0.25～0.5
轻度超固结黏土	0.3～0.7(0～0.5)	严重超固结黏土	0～0.25
压实黏质砾石	$-0.25～0.25$		

针对应变软化材料破坏过程中的局部变形和剪切带形成问题,在广义吸力概念的基础上,沈珠江提出广义孔隙压力模型。该模型设 $\bar{s}_0$ 为材料变形前所固有的初始广义吸力,定义广义孔隙压力如下:

$$\bar{p} = \bar{s}_0 - \bar{s} \tag{1-16}$$

式中,$\bar{s}$ 为广义吸力,它的作用相当于非饱和土中存在的毛细管吸力[15]。

广义孔隙压力与原来意义上的孔隙压力的不同之处在于后者是可以消散的,而前者则是不能转移的。广义孔隙压力模型的提出,使应变局部软化问题可以应用常规有限元方法进行分析,从而为解决实际工程中的逐渐破坏问题开辟新的途径,对分析沿河路基的渐进性破坏具有重要意义。但应该注意到,运用浮容重简化有效应力的计算,在无渗流的情况下是对的,而在有渗流的条件下只是近似的。现在计算机已经普及,这样简化的意义已不是很大,应当尽可能采用总应力减去孔隙压力的正规算法[16]。

在荷载作用下,路基边坡土体中会产生超孔隙水压力。众多学者对于荷载所引起的超孔隙水压力进行了研究[17,18]。例如,邓子胜利用振动试验研究饱和细粒物料中的超孔隙水压力,获得超孔隙水压力随时间变化的关系定量曲线,论述饱和细粒物料在振动作用下其超孔隙水压力的产生、发展和消散三个阶段,孔隙水在超孔隙水压力作用下向负压区流动而使超孔隙水压力逐渐消散。连镇营和韩国城经过计算分析,比较两种渗透系数下的土体超孔压的消散规律,研究坑壁的侧向变形随固结时间的变化趋势,给出坑底超孔压分布的三维性状。

张有天[19]利用土力学、土动力学及地下水动力学的原理建立超孔压模型,并对唐山沿海地区砂土液化进行研究。陶振宇和窦铁生[20]、速宝玉等[21]研究了沉桩所引起的土体中的超孔隙水压力,引入时间、深度参数分析在饱和软黏土中沉桩时引起的超静孔隙水压力,给出考虑固结效应的超静孔隙水压力的三维解析解;分析超静孔隙水压力在消散过程中桩周土发生曼德尔效应的时间和区域,提出在群桩施工过程中土体中的超静孔隙水压力是消散与累加的综合过程。

仵彦卿[22]通过对挤土桩桩基施工过程中实测资料的分析和理论研究,对饱和软土中桩群范围内超孔隙水压力的产生、分布和变化趋势进行探讨,对桩群外超孔隙水压力的分布规律和影响范围也进行讨论,并认为单桩周围的土压力增量和超孔隙水压力可用圆柱孔扩张理论近似解表示。张均峰等[23]对冲击时饱和砂土超孔隙水压力进行试验研究,得到其建立和消散过程,分析多次冲击对超孔隙水压力建立的影响,得到一次冲击就能使饱和砂土完全液化的冲击强度临界值[23]。

1.4.2 地下水对岩体及其裂隙的力学作用

节理岩体不同于土体,它不是由细颗粒组成的多孔介质,而是由被裂隙切割后的岩石块体所构成的实体,是一种多相介质体系,具有各向异性、不连续性及非均质性的特点,是具有某种几何形状的不连续裂隙系统。因此,岩体的渗流相对于土体的渗流是不一样的,有着相当大的区别。对于大多数岩石块体而言,其渗透性是相当弱的。但岩体是由裂隙切割的岩石块体组成的,岩体中的裂隙系统就构成岩体的透水系统。有裂隙的岩体与无裂隙的岩石块体相比较,其渗透系数要大3~5个数量级[24],并且节理岩体中的裂隙可以分为好多组,因此裂隙岩体渗流是各向异性的。

　　节理中水的渗流与节理的张开度有关系,也与节理表面的粗糙度有关。为了方便研究水在裂隙中的流动,必须将裂隙进行一定程度的简化或抽象,最早是将裂隙简化为两块光滑平行板构成的缝隙。Snow 对裂隙水力学进行开创性的试验研究和理论研究,建立了通过裂隙的流量与裂缝宽度 3 次方成比例的经典公式(立旋律)[25],即

$$q = K_f J_f e = \frac{g e^3}{12\mu} J_f \tag{1-17}$$

式中,μ 为水的黏滞系数;J_f 为水力梯度。

　　当节理面粗糙,节理开度也是变化的,且节理内常有各种充填物充填时,立方定律丧失其应用条件,不能准确描述粗糙节理水渗流状态,这是不能解决实际问题的。为此,可以采取修正节理开度[26]和修正渗透系数[27]两种方法进行处理。

　　与饱和状态相比,裂隙在非饱和状态及部分饱和状态下,其水力特性是不同的[28]。饱和状态下其裂隙孔隙压力大于 0,绝大部分水流是按照立方定律分布在大的裂隙里;非饱和状态下其裂隙孔隙压力为负值,绝大部分水流分布在隙宽较小的范围内,其大隙宽区因毛细管吸力较小而不能持水。杜时贵[24]认为,大多数坚硬岩石的黏聚力 c、内摩擦角 φ 值不会因为水的存在而有显著的变化。但剪切强度降低是因为节理面有效法向应力降低所引起的。

　　节理中地下水的存在降低了软岩节理的强度,使硬岩中非贯通节理的尖端产生应力集中而使裂隙容易扩展和变形。确定坚硬岩体的强度特性时,裂隙孔隙水压力比含水量更为重要。但对如泥岩等软岩来说,除了要考虑地下水降低岩体节理的有效法向应力外,还要考虑 c、φ 值的变化。岩体中的渗透压力对岩体的变形有着非常重要的影响,渗透压力导致节理的扩展和变形,而节理的扩展和变形又加大地下水渗流,二者相互作用,影响岩体的稳定性。文献[29]、[30]由均质裂隙岩体不同深度的钻孔压水试验资料提出岩石渗透系数与正应力的著名半经验公式:

$$K = K_0 e^{-\alpha \sigma_v} \tag{1-18}$$

并认为正应力很小时,裂隙隙宽为 0 的接触区类似一些相互独立的小岛;正应力很大时接触区扩大为中间有湖泊的陆地。因此,裂隙内是否能形成水流与裂隙尺寸有关。郑少河和赵阳升等用实际裂隙进行三轴应力条件下的渗流试验,在假定裂隙面的剪应力为 0 的前提下,提出改进公式:

$$K_f = K_{f_0} \exp \left\{ -\frac{2[\sigma_2 + \mu_R(\sigma_1 + \sigma_3) - \beta p]}{k_n} \right\} \tag{1-19}$$

式中，σ_2 为裂隙的法向应力；k_n 为裂隙的法向刚度；p 为裂隙内的水压力；β 为系数；K_f 为天然单裂隙渗透系数；K_{f_0} 为常数。

式(1-19)相对式(1-18)而言考虑了三维应力，但只考虑应力的一个主方向与裂隙垂直的特殊情况。

1.4.3　降水及河水位变化对路基的影响

沿河路基边坡除受河水的冲刷淘蚀作用外，降水入渗也会影响路基及边坡稳定性；路基边坡会因河水位周期性变化而失稳；路基边坡地下水会在降水和河水位周期性变化的情况下与河水进行水交换。同时由于沿河路基岩土体的特殊性，传统的饱和土渗流和稳定分析方法无法描述水位升降过程中路基边坡中孔压场的变化及对其稳定性的影响规律。因此，沿河路基毁损问题中的渗流影响具有一定特殊性。

针对边坡对降水的响应，文献[31]、[32]进行了试验研究。其中文献[31]利用枣阳大冈铺二级泵站引渠边坡进行实地降水模型试验，并利用非饱和土简化固结理论数值模拟与监测结果进行比较，结果显示，非饱和土简化固结理论可以模拟膨胀土渠道边坡降水入渗过程，并能全面反映边坡在入渗过程中吸力丧失、有效应力降低、土体膨胀回弹及水平变形的全过程。文献[32]针对成渝线典型路基边坡对降水过程的响应进行模型模拟研究，认为对边坡渗流场和应力场产生显著影响的降水过程应该满足三个基本条件：降水前经历过较长时间的炎热天气，土层蒸发强烈、初始渗透性良好；降水过程以中到大雨开始，且持续较长时间；降水量大，但边坡的破坏不一定在地下水位最高处发生，很可能发生于水位回落过程中。

连续降水在路基地下水位以上非饱和区形成暂态饱和区，使原来负的孔隙压力变成正的孔隙压力，其实质是导致路基岩土体非饱和区基质吸力降低。降水渗入路基是饱和和非饱和、稳定和非稳定渗流过程。文献[33]~[35]针对饱和和非饱和渗流对边坡稳定性影响规律进行研究。文献[33]研究非饱和土强度随基质吸力变化的规律，对基质吸力影响边坡稳定性的机制进行探讨，并提出相应的分析方法。文献[34]根据岩土饱和和非饱和渗流理论，考虑降水入渗的影响，利用有限元方法，对强降水条件下公路边坡地下水渗流场动态进行数值模拟，得到降水过程中边坡地下水压力水头、总水头和流速的变化规律。文献[35]建立饱和和非饱和土的稳态及非稳态流的二维数值模型，并针对公路边坡进行降水过程边坡地下水的数值模拟，得出基质吸力的存在大大降低了土的渗透系数这一结论。

路基边坡地下水会与河水进行水交换和相互补给，这种交换补给过程是随着地下水位和河水位变化而变化的动态过程，因此路基边坡岩土体水头的时空分布是重要的研究内容。文献[36]对河渠边界控制的半无限含水层,建立垂向入渗与河渠水平渗透共同作用下的潜水非稳定渗流模型,并给出模型的解析解,根据解的数学特征讨论其对应的物理意义和潜水位的变化规律。文献[37]～[39]研究不同渗透系数滑坡体的稳定性受库水位下降速率影响的变化规律,得到库区降水速率、渗透系数与边坡稳定性之间的关系,其研究结果对沿河路基毁损问题中的渗流影响有一定的借鉴意义。

1.4.4 介质模型及渗固耦合研究现状

张有天[19]将不同的模型归结为两类:离散模型和连续介质模型。经过整理,离散模型包括裂隙水力学、典型裂隙面模型和 Monte-Carlo 模拟;连续介质模型含有有限元法、边界元法和电阻网络法。仵彦卿将岩土体介质模型也分为两类:集中参数型模型和分布参数型模型。集中参数型模型又分为多变量自回归模型、人工神经网络模型和非线性混沌动力学模型;分布参数型模型可分为连续介质模型、等效连续介质模型、裂隙网络模型、狭义双重介质模型和广义双重介质模型[40～43],其模型结构如图 1-1 所示。

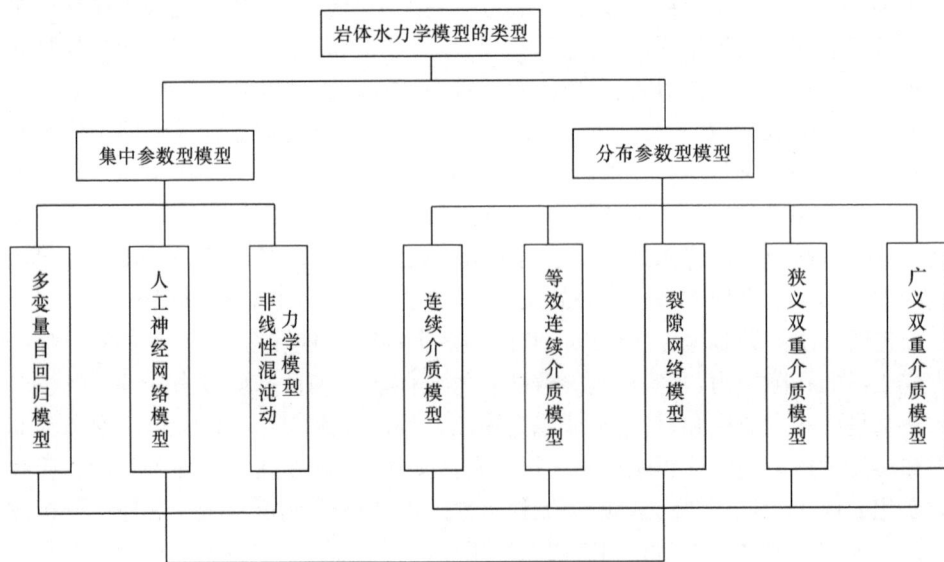

图 1-1 岩体水力学模型框图

在此基础上,为了方便建模分析,将岩土体介质模型进行抽象,概括为大三类:等效连续介质模型、裂隙网络模型和裂隙孔隙介质模型[44]。

等效连续介质模型是将岩块-裂隙系统等效为连续介质,用连续介质理论描述渗流方程。其优点是可以直接应用较成熟的孔隙介质渗流理论,但其不足之处也是较为明显的:适用范围常受到限制;典型单元体的大小和等效水力参数较难确定;不能很好地刻画裂隙的特殊导水作用。Louis 曾提出,将裂隙岩体当成连续介质还是不连续介质应仔细进行分析[45]。

裂隙网络模型认为岩块不透水,整个地下水运动是通过裂隙网络进行的,其渗透性在保持流量相同的原则下用连续介质渗透张量表示。该模型能较好地描述裂隙岩体渗流的非均质各向异性。裂隙网络模型中用得较多的是 Long 提出的圆盘裂隙网络模型和 Dershowitz 提出的多边形裂隙网络模型。这两种模型的本质区别在于裂隙端部的接触方式不同,前者尖灭于完整岩石中;后者以交线形式与另一组裂隙相接。但是否可以按等效连续介质模型处理的前提是:存在样本体积单元REV,且 REV 的体积相对较小;渗透张量满足渗透椭圆或渗透椭球[44~47]。

裂隙孔隙介质模型也是一种连续介质模型。该模型认为岩块孔隙及微裂隙系统和裂隙系统连续地充满整个研究区域,将裂隙岩体看成是具有不同水力参数的两种连续介质的叠加体,渗流场均建立在 Darcy 定律的基础上,根据两种介质间的水交换项来联立求解各自的渗流场。但是该模型在实际应用中却难以确定其物质交换系数,在一定程度上影响其拟真性[43,48]。

当荷载不是太大,孔隙的变形相对较小,且不会明显影响介质的渗透系数时,可将孔隙介质渗透系数当成常量处理。这种方式多用于工程问题中。孔隙介质渗透系数较小,在突然加载时,其孔隙水压力会增大,有效应力降低;随着时间增长,孔隙水压力会消散,其水力(HM)耦合形式体现为孔隙压力与应力随时间的变化,表明渗流场与应力场的相互作用,也称为固结。Biot 提出固结理论[49]:

$$\frac{1}{1-2\mu}v_{j,ij}+v_{j,ij}+\frac{2(1+\mu_{\mathrm{K}})}{E_{\mathrm{K}}}(p,i)=0, \quad i,j=1,2,3 \tag{1-20}$$

文献[50]通过非线性有限元数值分析求出土坡内部的有效应力场、位移场和孔隙水压力场,并确定可以对开挖土坡变形和稳定性进行长期性状预测。文献[51]给出平面应变条件下建立在平衡微分方程及渗流连续性方程基础上的 Biot固结方程,认为该方程中的耦合矩阵是单元节点孔隙压力所对应的那部分节点力,其实质上体现了固结过程中孔隙压力对节点位移的影响。李培超推导了基于多孔介质的饱和多孔介质有效应力原理,并将该有效应力原理引入流固耦合渗流中,根据平衡条件得出应力方程;由耦合渗流的物理特性建立起孔隙度和渗透率动态模型;考虑耦合情形下多孔介质骨架变形特性和流体的可压缩性,得到孔隙流体的连续性方程。在此基础上建立饱和多孔介质流固耦合渗流数学模型,并认为 Biot 固结理论对于饱和土一维固结而言是该模型的一种简化[52]。

裂隙岩石是裂隙孔隙介质,岩石中的裂隙构成的网络是主要的透水通道;裂隙岩石的变形主要是裂隙的变形,当岩石受压时,裂隙的变形必然影响渗透系数或渗透张量的变化,渗透张量与应力张量之间有明显的相关关系,因此不能作为常量处理。林成功和关德伦[53]用严格的理论推导渗透系数作为变量时两场耦合的公式及方法。Zimmerman 等用统计模型生成变隙宽裂隙,其力学刚度和水力传导系数均为裂隙法向应力的函数,裂隙变形及裂隙水力学计算都用边界元法进行计算和耦合分析[54]。王媛等[49]应用有限元理论,同时以应力场和渗流场为未知量,使每一节点的自由度成为 4 个,进行渗流场和应力场直接耦合分析并可用于求解弹塑性问题,称为四自由度耦合法。任长吉等[43]研究裂隙岩体应力场改变对渗流场影响的作用机理,推导出渗透系数和给水度受应力影响的表达式,进而研究渗流场的变化引起应力环境的变迁,在此基础上建立了两场耦合工作方式和等效连续介质模型耦合数学模型。

目前对于渗流场与应力场的耦合方式,认为主要有两种:一是两场是相互影响、相互作用的,这两种作用通过反复耦合达到动态稳定状态;二是两场必有一场是主动变化场,另一场为被动接受场,一个场的变化诱发另一个场发生变化,后者的变化又反过来影响前者的变化是不可能的。虽然渗流场与应力场双场耦合方式存在差异,但其有着相似的数学模型,即渗流场模型-耦合桥梁或关系-应力场模型[55]。而耦合关系也是多种多样的,如体应变-水头关系、渗透压力-位移关系、应力-渗透系数关系等。因此,渗流场与应力场耦合问题具有两种不同的耦合法,即直接耦合法和间接耦合法。直接耦合法是将渗流场与应力场直接耦合求解,无需进行渗流场及应力场反复迭代,只要按时间过程连续求解即可得到全部结果,在每一时间步内不存在收敛问题。例如,王媛的四自由度耦合法即是直接耦合法,将渗流和应力两类非线性问题在同一次迭代中完成。间接耦合法是先根据渗流场模型进行应力场分析(或根据应力场进行渗流场分析),在求得应力张量的基础上求解渗透张量,如此反复迭代进行求解。例如,文献[56]根据初始裂隙网络情况求解渗流场模型,得出水头分布 $H(x,y,z)$,再求出应力场模型,得出位移场和应力场分布,然后用节理单元各节点的位移计算各条裂隙隙宽的变化,进而求出修正后的裂隙模型。如此反复迭代,求出精度要求下的解。间接耦合法也称为双场交叉迭代法。

无论渗流场模型和应力场模型如何变化,双场耦合分析的实质是在二者的耦合机理即耦合关系上。双场耦合分析主要是从建立渗流介质模型和双场耦合机理分析两个方面考虑的。

对于渗流介质模型而言,大多数文献采用的是连续介质模型和双重介质模型,其考察对象为节理化岩体或单纯土体。而沿河路基既有岩质路基,也有松散体路基。因此如何建立沿河路基的渗流介质模型是一个值得研究的问题。

1.4.5　沿河路基防护工程的主要型式及其特点

针对水流对路基的冲刷作用,文献[57]～[64]对沿河路基防护工程的结构进行大量的研究,一般按其部位和功能分为坡面防护和冲刷防护两类。

坡面防护。防止沿河路基两侧坡面的暴雨淋洗和洪水冲刷,以及岩石风化、崩塌、脱落等坡面防护而采取的防护措施,常用的有植物防护(植草、铺草皮、植树等)和灰浆防护(抹面、捶面、喷浆、喷锚、勾缝、灌浆等)。

冲刷防护。沿河路基邻水面边坡的防护,是沿河路基防护的关键。冲刷防护根据防护型式的水流结构和机理又分为直接防护和间接防护两类。直接防护是从直接加固坡脚或基础提高其抗冲刷能力出发,而修建的附着在边坡坡面、坡脚及其基础上的工程设施,它们有护坡(护面墙)、挡土墙、护坦式基础、抛石、混凝土预制板、土工织物、梢料等[65],它们直接依附于路基,顺水流而建,对水流干扰小,对工程上、下游和对岸几乎无影响,在山区峡谷、弯道水流应用的比较广泛,但是,这类防护工程一旦被水冲毁,将直接危及路基安全;间接防护是修筑丁坝、顺坝等工程或河道整治(疏浚、理顺、改道),改变河道水流结构,使水流偏离被防护的河岸或将冲刷段变成淤积段,达到防护的目的,丁坝护岸是这一类型中比较常见的型式。

国内外常见的沿河路基冲刷防护的型式主要有以下几种。

1)浆砌片石防护

浆砌片石护坡如图 1-2 所示,常用于坡度较平坦(坦于 1∶1)、水流流速较大(4～6m/s)或波浪较大,以及可能有流冰、漂浮物冲击时的坡面冲刷防护;浆砌片石挡土墙防护如图 1-3 所示,常用于坡度较陡的边坡(陡于 1∶1),砌筑厚度较大,属于重力式挡土墙[66]。但是否能保证其整体稳定性、抵御洪水坡脚冲刷而不坍塌,则由其是否具有适宜的基础来决定[67]。

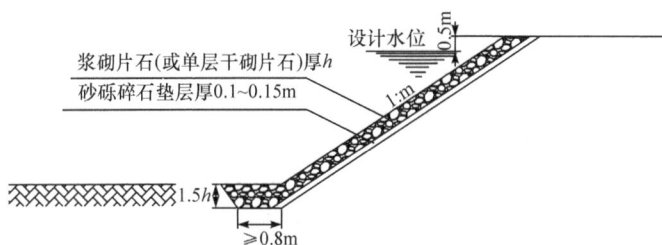

图 1-2 浆砌片石护坡

2)水泥混凝土预制板块防护

水泥混凝土预制板块护坡可抵抗水流速率 3～8m/s 以上、波浪高度 2m 以上和较大的冰压力。对于石料缺乏、人工昂贵的地区,或城市环境美化要求较高、机械化施工条件较好的地区,有一定的优越性。由于造价较高,应用不广。

混凝土护坡分为现场浇筑和预制铺设两种,一般迎水护坡工程都设计为有垫层和无垫层两种,护坡施工时要分缝,分缝的目的是为了防止冻害和不均匀沉

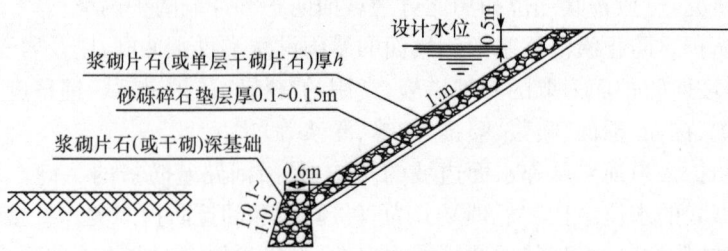

图 1-3　浆砌片石挡土墙防护

陷[68]。胡守寓和马甲炎[69]介绍了混凝土护坡在慈溪市河道整治护岸中的成功应用(图 1-4 和图 1-5)。赵永文等[70]在实际的调研中还发现,在同一地质及水文条件下护坡材料和断面形式不同,其冻害的程度和破坏形式也不相同。于生清[71]通过对嫩江右岸省界堤防工程的调查发现,在石料缺乏地区,护坡型式多以混凝土板为主,部分护坡工程在运行过程中有不同形式的破坏现象,特别是在寒冷地区还常常有冻胀、冻融破坏,维修比较困难,给工程造成很大的损失。

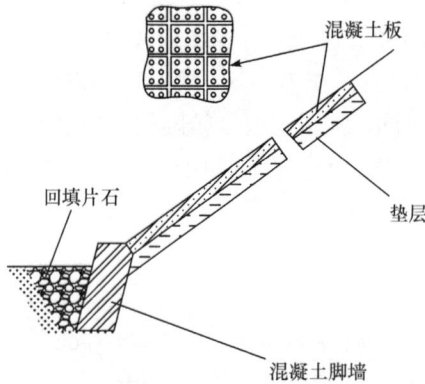

图 1-4　固定铺筑的混凝土预制板块护坡

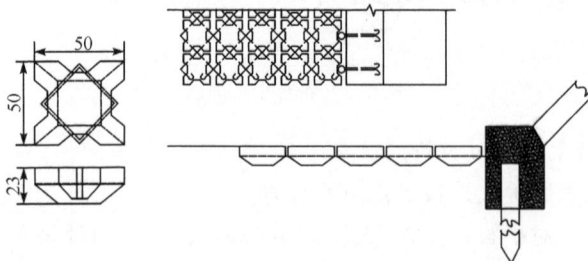

图 1-5　坡脚混凝土沉排(单位:cm)

3）护坦防护

护坦是公路工程的一种浅基防护型式。它作为防护工程（挡墙或护坡）的基础，在配置以埋置于床面以下的护坦后，沿凹岸壁面向前下方发展的螺旋流达到床面并带走坡脚床面的泥沙，形成冲沟，使水深增大，流速减缓。当护坦顶面外露后，使原来螺旋流的边界发展改变，原边界的变化引起河湾螺旋流的流速和方向改变，在护坦顶面和壁岸间形成旋涡，这种旋涡的形成与消散过程，消耗螺旋流的机械能，减弱螺旋流对床面的冲刷能力[72]。

这种防护型式 20 世纪 80 年代初期开始用于沿河路基边坡、浸水挡土墙的浅基防护，90 年代之后逐渐推广应用到丁坝、桥头路堤、桥台和桥墩等构造物的浅基防护，如护坦在福建沿河林区公路路基防护中成功地应用[73]。浆砌片石护坡、浆砌片石挡水墙以浆砌片石护坦为浅基础配合使用（图 1-6、图 1-7），在我国一些地区已成为山区公路水毁防护中普遍应用的较为简单有效的形式。

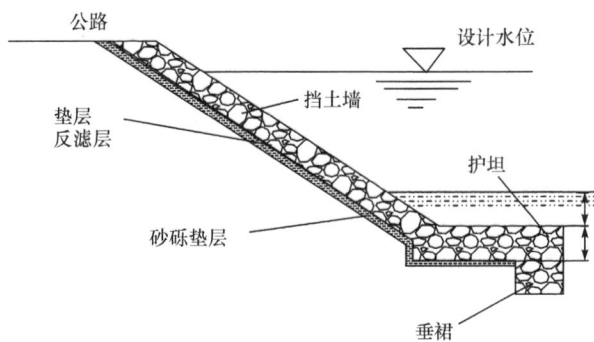

图 1-6　浆砌片石护坡的护坦基础

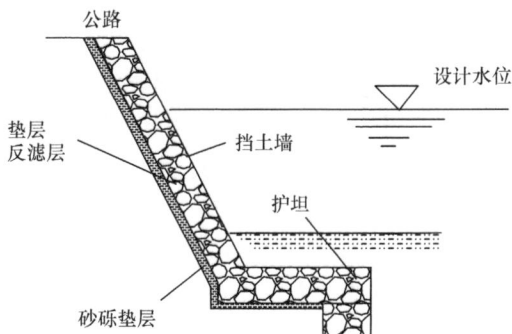

图 1-7　浆砌片石挡水墙的护坦基础[66]

近年来，许多专家和学者对这种轻型浅基防护型式的防护作用的水力学机理、合理的水力计算方法开展了研究，但尚未得出一个很成熟的计算方法。

1993 年蒋焕章[74]提出护坦计算的建议(图 1-8),即建议护坦冲刷深度按式(1-21)和式(1-22)计算:

$$h'_{sm} = f\left(\frac{L_i}{L_f}\right)(h_{sm} - \Delta h) + \Delta h \quad 或 \quad \frac{h'_{sm} - \Delta h}{h_{sm} - \Delta h} = f\left(\frac{L_i}{L_f}\right) \tag{1-21}$$

$$f\left(\frac{L_i}{L_f}\right) = \left(\frac{L_i}{L_f}\right)^{-2} e^{-9.5\left(\frac{L_i}{L_f}\right)^{1.6}} \tag{1-22}$$

式中,h'_{sm} 为无护坦式基脚的驳岸和护坡局部冲刷稳定深度(m);$f\left(\frac{L_i}{L_f}\right)$ 为护坦式基脚减冲参数,蒋焕章对其多次修改均未得到一个满意的结果;Δh 为护坦顶面在计算床面以下的深度(m);L_i 为护坦计算宽度(m);L_f 为护坦顶面高度处的局部冲刷宽度,按下式计算,$L_f = \dfrac{h_{sm} - \Delta h}{\tan\phi} + \Delta S$,$\phi$ 为水下泥沙休止角,ΔS 为局部冲刷坑底带状冲沟宽度。

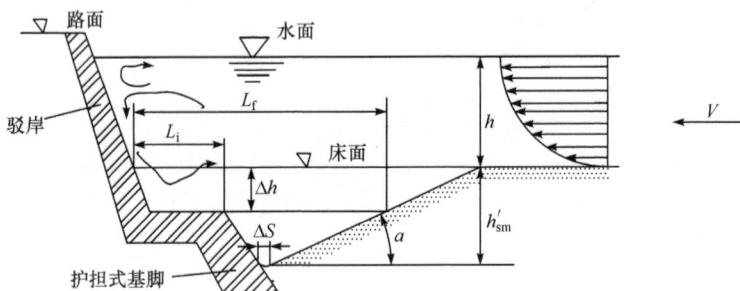

图 1-8　护坦式基脚驳岸断面形式

田伟平等[2~4]针对沿河路基坡脚冲刷的防护问题,运用水力分析和试验观测的方法,对护坦的防护机理、特点以及防护效果进行分析研究,指出影响护坦防护效果的主要参数是护坦宽度和顶面埋置深度,提出确定这两个参数的原则和方法,并根据试验资料提出采用护坦防护的设计计算方法,如果发现计算的护坦宽度过大(如超过河宽的 10%)、护坦工程量过大,可将护坦与其他防护型式配合使用。

4) 抛石防护

抛石防护主要用于沿河路基边坡、桥梁墩台及丁坝等坡脚和基础的冲刷防护,也用于洪水对边坡和建筑物基础冲刷、掏空的抢险。常用的抛石类型基本上可以分为两种,如图 1-9 所示。

抛石护岸历史悠久,在长江中下游及国内外各大河流中应用较为普遍。护岸工程中的块石主要用于覆盖松散的河床质,避免水流对岸坡和近岸部位形成接触冲刷,因此,要求块石在水流作用下自身是稳定的。张明光[75]综合考虑水流条件、块石抛投位置,以及河底坡度对块石稳定的影响,并考虑适当的稳定安全系数,提

适用于新路堤的抛石

(a) 适用于新路堤的抛石

适用于旧路堤的抛石

(b) 适用于旧路堤的抛石

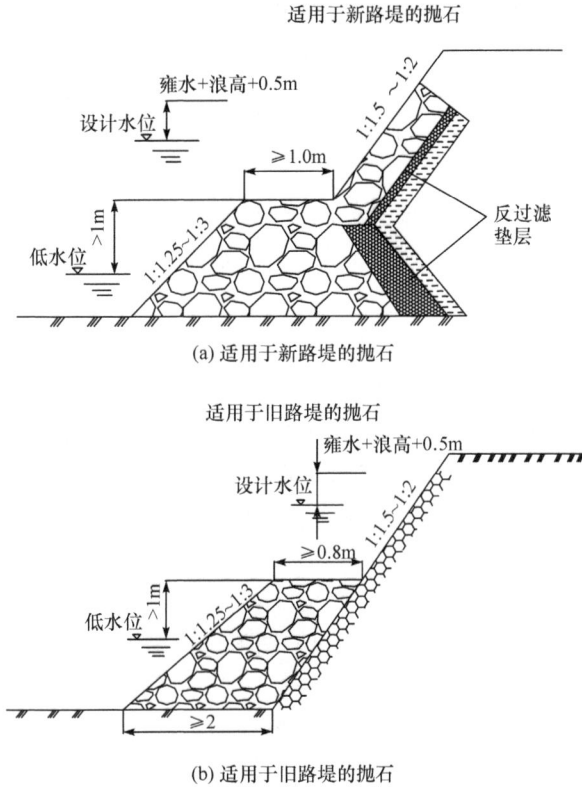

图 1-9　常用抛石防护型式[66]

出抛石护岸工程块石设计粒径的确定方法。20 世纪 60 年代,长江科学院曾对单颗粒块石进行位移特性试验;80 年代,长江科学院又进行单双层块石均匀铺护的试验研究,同期还进行抛石落距与施工方法比较试验,取得了不少研究成果[76]。但迄今为止,对块石不均匀铺护、小颗粒石料及轻质石料的护岸工程进行试验研究尚未见报道。

5) 土工织物及土工合成材料防护

土工织物俗称土工布,具有良好的力学性能和透水性,铺设在护岸混凝土块或石块下,作为防冲刷保护层,具有排水、反滤、分隔和加劲作用,如图 1-10 所示。

土工织物可分为织造型土工织物和非织造型土工织物两种,非织造型土工织物根据黏合方式的不同可分为热黏合、化学黏合和机械黏合三种。一般其主要性能指标包括:①物理性

图 1-10　土工织物防护[67]

能指标。主要是指单位面积质量、厚度和孔隙率;②力学性能指标。主要有抗拉强

度、握持强度、断裂强度、胀破强度、CBR 顶破强度、圆球顶破强度、刺破强度等；
③水力性能指标。主要为等效孔径和渗透系数，是土工织物两个很重要的特性指标。在护岸防护工程中对土工织物的基本要求是既能保土又能排水，保土要求织物的孔径小，而排水要求织物的孔径大，两者存在矛盾，而土的多变性更增加了问题的复杂性[77]。

由于土工织物在护岸中主要起反滤作用，因此它也应该遵循反滤准则中的保土性、透水性和防堵性三项准则[78,79]。土工织物在性能和造价上都比抛石有优势[80]。

土工织物用于护坡时，对其反滤标准要求较高。由于波浪的袭击或水位的涨落，使通过织物的水流不再是单向流而是双向流；也不一定是层流，可能为紊流。所以要求织物的孔隙不能太大，以防止土坡中的细颗粒过量流失；同时，土工织物的孔隙也不能太小，以保证有足够的透水性[81]。

土工膜袋填砂填筑围堰施工近年来在珠江河口工程中被广泛应用，但土工膜袋规格的选择还有待进一步探讨[82]。

6) 丁坝防护

丁坝对河岸的防护作用主要依靠坝后回流区的减速和淤沙，沿河公路路基冲刷防护时以短丁坝为主，以防止水流对路基冲刷为目的。丁坝防护常用于沿河路基曲线段防护，如在东江清溪河段水毁路基河段的保护中取得了良好的护岸效果[83]。

当一个丁坝不足以防护整段路基时，常采用多个丁坝组成丁坝群来防护，能够取得预期的防护效果。图 1-11 所示为常见的丁坝群防护设计示意图，田伟平等[4]提出沿顺直河段和河弯凹岸布设丁坝群的计算方法，指出群坝中的 1♯ 坝应该比较短，其他各坝坝长可以相同，1♯ 坝坝长为其他各坝坝长的一半比较适宜。在弯道中，水流的形态、冲刷特点更为复杂，群坝的间距应该更小，但仍然可以根据直道中的计算方法确定坝间距。

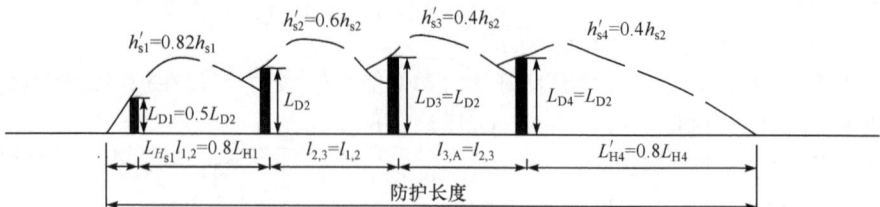

图 1-11　丁坝群防护设计示意图[66]

L_{Di}. 第 i 号坝的坝长；L_{Hi}. 第 i 坝为单坝时的回流长度；h_{si}. 第 i 号坝为单坝时的坝头冲刷深度；

h'_{si}. 在丁坝群中第 i 号坝丁坝坝头冲刷深度；$\alpha_{i,i+1}$. 坝轴挑角；

L_{Hsi}. 第 i 号坝丁坝上游回流长度；i. 丁坝群中自上游起丁坝的序号

丁坝伸入河边,侵占一部分河流断面,对自然水流改变较多,丁坝也受水流的强烈作用,坝头会出现局部冲刷坑,严重时会导致坝头毁坏[84]。文献[85]~[89]对丁坝附近的冲刷机理开展相关研究。目前,国内外对于丁坝基础冲刷深度的计算方法,在研究的深度和广度上还不够,因此这类公式和方法还不够成熟,认识上达到统一的是都采用防护长度和冲刷深度作为控制指标。

方达宪[90]通过水力模型试验资料分析,建立丁坝局部最大冲深的计算关系式,探讨平台加齿坎基础冲刷防护措施的削弱作用,建立平台或平台加齿坎基础防护型式的局部冲刷深度计算模式。张我华等[91]根据防护堤坝冲刷机理,用丁坝端部冲刷坑的当量坡度小于冲刷坑坡度的临界值作为丁坝抗冲刷破坏的安全(稳定性)准则,通过数值分析对比得出,水道流速、土颗粒等效直径、冲刷坑半径、冲刷坑后坡度临界值和水流方向角这些因素对防护丁坝的失效概率影响很显著。由于影响防护堤坝失效的因素很多,而且非常复杂,全面判定防护堤坝失效是一项非常棘手的问题,需要长期深入的研究。

丁坝下游回流区长度是决定丁坝下游防护范围、桥梁孔径压缩水流及其对下游河道影响范围等问题的依据[66]。田伟平等[4]根据丁坝附近流场的分析和试验观测,得出直槽中丁坝绕流水力分布图。由图 1-12 可见,丁坝上、下游水流同时存在着主流区(A)、下游回流区(B)和上游滞水区(C)3 个不同区域的流动,主流与回流在交界面不断地进行着水质点的混掺和动量变换,使回流得到动量和动能的补充。同时,主流在交界面处受到回流的阻力。图 1-12 中 B 为水槽宽度;L_D 为丁坝长度(垂直流向的投影);L_H 为下游回流区长度;坐标原点 O 为丁坝轴线的坝根;Y_D 为丁坝下游 X 处的回流区宽度。相应的主流区宽度为 $B_x = B - Y_D$。由于试验中未考虑河道通航因素,因此得出的结论不适用于通航河段,而且多数河弯并不是圆曲线,所以提出的计算方法仅作为防护设计中的参考。

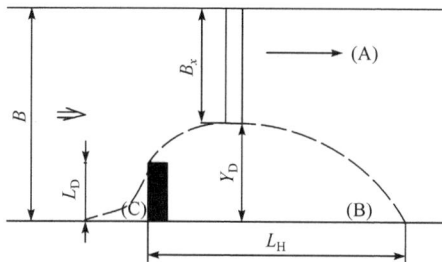

图 1-12　丁坝绕流水力分布图[4]

国内外专家对水流冲刷作用,通过理论推导和试验模拟推导出丁坝局部冲刷的防护公式,比较有代表性的丁坝局部冲刷深度的计算公式有以下几个。

(1)《公路设计手册·路基》[92]公式。

① 有泥沙进入冲刷坑时：

$$h_b = [1.84h(0.5L+h)+0.0207(v-v_c)/w]k_m k_0 L \tag{1-23}$$

式中，h_b 为局部冲刷后的水深(m)；h 为局部冲刷前的水深(m)；L 为丁坝轴线在流向垂直线上的投影长度(m)；v 为丁坝头部的流速(m/s)；$k_0 = 1/\sqrt{1+m^2}$，$k_0 = (\theta/90)^{1/3}$，θ 为丁坝轴线与流向的夹角；w 为土的沉降速率(m/s)，可查土工手册或土力学表；v_c 为土的冲刷流速，非黏性土 $v_c = 3.6(hd)^{0.5}$，黏性土 $v_c = (0.4/\varepsilon)(3.34+\lg h)\sqrt{0.151+C_p}$，有泥沙进入时系数 ε 取 1.4，否则取 1.0，c_p 为土的黏聚力，可按表查取。

② 无泥沙进入冲刷坑时：

$$h_b = 1.84h/(0.5L+h)\left(\frac{v-v_c'}{v_c-v_c'}\right)^{0.75} k_m k_0 L \tag{1-24}$$

式中，v_c' 为土的起冲流速，$v_c' = (d/h)^Y v_c$。

(2) 蒋焕章[74]公式。

① $v < v_c$ 时：

$$h_b = \left[\frac{2.40(n+1)}{n(h/3L)^{0.75}v/v_{bc}\times L}-h\right]k_0 k_m \tag{1-25}$$

② $v > v_c$ 时：

$$h_b = \left[\frac{3.46(n+1)n_0}{n(n_0+1)\times(h/3L)^{0.75}(h/k_s)^{(1/n_0)}\times L}-h\right]k_0 k_m \tag{1-26}$$

式中，$v_c = n_0/(n_0+1)(h/k_s)^{(1/n_0)} v_{bc}'$，即泥沙的起动流速；$n_0 = 5(h/k_s)^{0.06}$，$v_{bc}' = 1.44v_{bc}$，$v_{bc} = 1.09[16.17d_{50}+0.19/10^6\times d_{50}(2.09h+2.56)]^{1/2}$；$n$ 为垂线流速分布指数，$v < v_c$，$n = (v_c/v)n_0$，$v > v_c$，$n = (v/v_c)n_0$，k_s 为泥沙起动底速 v_{bc}' 的计算高度，$d_{50} < 0.7mm$，$k_s = 0.0007m$；$d_{50} > 0.7mm$，$k_s = d_{50}$；k_m 为与头部边坡系数 m 有关的系数，$k_m = e^{-0.35m}$。

$$k_m = (\theta/90)^{0.35}(2-\theta/90)^{0.13}$$

(3) 《公路桥位勘测设计规范》(JTJ 062—2002)[93]公式。

① $L/h < 1$ 时：

$$h_b = 1.45(L/H)^{0.75}\left(\frac{v-v_c'}{v_c}\right)k_m k_0 h \tag{1-27}$$

② $L/h > 1$ 时：

$$h_b = \frac{2.15(v-v_c')k_m k_0 h}{v_c} \tag{1-28}$$

式中，v_c 按蒋焕章公式计算，$v_c' = 0.75(d/h)^{0.1} v_c$；$k_m = 2.7^{-0.2m}$；$k_0 = (\theta/90)^{0.32}$。

从以上几个有代表性公式来看，冲刷深度计算主要有以下特点。

以上冲刷公式所依据的试验资料的冲刷历时有所不同，按要求应采用平衡冲刷数据(极限冲刷)，但由于条件所限，大都是短历时资料按趋势延长后采用。

由于各公式所依据的试验和实测资料不同,按公式所计算的结果必然存在差异,无法仅从数值上判断出哪个更好。

各公式中的主要影响因素尚存在差异。例如,蒋焕章公式中行近水深 h 的影响较大,而《公路设计手册・路基》上的公式中行近流速的影响较突出。而且同一因素在不同的公式中影响大小也不同,导致对同一条件下的冲刷情形用不同的公式计算时所得结果差别相当大。这也说明各个公式只能在一定范围内成立,缺乏通用性。

7) 其他型式的防护

在沿河路基防护中局部河道整治应用较少,只在难以找到更好的处理方案时才使用。河道整治造价大、风险高,整治后的河床演变对上、下游的影响难以把握[66]。在某些情况下,采用单一防护型式难以达到满意的防护效果,需要将不同的防护型式进行合理的配合。文献[93]、[94]提出将丁坝与护坦配合使用,并在理论分析、模型试验和野外现场调查的基础上对丁坝和护坦不同配合形式下的河弯凹岸冲刷防护效果进行对比分析,提出丁坝与护坦按照不同的形式和尺寸组成的配合形式,有一定的实际意义。王亚玲[95]对目前采用的组合型式进行总结,主要有以下几种:①护坦坡脚式护坡;②护坦坡脚式挡墙;③护坦、潜坝配合护坡和挡土墙;④漫水丁坝坝头护坦配合护坡和挡土墙;⑤浅基础挡墙配丁坝防护;⑥漫水丁坝及丁坝群防护护坡和挡土墙。但是这些型式在工程适宜性方面还有待进一步的研究。

1.4.6 沿河路基防护工程的防护效果

目前我国沿河路基防护工程与支挡结构型式已经存在很多种类,也得到广泛应用,采用这些结构形式在保持岸坡的稳定性、防止水土流失及保证防洪安全等方面起到一定的效果。例如,丁坝和护坦成功地应用在福建沿河林区公路路基防护中[96];天津市海河护岸治理工程中采用土层锚杆技术[97]进行岸坡防护,该技术在 1km 多的岸线上使用近 800 根土层锚杆,避免大量的拆迁征地和地下障碍物的排除,比相同条件下采用开槽打锚固桩的施工方法提前近 1 个月的工期,避免约 27 000m³ 的土方开挖回填;吉林榆树市在第二松花江的防护中采用软体沉排护脚、排面压载施工及简易模袋混凝土护坡技术[98];程尊兰等[99]在保证足够基础埋深的基础上,提出浆砌石挡土墙＋钢丝网混凝土护坦的长期(永久性)防护工程方案,为西藏自治区高山峡谷区沿河路基水毁防护工程建设提供了示范。这些技术均获得一定程度的成功应用。

在这些防护结构的使用过程中也发现许多问题和不足。例如,高大支挡结构物,一是断面大,需要的圬工数量多;二是对地基的承载力要求高,地基处理费用高,从而使得支挡结构物的费用占了相当大的比例,而且也在不同程度上对景观环境和生态产生不良影响,造成水体与陆地环境恶化和生态破坏[100]。由于路基岩土体特性、地质构造、河流水文特征、路基防护型式等多种因素的影响,这类防护结构在使用过程中发生了许多不同程度的破坏。现在沿河路基防护工程实用过程中最常见的破坏是基础沉陷和水流冲(淘)刷破坏[101,102]。目前对沿河路基防护工程及支挡结构物破坏机制方面的研究成果非常少,因此开展这方面的研究将是今后的方向。

沿河路基防护工程虽然结构多样,但无论是从其应用广泛程度上还是设计理论方法上,都需要进行大量而细致的研究。而通常情况下设计人员常根据个人经验进行设计,使设计方案不能进行多方案、科学、综合的比较和选择。实践表明,在公路建设过程中往往由于设计者不能全面考虑多种复杂因素,特别是在沿河公路设计中,很多防护工程与支挡结构方案不能满足实际要求而出现较大的调整,或者造成较大的浪费。

1.4.7　沿河路基支挡结构物选型及设置原则研究现状

当前,许多专家和学者都深刻地认识到,如果不了解具体引起沿河路基失稳的机理和防护对策,不了解对水流和泥沙运动、河床变形的作用过程,想建立科学的沿河路基防护工程与支挡结构选择方法是不可能做到的。国内学者在局部范围做了一些结构选型方面的研究,但还没有能够成熟应用的成果。

高冬光[66]总结了常见的沿河路基、桥梁防护工程的型式,见表1-3,阐述了目前路基防护的主要型式及特点,由于引起沿河路基失稳和路基防护结构破坏的因素比较多,表1-3没有进一步介绍各种防护结构在具体情况下的设计参数和适宜性。因此,其还不能作为沿河路基防护设计的依据,但可供工程设计人员参考,对沿河路基支挡结构物的适宜性研究有一定的参考价值。

表 1-3　常见路基、桥梁防护工程型式[66]

防护型式	容许流速/(m/s)	土质	一般边坡	适用范围	备注
种草	0.4~0.6	适于长草的土质	不陡于1:1	适用于坡面冲刷轻微和任何适于长草的路堤、路堑边坡且边坡高度不高者,不适用于经常浸水或长期浸水的边坡	非浸水边坡坡面防护
平铺草皮	<1.2	适于长草的土质	1:1.5	适用于坡面冲刷较重和任何适于长草的路堤、路堑边坡,不适用于经常浸水或长期浸水的边坡	非浸水边坡坡面防护
干铺叠置草皮	<1.8	适于长草的土质	1:1~1:1.5	适用于坡面冲刷较严重和任何适于长草的路堤、路堑边坡,不适用于经常浸水或长期浸水的边坡	非浸水边坡坡面防护

续表

防护型式	容许流速/(m/s)	土质	一般边坡	适用范围	备注
植树	<3.0	适于生长植物的土质	—	适用于任何适于生长植物的路堤、路堑边坡和河滩、河岸	非浸水边坡河滩、边坡面防护
抹面	—	—	1:0~1:1	适用于易于风化而尚未严重风化的岩石边坡及软硬岩层路堑坡面防护	边坡与一般路基边坡相同边坡面防护
捶面	—	—	不陡于1:0.5	适用于易受冲刷的土质边坡及易风化剥落的岩石边坡	边坡与一般路基边坡相同、边坡坡面防护
喷浆	—	—	—	适用于风化但较完整坚硬的路堑边坡	边坡与一般路基边坡相同、边坡坡面防护
勾缝与灌浆	—	—	—	适用于较坚硬不易风化的岩石路堑边坡,节理裂缝多而细者用勾缝,大而深者用灌浆	边坡与一般路基边坡相同、边坡坡面防护
护面墙	—	—	1:0.5~1:1	①易于风化的软质岩层的路堑边坡;②不严重破碎的硬质岩层地段;③夹有松散层处	非浸水边坡护面防护
砌石	干砌单层2~3、干砌双层3~4、浆砌4~5	基底土质充分压实	1:0.5~1:2	适用于坡面防护和冲刷防护	浸水边坡、非浸水边坡
抛石	3	—	1:1.25~1:3	适用于受水流冲刷和淘刷的路堤边坡和坡脚的盛产石料的地区,最适于砾石河床	浸水边坡、坡脚冲刷防护
石笼	5	—	1:0.5	适用于受水流冲刷和淘刷的路堤边坡和坡脚的盛产石料的地区,最适于砾石河床	冲刷防护
挡土墙及浸水挡土墙	—	—	—	支承路基填土或山坡土体;防止沿河路基受水流冲刷和淘刷;受地形限制或其他建筑物干扰,必须约束坡脚时;防止多占农田;路线通过悬崖峭壁,占河砌墙加宽路基等	坡面防护、冲刷防护

防护型式	容许流速/(m/s)	土质	一般边坡	适用范围	备注
丁坝	—	—	—	适用于路基受水流冲刷严重,需要改变水流流向,使路基坡脚淤积变坦的地段	冲刷防护
顺坝	—	—	—	适用于稳定受水流冲刷的地段,使之不再发展而又基本不改变水流原有的特性;适用于冲刷线与河岸距离较近及通航河段,并可用于河岸河床地质较差的地段	冲刷防护
梢料防护	2.0~3.5	—	1:1~1:1.5	适用于暂时浸水的边坡或河岸;为一种临时性防护,适用于盛产树枝的地区	冲刷防护
混凝土预制板	4~8	—	—	较浆砌片石能抵抗较大的流速与波浪,或冰压力、动水压力	冲刷防护
土工织物	—	—	—	兼有加固、反滤和排水等作用	冲刷防护
护坦	4~8	—	—	砌石、浸水挡土墙、丁坝、桥台、桥墩基础防护	冲刷防护

聂欣岩[103]从设计、施工、造价、运行管理和工程效果等方面,比较了干砌石护坡与混凝土护坡的效果与差异,为不同区域条件下两种方法的应用提供参考。李志刚等以颇具代表性的景泰涌整治工程为例,对模袋混凝土护坡进行应用研究,多方面论证了模袋混凝土造价低、整体性好、施工速率快的优越性,并总结了机制模袋各个类型的适用条件,见表1-4,为模袋的设计和施工提供参考。

表1-4　机制模袋类型及适用条件[103]

模袋混凝土形式	模袋混凝土构造	模袋混凝土适用条件
有反滤排水点的模袋	这种模袋的充填料为砂浆,利用接缝及每片模袋上织造等间距的滤水点(点的面积约为4cm²)进行排渗	适用于需抗御较大风浪冲击的堤防;应用厚度:临时性堤防或其他保护工程为6.5cm,永久性渠道护面则要求10~16cm
无反滤排水点的模袋	这种模袋在构造上按一定间距以等长度尼龙绳将两层织物连接起来,充填筑料为砂浆,除利用接缝处排水外,下另设反滤点	适用于排水要求不很高的护坡,应用厚度为5~16cm

模袋混凝土形式	模袋混凝土构造	模袋混凝土适用条件
无排水点 混凝土模袋	这种模袋与无反滤排水点模袋的构造相同,但充填料为混凝土	适用于排水要求不很高的护坡,应用厚度为 5~16cm,适用于要求具有一定强度和重量的防护工程,应用厚度为15~17cm
铰链块型模袋	这种模袋成型后成为许多相互联结的独立块体并可相互转动	适用于有较大均匀沉降和地形变化大的地基和护面,应用厚度为 10~15cm
框格型模袋	—	适用于环境绿化

综上所述,目前国内外沿河路基防护工程和支挡结构物的研究,缺乏对各种已有支挡结构进行系统的适宜性研究,只有综合考虑河流水流特征、河床演变规律、岩土体特征等多种影响因素,系统地归纳整理出各种结构形式的主要适用范围、适用条件、设计因素等主要指标,才能建立科学的沿河路基防护工程与支挡结构选择方法,解决沿河路基防护工程中的关键技术问题。

1.4.8　新型生态防护结构的开发与应用现状

随着防护工程与支挡结构的发展,支挡已经由刚性支挡逐渐向柔性支挡过渡,并且采用圬工砌护,虽然防止水流冲刷功能强,但显得生硬不美观,与环境适应性差。传统的混凝土结构对生态具有一定的破坏性,国内外工程技术人员已经开始研究生态型护岸技术,并提出多种结构形式的生态型护岸新技术。

新型生态型护岸有许多种分类方式,如可根据使用的主要护岸材料分为植物护岸、木材护岸、石材护岸和石笼护岸等类型,也可根据河道的断面形式分为梯形护岸、矩形护岸、复合型护岸和双层护岸等,还可根据护岸功能分为亲水护岸、景观护岸、动物护岸等。此外,也可根据护岸的不同部位分为各不相同的护坡和生态护脚类型[104]。

石笼结构作为新型路基防护的支挡结构,在国外应用较多,已经成为国外生态工程中的重要组成部分。石笼结构[105]又称为格宾(gabion)结构,其基本工作单元为填石的石笼,如图 1-13 所示。高强度的石笼材料具有很好的延伸性和可变形性,可抵抗较大的地质变动而不被破坏。在国外生态工程概念的指引下,使用石笼结构是一种比较普遍的形式,其主要特点是其后期的生态可恢复性[106]。石笼结构在国外已有一些成功地应用。例如,澳洲新南威尔士的 Wollongong 市附近,靠近 Ousley 山的 95 号公路的石笼挡土墙[107],用来防止滑坡体;意大利的 Cuneo 省保护 Neive-Alba 铁路的挡土墙[108]。目前,国内已经有很多生产石笼的厂家,它们一般都是中外合资的公司,具备生产高强度、抗腐蚀石笼的能力。目前国内石笼结构主要用于河道岸坡防护,并且已有部分河段进行了石笼结构设计,如长江堤防护岸工程[109]、漓江护岸工程[110]、奉节宝塔坪滑坡治理工程[111]的涉河段落也采用部分石笼结构,并取得良好的使用效果。石笼挡墙在国内的使用刚刚起步,在工程适宜性、设计计算方法及施工控制技术方面都还需要进一步研究,才达到推广应用的目的。但由于石笼结构同常规刚性圬工砌体的受力和变形特点不同,其设计方法和设计理论还缺乏相应的研究,与大面积推广和应用还存在一定差距。

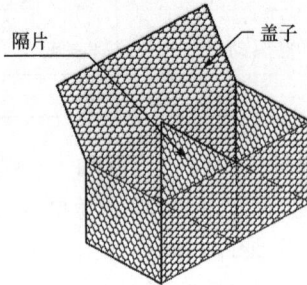

图 1-13　石笼结构[105]

王新军和罗继润[112]结合我国沿河公路的实际情况,介绍了自然原型生态护岸、传统河工学生态护岸、改良型重力式生态护岸三种型式;杨芸[113]结合工程实例,详细阐述多自然型护堤法在生态护岸中的实际应用和取得的良好效果;顾小华[114]介绍了一种新型的高速公路边坡生态防护技术——植被毯技术,对其生物防护的原理、特点、设计原则、施工工艺进行探讨,为高速公路边坡,尤其是劣性土质和岩质边坡生态防护开辟新的途径;罗楠[115]介绍了空心流土六角块、雷诺护垫在河道治污工程中的应用和取得的良好效果;程强[116]通过对川渝地区高等级公路边坡生态防护工程的大量调查研究,总结归纳了川渝地区高等级公路边坡生态防护的主要型式,分析了其中存在的问题。总的来说适宜性研究做得不够深入。

生态防护结构将是今后开发和研究的方向。目前我国这方面的研究尚处于起步阶段,如何结合沿河路基的河流特征、水流结构等因素,不断改进现有结构和开发新型结构,以及新型生态防护结构的适宜性是非常值得研究的问题。

参 考 文 献

[1] 高冬光,张义青,田伟平. 沿河公路水毁防护. 西安公路交通大学学报,1998,18(4B):83—90.

[2] 田伟平,李惠萍,高冬光. 沿河路基冲刷机理与冲刷深度. 长安大学学报(自然科学版),2002,22(4):39—42.

[3] 田伟平,李惠萍. 沿河路基的护坦冲刷防护试验研究. 中国公路学报,2002,22(3):111—115.

[4] 田伟平,李惠萍,武炎.沿河公路的丁坝群冲刷防护试验研究.重庆交通学院学报,1999,19(4):303—310.

[5] 仵彦卿.地下水与地质灾害.地下空间与工程学报,1999,19(4):303—310.

[6] 仵彦卿.岩体水力学基础(一):岩体水力学的基本问题.水文地质工程地质,1996,(6):24—28.

[7] 龚晓南.高等土力学.杭州:浙江大学出版社,1996.

[8] 刘新荣,姜德义,余海龙.等.水对岩石力学特性影响的研究.化工矿物与加工,2000,29(5):17—20.

[9] 仵彦卿,张悼元.岩体水力学导论.成都:西南交通大学出版社,1995.

[10] 何满潮.边坡岩体水力作用的研究.岩石力学与工程学报,1998,17(6):662—666.

[11] 夏才初,孙宗颀.工程岩体节理力学.上海:同济大学出版社,2002.

[12] 张有天.地下结构的地下水荷载//全国结构工程学术会议论文集.北京:清华大学出版社,1996:38—50.

[13] 姚爱军.节理化岩体边坡的地下水动力学稳定分析.公路交通科技,2005,22(3):17—20.

[14] 汤平.降雨对裂隙边坡稳定性影响分析研究.有色金属(矿山部分),2004,56(3):30—32.

[15] 沈珠江.应变软化材料的广义孔隙压力模型.岩土工程学报,1997,19(3):14—21.

[16] 周创兵,叶自桐,熊文林.岩石节理非饱和渗流特性研究.水利学报,1998,(3):22—25.

[17] 邓子胜.振动作用下饱和细粒物料中的超孔隙水压力.矿冶工程,1996,(4):7—9.

[18] 连镇营,韩国城.土体开挖超孔隙水压力三维数值分析.工程力学,2001,(a2):502—506.

[19] 张有天.从岩石水力学观点看几个重大工程事故.水利学报,2003,34(5):1—10.

[20] 陶振宇,窦铁生.关于岩石水力模型.力学进展,1994,24(3):409—417.

[21] 速宝玉,詹美礼,王媛.裂隙渗流与应力耦合特性的试验研究.岩土工程学报,1997,19(4):73—77.

[22] 仵彦卿.岩体水力学基础(二):岩体水力学的基础理论.水文地质工程地质,1997,(1):24—28.

[23] 张均锋,孟祥跃,俞善炳.冲击荷载下饱和砂土渗流和破坏的实验研究.力学学报,1999,16(2):230—237.

[24] 杜时贵.岩体结构面的工程性质.北京:地震出版社,1996.

[25] 薛守义,刘汉东.岩体工程学科性质透视.河南:黄河水利出版社,2002.

[26] 张有天.裂隙岩体渗流数学模型研究现况.人民长江,1991,22(3):1—10.

[27] 仵彦卿.岩体水力学基础(三):岩体渗流场与应力场耦合的集中参数模型及连续介质模型.水文地质工程地质,1997,(2):54—57.

[28] 仵彦卿.岩体水力学基础(七):岩体水力学参数的确定方法.水文地质工程地质,1998,(2):42—48.

[29] 薛强,梁冰,马士进.边坡失稳系统的固流耦合模型.山东科技大学学报(自然科学版),2001,20(2):87—89.

[30] 仵彦卿.岩体水力学基础(四):岩体渗流场与应力场耦合的等效连续介质模型.水文地质工程地质,1997,(3):10—14.

[31] 仵彦卿. 岩体水力学基础(五):岩体渗流场与应力场耦合的裂隙网络模型. 水文地质工程地质,1997,(5):41—45.

[32] 仵彦卿. 岩体水力学基础(六):岩体渗流场与应力场耦合的双重介质模型. 水文地质工程地质,1998,(1):43—46.

[33] 郑少河,朱维申,赵阳升. 复杂裂隙岩体水力学模型的研究. 人民长江,1999,30(9):31—33.

[34] 柴军瑞. 大坝及其周围地质体中渗流场与应力场耦合分析. 西安:西安理工大学博士学位论文,2000.

[35] 李广平,陶振宇. 法向应力作用下单裂隙渗流规律的研究. 武汉水利电力大学学报,1993,26(2):167—173.

[36] 柴军瑞,仵彦卿. 变隙宽裂隙的渗流分析. 勘察科学技术,2000,(3):39—41.

[37] 柴军瑞,仵彦卿. 考虑动水压力裂隙网络岩体渗流应力耦合分析. 岩土力学,2001,22(4):459—462.

[38] 柴军瑞,仵彦卿,袁继国. 裂隙水流对裂隙壁的双重力学效应. 工程勘察,2005,(5):20—22.

[39] 王媛. 单裂隙面渗流与应力的耦合特性. 岩石力学与工程学报,2002,22(1):83—87.

[40] 徐则民,杨立中. 渗流场与应力场相互关系研究中应注意的两个问题. 矿物岩石,1998,18(1):102—107.

[41] 柴军瑞,仵彦卿. 岩体三维主干裂隙网络渗流分析. 水动力学研究与进展 A 辑,2003,18(4):459—462.

[42] 柴军瑞,仵彦卿. 岩体渗流场与应力场耦合分析的多重裂隙网络模型. 岩石力学与工程学报,2000,19(6):712—717.

[43] 任长吉,黄涛. 裂隙岩体渗流场与应力场耦合数学模型的研究. 武汉大学学报(工学版),2004,37(2):8—12.

[44] 柴军瑞,仵彦卿. 岩体多重裂隙网络渗流模型研究. 煤田地质与勘探,2000,28(2):33—36.

[45] 王晓鸿,仵彦卿. 渗流场——应力场耦合分析. 勘察科学技术,1998,(4):3—7.

[46] 陈平,张有天. 裂隙岩体与应力耦合分析. 岩石力学与工程学报,1994,13(4):299—308.

[47] 王媛,速宝玉,徐志英. 等效连续裂隙岩体渗流与应力全耦合分析. 河海大学学报,1998,26(2):26—30.

[48] 王媛,徐志英,速宝玉. 裂隙岩体与应力耦合分析的四自由度全耦合法. 水利学报,1998,(7):55—59.

[49] 王媛,徐志英,速宝玉. 复杂裂隙岩体渗流与应力弹塑性全耦合分析. 岩石力学与工程学报,2000,19(2):177—181.

[50] Skempton A W. The pore-pressure cofficients A and B. Geotechnique,1954,(4):143—147.

[51] 谢定义. 非饱和土土力学. 北京:高等教育出版社,2015.

[52] 李培超. 多孔介质流-固耦合渗流数学模型研究. 岩石力学与工程学报,2004,23(16):28—42.

[53] 林成功,吴德伦. 非饱和黏土孔隙压力计算与实验研究. 岩土工程学报,2002,24(5):605—607.

[54] 吴德伦,林成功. 非饱和黏土孔隙弹性压力理论. 岩土力学,2003,24(1):49—52.

[55] 王俊杰,柴贺军,林新,等.饱和填土稳定渗流条件下动主动土压力计算.土木建筑与环境工程,2011,33(4):100－105.

[56] 方玉树.关于孔隙压力系数.工程地质学报,2005,13(1):57－61.

[57] 王玉萍.山区公路水毁路基防护设计.长安大学学报(自然科学版),2003,23(5):37－39.

[58] 吴耿潮,周作付,万仁芳.水毁路基边坡丁坝护岸工程设计及其效果分析.水运工程,2006,(7):46－48.

[59] 董福平,董浩.日本枥木县斧川河道整治工程的几点启示.浙江水利科技,2002,(3):24－25.

[60] 日本土木学会.滨水景观设计.孙逸增译.大连:大连理工大学出版社,2002.

[61] 中祥浩,等.长江中上游江岸带防护林建设研究.成都:成都科技大学出版社,1998.

[62] 孙鹏,王志芳.遵从自然过程的城市河流和滨水区景观设计.城市规划,2000,24(9):19－22.

[63] Cundall P A,Strack O D L. A discrete numerical model for granular assemblies. Geotechnique,2015,30(30):331－336.

[64] Itasca Consulting Group. PFC2D Theory and Background. Minnesota:Minneapolis,1999.

[65] 中交第二公路勘察设计研究院有限公司.JTG D30—2004　公路路基设计规范.北京:人民交通出版社,2004.

[66] 高冬光.公路与桥梁水毁防治.北京,人民交通出版社,2002.

[67] 赵桂昌,郭平.沿河公路路基水毁特点及其工程防护措施.山东交通学院学报,2004,12(4):15－18.

[68] 焦述琛,周岚辉,张旭明.关于混凝土护坡工程的设计与施工.黑龙江水利科技,2006,34(3):196.

[69] 胡守寓,马申炎.混凝土护坡在平原地区河道整治中的应用.浙江水利科技,2006,(2):47－48.

[70] 赵永文,刘树田,史殿卿.浅谈混凝土护坡破坏的原因.黑龙江水利科技,2002,30(3):38.

[71] 于生清.堤防混凝土护坡冻胀破坏原因分析.东北水利水电,2005,23:53－55.

[72] 张义青.河弯冲刷与护坦基脚减冲的研究.西安公路交通大学学报,1998,18(3):42－44.

[73] 林炳淦.护坦与丁坝在林区沿河公路防护中的应用.福建林业科技,2005,32(4):167－169.

[74] 蒋焕章.公路水毁防治技术.北京:人民交通出版社,1993.

[75] 张明光.抛石护岸工程设计中块石粒径的确定.人民长江,2003,34(2):24－25.

[76] 潘庆栗,余文畴,曾静贤.抛石护岸工程的试验研究.泥沙研究,1981,(1):77－86.

[77] 郝成东,郭宝顺,裴龙涛.坡式护岸中土工织物滤层的设计.黑龙江水利科技,2003,30(2):100.

[78] 周立华,赵东辉.土工织物在宁夏黄河段整治工程中的应用.宁夏工程技术,2004,3(4):370－373.

[79] 王伟华,陆岩.无纺土工织物在堤防抢险中的应用.黑龙江水专学报,2004,31(1):119－121.

[80] 尹宜松.浅议土工织物护岸的经济合理性.安徽水利科技,2003,(1):40－41.

[81] 张丽旗,胡红宇,胡英娜. 评述水利工程中土工织物类护坡. 黑龙江水利科技,2006, 34(4):106.

[82] 邹必魁. 土工膜袋在围堰中的应用和探讨. 西部探矿工程,2005,17(s1):362—363.

[83] 吴耿潮,周作付,万仁芳. 水毁路基边坡丁坝护岸工程设计及其效果分析. 水运工程,2006, 390(7):46—48.

[84] 田伟平,李惠萍. 丁坝挑角等参数对坝头冲刷深度的影响. 长安大学学报(自然科学版), 2002,22(5):41—43.

[85] 张柏山,吕志咏,祝立国. 绕丁坝流动结构实验研究. 北京航空航天大学学报,2002,28(5): 585—588.

[86] 沈波. 丁坝局部冲刷坑形成机理和最大冲深的确定. 公路,1997,(1):9—12.

[87] 苏德慧. 丁坝冲刷过程试验研究. 水动力学研究与进展,1993,(s1):631—635.

[88] 方达宪,王军. 丁坝涡流冲刷机理与冲深计算. 华东公路,1989,(4):205—207.

[89] 方达宪. 堤岸、路基与水流正交情况下的冲刷试验研究. 水动力学研究与进展,1991,(4): 262—266.

[90] 方达宪. 丁坝基础冲刷机理和防护措施. 合肥工业大学学报,2006,29(11):1436—1439.

[91] 张我华,方仲将,蔡袁强. 防护丁坝抗冲刷失效安全可靠性分析. 海洋工程,2005,23(4): 39—46.

[92] 交通部第二公路勘察设计院. 公路设计手册·路基. 2版. 北京:人民交通出版社,1996.

[93] 中华人民共和国交通运输部. JTJ 062—2002 公路桥位设计勘测规范. 北京:人民交通出版社,1992.

[94] 田伟平,李惠萍,伍琰. 沿河公路冲刷防护中丁坝与护坦的配合使用. 长安大学学报,2003, 23(5):32—36.

[95] 王亚玲. 沿河公路路基防护型式及工程应用. 重庆交通学院学报,2000,19(3):72—75.

[96] 田伟平,黄丽珍,万利. 沿河路基冲刷的综合防护效果. 长安大学学报:自然科学版,2010, 30(2):10—14.

[97] 姜子斌. 土层锚杆技术在海河护岸工程中的应用. 城市道桥与防洪,1997,(2):44—48.

[98] 王立田,王晖,谢臣. 护岸新技术在"二松"工程建设中的应用. 吉林水利,1999,(11): 18—20.

[99] 程尊兰,张正波,耿学勇. 川藏公路东久河下游段路基水毁防护工程对策. 四川大学学报 (工程科学版),2005,37(3):5—9.

[100] 陈云飞,孙东坡,何胜男. 河道整治工程对河流生态环境的影响与对策. 人民黄河,2015, 37(8):35—38.

[101] 李若华,周春天,严忠民. 刚性护岸岸脚淘刷机理试验研究. 中国农村水利水电,2006, (6):100—102,107.

[102] 邵仁建,胡松涛,熊焕淮,等. 九江长江大堤实体护岸岸脚淘刷机理研究及防治对策. 江西水利科技,2003,29(3):125—128,132.

[103] 聂欣岩. 干砌石护坡与混凝土护坡在堤防加固中的应用比较. 中国水利,2006,(16): 38—39.

[104] 刘娜娜,杨德全,张书宽.生态河道中护岸形式的探索及应用.中国农村水利水电,2006,10:97—99.

[105] 孟云伟.公路石笼挡土墙力学特性的研究.重庆:重庆交通大学硕士学位论文,2007.

[106] Di Pietro P. Design and construction of soil reinforced structures using composite reinforcement systems:Modern and cost effective alternatives for high walls and slopes//Proceedings of 7th International Conference on Geosynthetics,Holand,2002:221—224.

[107] Otto F,Stelling W. Construction and geodetic observation of a gabion wall for preventive dump fire protection. BHM Berg-und Hüttenmännische Monatshefte, 2004, 149 (2): 173—185.

[108] Wüthrich D,Chanson H. Hydraulics, air entrainment, and energy dissipation on a gabion stepped weir. Journal of Hydraulic Engineering,2014,140(9):04014046.

[109] 杨红波.合金钢丝网石笼在长江堤防护岸工程中的应用.浙江水利科技,2003,(1):47—48.

[110] 黄平,周玉英.重镀锌铁丝网石笼技术在漓江护岸的应用.广西水利水电,2002,(2):44—46.

[111] 重庆交通科研设计院.交通建设科技项目——山区公路特殊支挡结构研究(巫溪至十堰二级公路巫溪段),2004.

[112] 王新军,罗继润.城市河道综合整治中生态护岸建设初探.复旦学报(自然科学版),2006,45(1):25—28.

[113] 杨芸.论多自然型河流治理法对河流生态环境的影响.四川环境,1998,18(1):19—24.

[114] 顾小华.一种新型的高速公路边坡生态防护技术.水土保持研究,2006,(2):106—180.

[115] 罗楠.生态护坡在河道治污工程中的应用.中国水土保持,2006,(6):32—33.

[116] 程强.重庆梁平至长寿高速公路边坡生态防护.公路,2004,9(9):177—180.

第 2 章　沿河路基动态失稳机理

2.1　概　　述

通常人们把沿河路基的失稳破坏归因于河水的冲刷作用,同时考虑到降水的入渗会减小土体颗粒之间的黏聚力,进而减小其有效剪应力并针对河水的冲刷作用及防护做了大量的研究工作[1~4]。但沿河路基所处的环境具有以下三个鲜明的特点:①路基受到水流冲刷与淘蚀作用;②江河水位变化使路基侵蚀部位变化,坡体内孔隙水压力、渗透压力也发生变化;③在水岩耦合作用下,路基岩土材料的流变作用会加剧透水层孔隙水压力变化,甚至产生超孔隙水压,使不透水层产生上浮力,导致路基失稳。因此,沿河路基失稳是多种因素特别是上述三种因素长期作用而发生的演变过程。每种因素都可能在一定条件下成为路基失稳的决定性因素。沿河路基的稳定是相对的,稳定中存在不稳定性,失稳是各动态因素作用的结果。所以公路沿河路基失稳是动态过程,称为动态失稳。

2.2　沿河路基类型

山区公路所处自然地质条件复杂,引起沿河路基失稳破坏的各种因素在时空分布及组合特征上具有较大的差异性。沿河路基的防护和治理,应针对不同类型的沿河路基从研究和分析沿河路基失稳机理入手。通过对已有研究资料的整理和野外实地调查,沿河路基可按照建筑材料、路基断面形式、破坏形式、河谷类型、地质灾害背景,以及路线走向与河道的关系等进行分类。

2.2.1　按照沿河路基物质组成分类

从理论上讲,根据路基的物质组成,沿河路基可以分为土质路基、土石混合路基和节理化岩质路基三种类型。在实际工程中,纯粹的土质沿河路基是很少见的,因此本章将沿河路基按照路基岩土体物质组成分为土石混合路基和节理化岩质路基两种类型。

土石混合路基在沿河公路中是常见的路基类型。沿河公路往往沿谷坡下部、坡麓或坡麓与河床之间展线,因此路基填土主要为河流相冲洪积含砾石砂或粉砂、崩坡积物、残积物,以及岩屑、岩块等。图 2-1 所示为某沿河公路的土石混合路基。

图 2-1　某沿河公路的土石混合路基

节理化岩质路基多分布于狭窄河谷(图 2-2)。例如,319 国道涪陵-酉阳段局部路段即分布于乌江、郁江、黔江河等河流两岸,其地势陡峭险峻、地质构造发育、工程地质条件复杂;岩体受构造条件和软弱层面控制,节理发育,结构特性复杂,易在地下水和河水的作用下失稳破坏。

图 2-2　某沿河公路的节理化岩质路基

2.2.2　按照沿河路基断面形式分类

根据路基的断面形式,沿河路基可以分为填方路堤、挖方路堑、半路堤断面、半堤半堑断面等[5],如图 2-3 所示。根据现场调查结果显示,挖方路堑型沿河路基较少,且多数位于公路转弯穿越山脊前端处;在实际工程中,尤以半路堤断面、半堤半堑断面和半路堑断面三种路基横断面类型居多。

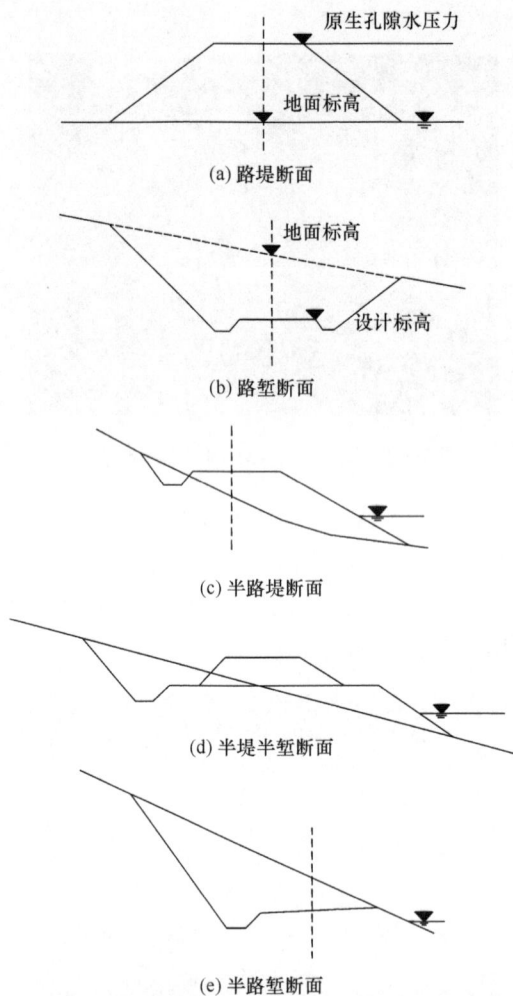

(a) 路堤断面

(b) 路堑断面

(c) 半路堤断面

(d) 半堤半堑断面

(e) 半路堑断面

图 2-3　沿河路基横断面形式[5]

2.2.3　按照路线走向与河道位置关系分类

受地理位置及地形限制,沿河路基可以分为一般沿河路基和弯凹岸沿河路基。一般沿河路基是指沿河路线与河道平面形态一致,路线与河道平行,一侧傍山,一侧临河,路基多分布于河谷和阶地上,如图 2-4 所示。在一些宽缓河谷地区,河漫滩对于选线和施工而言,可以提供一种甚至包括防洪在内的低成本解决方案[1]。因此,一般沿河路基按纵向侵占河道角度,结合河流水力冲刷、地貌条件及防洪要求,可分为漫滩型沿河路基、局部漫滩型沿河路基、谷坡型沿河路基。

图 2-4　一般沿河路基

在河道的弯曲段,水流向凹岸集中,形成横向环流对岸坡岩土体形成冲刷淘蚀作用并向下游发展。当公路某段线路位于河流转折处凹岸地带,这种淘蚀作用即成为路基破坏的主要原因。可将该类型沿河路基称为弯凹岸沿河路基,如图 2-5所示。

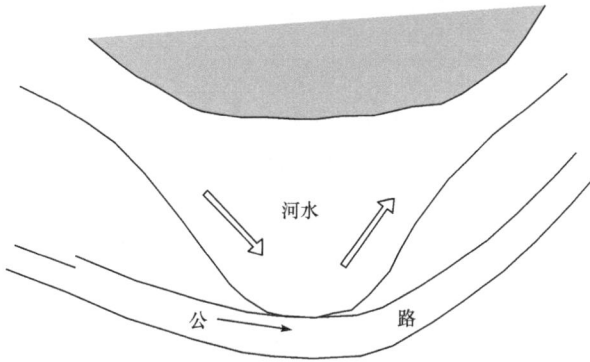

图 2-5　弯凹岸沿河路基示意图

沿河路基的上述几种类型,仅是针对野外调查工作从不同角度所进行的相对分类,并非绝对分类。实际上,沿河路基的特点众多,对沿河路基的分类可根据其中一个特点或几个特点综合后进行,因而沿河路基可根据不同的分类原则进行分类,目前尚没有统一的分类方法。另外,对于同一沿河路基,根据不同的分类方法可分为不同的类型。例如,对确定的一段沿河路基,既可以根据路基物质组成定为土石混合路基,也可根据路线与河流的位置关系确定为一般沿河路基,还可以根据路基断面形式定为半堤半堑断面型沿河路基等。

上述分类仍仅停留在沿河路基的空间位置和外在特征层面上,并没有揭示沿河路基破坏失稳的内在因素,这不利于研究沿河路基的动态失稳机理。因此,在上述分类的基础上,为便于揭示和分析沿河路基动态失稳机理,本书将沿河路基分为连续介质的土石混填沿河路基和裂隙介质的节理化岩质沿河路基两大类。

2.3 沿河路基的失稳变形特点

2.3.1 与地质环境的密切相关性

沿河路基作为工程构筑物,处于一定的地质环境中,所遇到的工程地质问题不是孤立、偶然发生的,而是与沿河路基附近的自然条件和环境有着极为密切的必然联系。沿河路基的修建—破坏演化过程,是人类工程活动和自然地质条件相互影响的结果。因此,沿河路基的失稳变形与所处地段的地质环境具有密切相关性。

经过现场调查和反复比选,与沿河路基相关的灾害地质因素可归结为以下几类:①地形地貌条件;②地质构造和地层岩性;③不良地质现象;④水文地质条件;⑤地表水活动,包括径流规律、河床沟谷形态、纵坡及流速流量等;⑥与人类工程活动相关的一些不利因素。

1) 地形地貌条件

地形一般是指地表高低、山坡缓陡和沟谷宽窄等;地貌条件需要说明地形的形成时代、原因和过程,不同地貌单元能综合反映地区构造、岩性、水文地质特征及物理地质现象的差异[6,7]。例如,平原地区,地形变化简单,土层较厚,地下水埋藏较浅;丘陵地区,地形波状起伏,坡积层发育;山岳地区,坡形崎岖,山陡谷深,基岩裸露,崩塌频繁。这些都与线路和公路沿线构造物位置的选择有密切关系。

区域地貌单元可以影响沿河公路的平纵线型变化、所属地区的气象水文,为公路水毁和沿河路基失稳提供必要的地形条件和外在影响因素。例如,云南总的地势是西北部高东南部低且呈阶梯状下降,全省有约 94% 的面积为山区和高原。据资料统计显示,该省公路水毁和沿河路基破坏 80% 发生在山地峡谷地带,而水毁和沿河路基破坏中的 80%~90% 发生在 20°~55° 的坡度段内,沿河公路因各种因素破坏失稳达 112 段,占统计总量的 42.1%[8]。同时区域地貌单元与气象之间的相关性也影响当地的降水量和河流的径流。山区地形可以改变降水形成的云雾物理过程,加速凝结水分的转化,从而增加降水量[9]。一般来说,降水量大的地区,径流量也大。以西藏自治区为例[10],其径流深度从南向北、从东南向西北逐渐减小;

同时西藏自治区河川径流的年际变化小,年内变幅大。因此,总的来说,西藏自治区公路路基破坏的状况也是自东南向西北逐渐减弱。例如,西藏自治区东南的三江地区(金沙江、怒江、澜沧江)以及帕隆藏布流域的公路路基毁坏十分严重,而西藏自治区西北地区(狮泉河)的公路路基毁坏相对较轻。

由于沿河地带自然地面起伏不平,路基形式有填方路堤、挖方路堑、半填半挖路基等形式。为确保路基稳定、避免或减少破坏、不侵占河道,设计人员常设置路堤支挡工程。如果地形变化复杂,路基边坡高度和填挖高度相差较大,在路线跨越深沟时常出现高路堤,且不可避免地存在陡坡、斜坡路基、路堑高边坡。因此,沿河公路所处地段微地貌形态也是公路设计人员必须考虑的重要因素。同时受河谷地形所限,沿河公路与一般公路不同的是由于常一侧傍山而出现高陡边坡,所以高陡边坡的稳定性也是沿河路基失稳变形的重要激发因素。

2) 地质构造和地层岩性

山区公路的特点和现状与所处区域的特殊地理位置密切相关。山区复杂的地质构造决定山脉和水系的走向,也决定山区公路多沿河展布。地质构造非常发育的地区,岩体破碎,区域稳定性和斜坡稳定性差。例如,轻度-中度构造改造,可使块体状岩体初步块裂化,使层状岩体的层状特性由于发育层间错动而加强;随着改造的进一步加强,岩体被块裂化,当其中某一组断裂特别发育时,可使岩体板裂化;更为强烈的构造改造,特别是在断裂密集带或火成岩侵入体附近,岩体可被碎裂化或散体化。同样,表生作用也可使岩体块裂、板裂、碎裂或散体化。断裂带及其附近,岩体裂隙和节理发育,岩体破碎,地下水径流强及地形坡度大,如果公路位于此地带则容易受到破坏。根据构造地质学原理,在活动断裂带、断裂的端点,以及断裂和褶皱的拐点、交汇点、转弯部位均是地应力最易释放的部位,统计资料[8]显示这些部位也是山区公路路基容易破坏的部位。

不同岩土体,其工程力学性质也不同。土体在自然或人为因素的影响下,土的成分和结构、土体结构及赋存环境可能发生变化,进而土体性质也随之变化。沿河路基的填土并非单纯土体,其物质结构较一般路基也具有不同的性质。对位于典型河谷的沿河路基而言,其物质来源常为河床、漫滩、阶地及谷坡。谷坡的上部往往以基岩、风化壳(层)或残积物为主;下部除基岩、风化壳或残积物外,还有多种成因的松散堆积物;谷底部分主要为河漫滩淤积物和河床冲积物(河床质)。沿河公路就修筑在这些物质之上,其路基往往也是由这些物质或这些物质经开挖或堆筑构成的;沿谷底下部、坡麓或坡麓与河床之间的接触地带物质的性质和结构对沿河路基的稳定性及可冲性至关重要,多具有决定性的作用[10]。谷坡下部以崩坡积物和残坡积物为主,尤其在软弱和破碎岩层出露处,崩塌、滑坡发育,崩坡积物和残坡积物分布较广[11]。崩坡积物由角砾和岩屑构成,含有不同数量的粉砂和黏土,结构松散,因其往往堆积在坡麓(脚),而狭谷河段的公路往往沿坡麓通过,使不少路段修筑在崩坡积物上,直接影响路基的稳定性和抗冲刷性。基岩风化碎石和坡脚堆积类碎石分布不均,分选性差,常充填大量砂粒、粉粒和黏粒等细小颗粒,其性质处于砾类土和黏性土之间,透水性相对较弱,内摩擦角较小,抗剪强度较低,压缩性稍大。

新鲜而完整的岩石,一般结构较致密,具有较低透水性和较高的力学强度。但岩石常遭受各种结构面切割,破坏其完整性,形成具有一定结构的岩体。岩体的性质比岩石的性质要复杂得多。作为沿河路基的节理化岩体而言,影响其工程地质性质的因素可以概括为:①岩体材料性质,包括岩石的矿物组成、结构构造和结构面的发育特征等;②岩体结构,包括结构面特征、结构体特征及其组合情况;③地质环境条件,包括地下水、地中温度和地应力等因素,而对于沿河路基而言,地下水是重点考察对象;④岩石的风化状态。但不同工程地质岩组,其工程地质性质不同,因此,修建在不同工程地质岩组上的公路路基在各种内外力作用下遭受破坏的概率、程度也不同。

3) 不良地质现象

我国地域辽阔,自然条件复杂,山区公路建设中常遇到各种不良地质现象,如崩塌、滑坡、泥石流、岩溶、地震、涎流冰等,给公路路线的合理布局、工程设计和施工,以及建筑物的稳定和正常使用造成危害。

在狭窄河谷地带,由于坡度较大,在长期内外地质营力的作用下,裂隙岩体易脱离母岩向下崩落形成崩塌,其形成、失稳与运动属于边坡地貌动力过程演化的主要形式之一[12]。崩塌是山区公路常见的病害现象,其来势迅猛,常摧毁路基桥梁,崩落的岩体顺坡猛烈地翻滚、跳跃、相互撞击最后堆于坡脚或路面,影响交通安全。崩落的岩体较大,其崩落的能量也大,极可能砸坏路基,使交通中断,造成直接和间接经济损失。通常崩塌形成的地质条件包括地形条件、岩性条件、构造条件及一些人为影响因素。地形切割越强烈、高差越大,形成崩塌的机会就越大,其破坏力也越大。坚硬的岩石具有较大的抗剪强度和抗风化能力,能形成高峻的斜坡。在外在因素影响下,一旦斜坡稳定性遭受破坏,即容易产生崩塌现象。此外,软硬互层构成的陡峻斜坡,由于差异风化,斜坡外形凹凸不平,也容易产生崩塌,如重庆部分地区岩性为侏罗系中统沙溪庙组及下沙溪庙组紫红色泥岩、粉砂质泥岩和长石石英砂岩。岩体软硬相间,且受地质构造影响的砂岩岩体中多发育 X 型共轭裂隙,岩体易崩落垮塌。

斜坡上大量土体或岩体在重力作用下,沿一定的滑动面(带)整体向下滑动的现象称为滑坡。滑坡是斜坡失稳的主要形式之一,基本条件是必备临空面和滑动面。由于沿河公路位于河谷,从地形上满足滑坡的发育条件,因此滑坡是山区沿河公路的主要灾害之一。山坡或路基边坡发生滑坡,常使交通中断,影响公路的正常运输。大规模的滑坡会堵塞河道、摧毁公路,对山区建设和交通设施危害很大。我国西南地区是滑坡分布的主要地区,不仅滑坡的规模大、类型多,而且分布广泛,发生频繁,危害严重。

泥石流是一种水与泥沙和石块混合在一起流动的特殊洪流,具有突然暴发,以及流速快、流量大、物质容量大和破坏力强的特点。在泥石流发育区,经常发生泥石流冲毁公路、铁路、桥梁等交通设施的现象。大型泥石流甚至可以冲毁工厂、城镇和农田水利工程,给人民生命财产和国家建设造成巨大损失。在小流域内,滑坡和泥石流通常相伴而生、互为因果,具有强烈的冲击、破坏作用。泥石流属于典型的灾害地貌现象及地貌过程,是山丘地区公路建设过程中普遍存在且破坏作用极其强烈的公路水毁类型,是毁损穿越泥石流沟的公路路基、路面及相应防治结构物的重要外在动力机制。例如,我国著名的西安—兰州公路、甘肃—四川公路、甘肃—青海公路,都经常受到泥石流的危害。泥石流是山区特有的一种不良地质现象。因此,泥石流是实施西部大开发战略的重要障碍因子,泥石流防治是沿河公路建设和养护过程中长期未能得到有效解决的关键技术问题。

岩溶也称为喀斯特,是在以碳酸盐类为主的可溶性岩石分布区,由于水特别是地下水对岩石以溶蚀为主的作用下所形成的诸现象的综合。最主要的特点是缺乏完整的地表水系,但相不连通的封闭洼地则很多。河流进入这类地区常潜入地下转化为伏流河或暗河,即使一些主要河道仍保持为地表河,也缺乏发育完整的支流体系,而是通过各种地下管道或裂隙与附近的封闭洼地发生水文联系。所以地下溶蚀裂隙或管道非常发育也是其主要特征。岩溶现象在我国西南和中南地区很发育。在岩溶地区修筑公路遇到的主要问题有:①由于地下岩溶水的活动,或因地表水消水洞穴被阻塞,导致路基基底冒水、水淹或水冲路基等现象发生;②由于地下洞穴顶板的坍塌,导致其上的路基或相关构筑物发生塌陷、下沉或开裂;③如何正确利用一些比较特殊的岩溶现象来进行岩溶形态的改造利用。

地震,是地下深处的岩层,由于某种原因突然破裂、塌陷及火山爆发等而产生振动,并以弹性波的形式传递到地表的现象。地震是一种常见的地质现象,也是一种破坏性很强的地质灾害。地震时强震区的场地与地基可能导致的宏观震害或地震效应包括下列四类:①强烈地面运动导致各类建筑物的震动破坏;②强烈地面运动造成场地、路基的失稳或失效,包括液化、地裂、震陷、滑坡等;③地表断裂活动包括地表基岩断裂和构造性地裂造成的破坏;④局部地表、地貌、地层结构的变异可能引起的地面异常波动造成的特殊破坏。山区公路的路基震害主要是路堑边坡、挡土墙和半填半挖的震害。对挡土墙而言,由于地震时挡土墙地基承载力降低,土压力增大,尤其是软弱地基上的挡土墙、特别高的挡土墙和干砌片石挡土墙遭受的震害较为严重,其中多以挡土墙砌缝开裂作为挡土墙震害的外在表现形式。而半填半挖路基震害主要表现在挖方边坡的滑坡和崩塌、填方的开裂和沉陷、沿填挖交界面出现的坍塌和裂缝。

涎流冰是我国北方寒冷地区和高寒地区的特殊工程地质现象,是山区公路常见的工程地质病害。由于高寒山区沿河路基所处位置的特殊性,涎流冰危害特别严重。近几年来,在哈绥公路、鹤大公路、鹤伊公路的建设中,不同程度出现有涎流冰产生的公路病害。涎流冰除了对路面形成冰棱路面外,在春暖时节冰雪水融,水分渗入路基内,常引起道路翻浆,路基出现不均匀沉陷,边坡滑坍等,导致一些路面出现裂缝而被破坏,影响正常的交通运输。形成涎流冰的水源以浅层地下水为主,当进入冬季后,浅层地下水在表土层逐渐向地层深处冻结,改变了原来含水层的厚度和地下水运动特征。另外,路基填土的工程性质与涎流冰的发育程度及规模有密切的关系,一般来讲,透水性比较好的砂或砂砾等土质,地下水的渗透和排泄都比较快。但如果其下伏不透水层,地下水就会聚集在蓄水层内形成层间水或潜水,在冬季到来之前水还不能完全排出的情况下就可能形成涎流冰。

4) 水文地质条件

沿河路基地段地下水的补给来源主要有降水和河水,大部分属于潜水,与河水存在着水力联系。河水水位上升时由河水补给地下水,河水水位下降时地下水可向河水排泄。仅从水力冲刷的角度来说,除少数未加任何防护措施的沿河路基外,地下水对沿河路基的威胁不应该很大。但是,地下水位的升降可以改变沿河路基岩土体的含水率,进而改变其应力场,特别是改变有效应力场,降低沿河路基岩土体的强度,如地下水位下降可以引起路面塌陷、地下水流速加大会促使土体的潜蚀作用等。

沿河路基所处的地理位置不同,其水文地质条件也不同。构成路基的岩土体不同,其水理性质也不同。沿河路基地段的地下水多为潜水,路基内侧边坡内地下水多为呈季节性存在的孔隙水和基岩裂隙水,与大气降水有着较强的相关性。

5) 地表水活动

山区河流流域的地表径流水源主要有雨水、融水、上游溃水三类。

雨水即大气液态降水,是山区河流地表径流的主体部分,在时空分布上具有极度的不均匀性。山区特大洪水都是由暴雨或较长时期降水所形成的。雨季和旱季比较明显的地区,雨季的降水量一般占全年雨水的 80%～90%,而且雨季的降水量分布也具有不均匀性,导致河水的流量和水位变化很大。因此,沿河路基在雨季的稳定性值得设计人员和施工人员高度重视。

融水是指高寒地区或山顶积雪和冰川的消融水,主要受气温控制。由于各地区的气温差别较大,导致相应的消融期变化也较大。一般而言,主消融期相对于全年来说,所占比例较小,大多在 4 个月左右;加之融水的径流途径远,其水量变化不如雨水,尤其是不如暴雨激烈,因此融水在河水径流总量中所占比例通常不大。但是融水与强降水组合,可以进一步加大洪水流量,因而加大对沿河路基的威胁。

上游溃水是山区河流流域所特有的一种地表径流水源,是由各种成因的挡水或蓄水坝体溃决而形成的溃决水。在某些沟谷地带,由于滑坡或泥石流形成的堵塞坝溃决,也能形成溃水。例如,G318 线通麦附近的扎木弄巴在 1902 年和 2000 年的特大泥石流或碎石流堵断了易贡藏布江,分别形成高 80m 和 130m 的堵塞坝,后坝体溃决,尤以 2000 年溃决水深 110m,形成举世罕见的超大型洪水[13]。相对于降水所形成的洪水,溃水的频率要小得多,但其强度特别大,破坏力是惊人的,一旦发生溃水,对沿河路基的危害就相当大。

6) 人类工程活动

随着经济的迅猛发展,人类工程活动已成为地球表层特别活跃的因素与力量,其活力与影响与日俱增。人类工程活动一方面是人类生存发展必不可少的组成部分;另一方面又将极大地改变地球浅表层的自然状态,打破原有的人-地平衡体系,导致环境和灾害问题的出现。

针对沿河路基的地理位置及其工程施工,一般说来不利于沿河路基稳定的人类工程活动主要包括以下几类:①工程荷载。工程荷载作为附加荷载使沿河路基岩土体中的应力产生重分布,使岩土介质发生变形,当岩土介质变形达到一定程度即会产生破坏作用。②爆破施工。爆破荷载会导致工程中除开挖岩土体以外的地质体松动、破坏,使地质体的结构状态和特性受到相应影响,导致其稳定性下降并进而影响沿河路基的安全。③开挖施工。公路工程施工必须对岩土体实施开挖,而大量的地面开挖会改变地形地貌,常引起边坡失稳、水土流失,改变地面径流。④弃土堆积。岩土回填和废弃物堆积,对沿河路基所处位置地质环境的影响主要表现为地形及地表径流的改变,造成次生泥石流和滑坡,威胁沿河公路安全。

2.3.2 致灾原因多样性和复杂性

沿河路基失稳破坏主要分布在公路沿江、河、溪、沟岸坡展线及不良地质条件的地段。由于山区地形、地质等特点,山区沿河公路路基具有以下几个方面的特点:

(1) 变异性和不确定性大。道路沿线的地形、地质和水文等自然条件往往变化相当大,即便在较短的路段内,路基的填挖情况、岩土体性质、水文地质条件等都可能有较大差别,因而路基的物理、力学性能有很大差异。

(2) 路基类型多样。由于自然地面的起伏不平,路基形式多样,在纵横向均存在填方、挖方及填挖交界过渡区,容易造成路基不均匀沉降。

(3) 易形成高陡边坡。由于沿河公路地形变化复杂,路基边坡高度和填挖高度相对较大,在路线跨越深沟时常常出现高路堤,且不可避免地存在陡坡、斜坡路基、路堑高边坡等,其中高路堤的稳定性不仅与边坡高度相关,也与路基填料性质、边坡坡度、地基条件和水文状况有关,并且高路堤由于填方较高,路基沉降较大,如何控制沿河路基高路堤沉降也是亟待解决的主要技术问题之一[14]。

（4）地质环境复杂。山区沿河公路由于地形、地质、水文等条件复杂，路基填挖可能诱发滑坡、崩塌、路基沉陷或滑溜等灾害和病害，导致路基失稳。

（5）路基防护结构形式多样。由于地形限制，山区公路路基工程往往需要通过设置支挡防护工程以确保路基稳定，同时在河谷的某些路段由于路基宽度大、土石方数量相对较大，有时也需要采用支挡工程以减少土石方数量。沿河布线时，为确保路基稳定，避免或减少路基失稳破坏、不侵占河道，常需要设置路堤支挡工程。因地制宜地设置沿河路基防护结构物，对确保路基稳定和减少灾害发生具有重要意义。

（6）工后差异变形明显。当沿河路基断面形式为半填半挖时，或岩石边坡开挖的石方或岩块直接用来填筑路基时，其不均匀沉降较难控制，如图 2-6 所示。

图 2-6　填石路基

（7）施工对环境破坏加大。沿河路基工程施工时由于填挖造成地表植被等损害，弃渣也往往堆积于路基外侧、漫滩甚至河道内，容易造成大面积的水土流失和山区小河道的堵塞。

2.3.3　破坏渐进性与突发性并存

沿河路基与其他路基的显然不同点在于河（库）水的存在。由于河流多为季节性河流，其受地质、地形、地貌等条件的限制，具有水流情况复杂、流速高、冲刷强等特点，尤其是河曲路段在汛期的冲刷远远高于顺直路段。特别是在汛期，洪水及其引发的地质灾害可能直接造成沿河公路的毁坏，此时路基的失稳破坏多是突发性的，具有成灾时间短、危害时间长的特点，如图 2-7 所示。

山区沿河公路沿线河流具有山区河流洪水汇流时间短、径流速率快，以及形成峰高、量大等水文特性。沿河两侧的泥石流、滑坡固体物质拥入河道，造成河道冲淤演变十分强烈，既多弯道、险滩，又易造成堵塞。如果河床纵坡大，洪水期间河床质极易被湍急的河水启动带走，形成固体物质含量大、运动速率快、冲击力很强的推移质运动，使公路两岸的软弱河岸，特别是凹岸及路基下边坡引起严重侧蚀和冲

图 2-7　洪水作用造成沿河路基的突发性毁坏

刷,造成岩坡路基及相关构筑物被冲撞毁坏。地表水流对沿河路基的稳定性具有很大威胁,这是沿河路基失稳破坏的最显著特点。如果破坏路段长、防灾抢险体系不健全,那么抢修破坏路段的时间就会很长,相应增加断道阻车的时间。

另外,对于除岩质路基外的大多数沿河路基而言,路基岩土体中的地下水和河(库)水间通常存在水力联系,即路基地下水向河流排泄或河水补给地下水。因河水的存在,路基的地下水文条件和渗透条件始终处于变化状态。路基在遭受河水冲刷的同时,经受地下水的渗透与浸泡。路基岩土体中孔隙水压力随河水水文条件、气候等多种因素的变化而变化,这种作用削弱了路基土颗粒、岩块之间的联系。高孔隙水压力可能会导致路基的动态变形,加速路基向失稳破坏的发展,影响公路的正常使用。此时路基的失稳破坏并不仅仅是水流冲刷这个因素的结果,甚至水流冲刷作用都不能作为路基失稳的关键因素,路基的破坏形式也不是突发式的,而是在众多因素综合作用下发生的渐进式的失稳破坏。路基在地下水的动态作用下也可以发生渐进性失稳破坏,这是沿河路基失稳的又一个重要特点。

2.3.4　灾变具有重复性

山区沿河公路路基毁坏还具有明显的重复性,其原因主要包括以下几个方面:

(1) 公路沿线河流在一个水文周期内所产生的洪水具有明显的周期性和重复性。

(2) 山区交通运输主要依靠公路,其客运、货运量在总运量中占有相当大的比例,一旦公路断道即会对当地的经济建设、社会稳定等方面造成极为严重的影响,因此当公路断道后多采取修建便道或临时通车设施以达到尽快通车恢复交通的目的,这就造成整治不彻底,公路抵御洪水灾害的能力低,也即沿河路基往往接二连三地发生灾变。

(3) 修建永久性支挡防护结构时,设计施工对洪水的水流特性认识不足,对整治工程的基础和防护手段重视不够,存在屡建屡毁的现象,人为增大了沿河路基危害的重复性。

（4）山区河谷或公路桥涵被泥沙堵塞后，未能立即清除，使溪沟的常年流水及山洪不断地冲蚀桥涵两侧的路基和路面，使得该路段长期成为公路灾害段。

（5）在一个水文周期内，路基岩土体中的地下水和地表水之间的水力联系具有周期性，从而使影响路基稳定的路基岩土体内地下水的渗流状态、孔隙水压力的大小和分布等地下水文条件及因素具有周期性变化。

2.3.5　破坏机理具有耦合效应

按照系统论的观点，世界上处于同一系统内的任何两个或两个以上的物体都是相互作用及彼此影响的，即存在耦合现象且该现象是普遍存在的。同样，岩土体的变形与其内部的流体之间也应该存在耦合现象。对渗流场与应力场耦合的相关理论已有众多国外学者[15~22]和国内学者[23~34]进行了细致地研究，并获得一些有益的研究成果。总体而言，裂隙岩体的渗流场与应力场的耦合分析方面取得的成果较土体方面取得的成果多，研究也较深入。

对固体介质进行应力场分析计算时，对流体的考虑主要是基于渗流力（或渗流孔压），以及流体对介质的浮托力和物理、化学作用，常忽视渗流场的影响，将渗流近似地用静水压力和扬压力来表示。事实上，流体荷载的大小与渗流场是密切相关的，渗流场分布的变化对流体荷载分布有影响，进而改变应力场的分布，导致应力场发生变化。这就是渗流场对应力场的影响机理。

影响岩土体渗透性的因素主要有两个：一是流体性质，这可以从 Darcy 定律和地下水动力学的有关理论中得到验证；二是土体颗粒的骨架性质和节理岩体裂隙面状况[30]，这可以从土体固结理论及岩体水力学中所列的裂隙水流立方定律[18]中得到验证。土体颗粒的骨架性质对渗透的影响主要体现在介质渗透率，其主要由孔隙率来决定[32,33]。国内外对岩土体的渗流特性、渗透系数和抗渗坡降等进行大量研究，并取得相应的理论计算公式和基于大量试验的统计模型。从这些试验可以看出，渗透系数是孔隙比的函数，土体的渗透系数可以用孔隙率或孔隙比来表示，如砂性土的渗透系数可表示为 K 与 e^2、$e^2/1+e$ 和 $e^3/1+e$ 的函数关系，式(2-1)[32]只是众多通过试验确定的表达式之一。

$$K=C_2 d_{10}^{2.32} C_u^{0.6}\frac{e^3}{1+e}=C_2 d_{10}^{2.32} C_u^{0.6}\frac{n^3}{(1-n)^2} \tag{2-1}$$

式中，K 为渗透系数；C_2 为试验选定参数，与砂性土的级配、密度等物理性质有关；d_{10} 为在颗粒级配曲线上小于某粒径百分含量为 10% 对应的土粒粒径；C_u 为不均有系数；e 为孔隙比；n 为孔隙度。

对于黏性土，除了孔隙比外，其矿物成分对渗透性也有一定的影响，式(2-2)[34]就反映孔隙比对黏性土渗透性的影响。

$$e=\alpha+\beta\ln K \tag{2-2}$$

式中，α、β 为与塑性指数有关的常数。

　　用 Biot 固结理论的基本假设，则土体单元的体积应变是由孔隙体积变化所引起的，因此孔隙率可以表示为体积应变的函数。这样就以应变为中间桥梁建立起两场耦合关系，土体单元的渗透系数最终可以表示为应力场的函数关系式，即有

$$K_{ij}=K(\sigma_{ij}) \tag{2-3}$$

这也正是应力场对渗流场的影响机理，即应力场通过体积应变影响孔隙率，进而改变渗流场。

　　对于裂隙岩体，根据岩石渗透系数与正应力的著名半经验公式来建立渗流场和应力场之间的耦合关系。国内外学者广为引用此公式并在此公式基础上做了大量的研究，例如，郑少河等[35]考虑三维应力场对渗透系数的影响。应力场对渗流场的影响表现在裂隙岩体的渗透张量、岩体的给水度两个方面；而渗流场对应力场的影响表现为流体对裂隙岩体结构面的弱化效应、改变结构面的物理性质两个方面。裂隙岩体的两场耦合是通过裂隙岩体的渗透性能的改变而联系起来的，当有渗流产生时，二者通过反复耦合而达到一种动态稳定状态。

　　通过以上的应力场对渗流场影响和渗流场对应力场环境影响作用的研究分析，其二者的关系如图 2-8 所示。

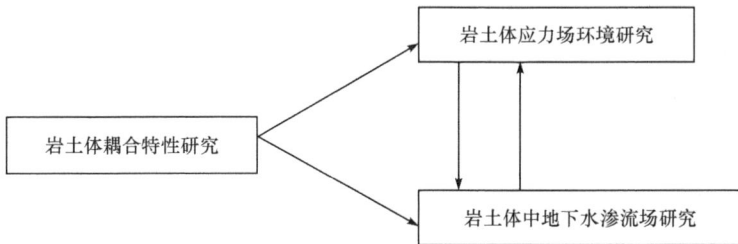

图 2-8　岩土体渗流场与应力场的耦合作用

2.4　节理化岩质路基的动态失稳机理

2.4.1　节理化岩体

　　岩块和岩体均为岩石物质。岩块是指不含显著结构面的岩石块体，是构成岩体的最小岩石单元体。岩体是指一定工程范围内的自然地质体，其经历了漫长的自然历史过程，经受了各种地质作用，并在地应力的长期作用下，在其内部保留了各种永久变形和地质构造形迹，如不整合面、褶皱、断层、层理、节理、劈理等不连续面。岩块与岩体的重要区别是岩体包含若干不连续面。由于不连续面的存在，岩体的强度远低于岩块的强度。因此，对于设置在岩体上或岩体中的各种工程所关

心的岩体稳定问题来说,起决定作用的是岩体强度(或者说是结构面强度)及其组合,而不是岩块强度。而且大量的工程实践表明,用岩块性质来代表原位工程岩体的性质是不合适的。

岩体结构包括两个基本要素,即结构面和结构体。结构面是岩体内具有一定方向、延展较大、厚度较小的面状地质界面,包括物质分界面和不连续面。结构面的规模大小不仅影响岩体的力学性质,而且影响工程岩体力学作用及其稳定性。结构体就是被结构面所包围的完整岩石,也即岩块。

结构面按其延伸长度、切割深度、破碎带宽度及其力学效应,可分为 I、II、III、IV 和 V 共 5 级。其中 IV、V 级结构面在沿河公路工程中经常遇到,其对路基岩体的稳定性具有直接影响。包含这些结构面的岩体即称为节理岩体。节理岩体中包含从微观、细观到宏观的各种尺度的缺陷。

节理化岩质路基的范畴包括坐落在节理化岩体上的路基、路基边坡为节理化岩体,以及失稳破坏与节理化岩体相关的路基。节理化岩质路基在水流冲刷和水位变化条件下,岸坡内孔隙水压力和渗透压力会引起节理面岩土材料的水理性质和力学性质发生变化进而失稳破坏,以及路基边坡节理化岩体在坡面方位及节理组合下容易产生岩崩和滑坡。

2.4.2　地下水对节理化岩体强度的弱化效应

地下水对边坡固相介质的弱化效应被认为是边坡演化的重要环节,其影响的最主要方面在于在漫长的边坡演化过程中,地下水通过化学的、水力学的方式,促使岩石的矿物成分及显微结构发生变化,从而引起岩石强度发生连续衰减,该强度衰减具有典型的时效性。

1) 水岩化学腐蚀作用

地下水与地表水在与岩土体相互作用的过程中,通常以对易溶矿物的全等溶解、难溶矿物的非全等溶解等方式淋滤岩土组分,从而实现对岩土体的腐蚀[18,36]。例如,水引起介质中某些矿物成分膨胀,水的流动对碳酸盐类物质有溶蚀作用;水中含有的某些酸或碱成分,对岩石中的某些介质形成腐蚀;含水量反复变化会加剧岩石的风化作用等。水岩化学腐蚀作用对岩体稳定性具有影响,且这种作用是不可逆的。

水体对边坡节理化岩体的腐蚀作用十分强烈。地下水几乎是沿着所有序次的非连续面对岩体进行多尺度全方位的腐蚀。这些非连续面从小到大包括晶间裂缝(缺陷)、矿物集合体之间的贴粒缝、显微构造(成岩)裂缝和宏观构造裂隙。其结果是在任何尺度上,岩体(块)的黏结性均受到削弱,引起强度降低,而这种结果又反过来进一步促进腐蚀作用。岩体腐蚀对岩体强度的影响包括两个方面:一是对岩块强度的影响;二是对岩体强度的影响。

　　岩块在水环境中的腐蚀程度可以用其干容重 γ_{dry} 来衡量。不难理解,同种岩石,干容重越小,其被腐蚀的程度也就越大,则其干抗压强度也就越小;干容重越大,岩块也就越完整,岩块中的裂隙也就越不发育,结构面对岩块强度的影响也就越小,则其干抗压强度也就越大。同时,由于水位变动带的水力梯度较大,地下水与地表水径流交替强烈,对路基岩体的腐蚀也较为强烈[37]。

　　对于一定地质环境中的岩体,其结构面的力学性质和组合状态是影响岩体强度的最主要因素,因此水对节理化岩质路基的腐蚀最主要还是对其结构面的腐蚀。岩体中平直光滑结构面的抗剪强度可表示为

$$\tau = \sigma \tan\phi_b \tag{2-4}$$

式中,σ 为结构面上的法向应力;ϕ_b 为结构面内摩擦角。

　　通常情况下,平直光滑结构面在形成初期或未经受破坏的情况下,张开度一般都比较差,而且从微观上其结构面并非绝对平直光滑。地下水或地表水渗入裂隙面后,首先腐蚀结构面上的凸起部分,从而降低结构面两侧岩块的咬合程度;随着腐蚀的进一步发展,地下水或地表水对裂隙面两侧岩块进行溶滤和腐蚀,降低岩块的干容重,导致隙宽加大,张开度增大。因而在地表水和地下水的长期作用下,结构面的 τ 将随着 ϕ_b 的降低而逐渐降低。

　　当结构面为粗糙起伏锯齿状结构面时,其抗剪强度可用式(2-5)、式(2-6)表示。

　　当法向应力 σ 较小时:

$$\tau = \sigma \tan(\phi_b + i) \tag{2-5}$$

　　当法向应力 σ 较大时:

$$\tau = \sigma \tan\phi + c \tag{2-6}$$

式中,i 为结构面粗糙起伏角;ϕ、c 分别为结构面(包括结构面两侧一定范围内的结构体)的内摩擦角和黏聚力。从式(2-5)和式(2-6)可以看出,无论哪一种剪切方式,水沿裂隙的长期腐蚀作用都将降低结构面的抗剪强度。腐蚀作用可以使凸起体的棱角变圆,直至消失,从而降低剪切时的 i 和 ϕ_b;地下水的腐蚀作用可以在裂隙两侧形成一定宽度的包括凸起体在内的强度降低带,因此降低发生剪断滑动时的 ϕ 和 c。

　　当结构面为不规则起伏结构面时,结构面的粗糙起伏形态是不规则的,起伏角也不是常数,因此其强度包络线是曲线形式。Barton 等[38]引入剪胀角的概念,纳入粗糙度的影响,得到不规则粗糙起伏结构面的抗剪强度公式:

$$\tau = \sigma \tan\left(JRC\lg\frac{JCS}{\sigma} + \phi_u \right) \tag{2-7}$$

式(2-7)为正应力小或中等时的表达式;当正应力高时,其抗剪强度表达式如下:

$$\tau = \sigma \tan\left[JRC\lg\left(\frac{\sigma_1 - \sigma_3}{\sigma}\right) + \phi_u \right] \tag{2-8}$$

式中，ϕ_u 为结构面的基本摩擦角，一般认为等于结构面壁岩平直表面的摩擦角；JRC 为结构面粗糙度系数；JCS 为壁岩强度。从式(2-7)、式(2-8)可以看出，当结构面受到水的腐蚀作用时，其 JRC 和 JCS 均随着腐蚀作用而减小，从而结构面的抗剪强度也会减小。

综上所述，水对节理化岩体的化学腐蚀作用对岩体结构面的抗剪强度具有显著影响，且腐蚀作用造成的结构面强度损失率不是常数，而是随腐蚀程度而变化的；同时，水环境的腐蚀作用对粗糙结构面抗剪强度的影响主要是通过降低两壁岩石的 JCS 和 JRC 来实现的[37,39,40]。

2) 水岩力学作用

(1) 岩石的水理性质。岩石的水理性质对水岩力学作用有重要影响[30]。岩体的水理性质是指岩体在水溶液作用下表现出来的性质，主要有吸水性、软化性、抗冻性及渗透性等。

利用岩石的吸水性可以判断岩石的孔隙和裂隙的发育程度，进而判定岩石的抗风化能力和抗冻性。

岩石的软化性是指岩石浸水饱和后强度降低的性质，取决于岩石的矿物组成与空隙性。当岩石中含有较多的亲水性和可溶性矿物，且含大开空隙较多时，岩石的软化性较强，岩石的抗冻性和抗风化能力较弱。

位于高寒地区的沿河公路，其节理化岩质路基在冻融作用下常常因强度降低而破坏，其原因有两个：一是岩石中各组成矿物的体膨胀系数不同，以及在岩石变冷时不同层中温度的强烈不均匀性，因而产生内部应力；二是由于岩石空隙中冻结水的冻胀作用所致。内部应力和冻胀作用都会使岩体的裂隙隙宽进一步增大，为更多水的渗入提供空间；当渗入的这部分水冻结时，又会对裂隙形成不利作用。该过程周而复始，不断重复，直至岩体破坏。同时该过程也是水岩耦合作用过程的一部分。

岩体的渗透性也是影响岩体、以岩体为基础及建于岩体内部工程结构物稳定性的重要因素。各类结构面将完整的岩石分割开，既是岩体中的软弱面，又是岩体中的主要透水通道。正是因为结构面的双重性，使裂隙中的水在静止或流动的情况下降低结构面的强度及提供岩体破坏的不利荷载。

(2) 力学作用。岩体裂隙中的水会产生孔隙压力 p。由于孔隙压力 p 的存在，总应力 σ_{ij}^t 与有效应力 σ_{ij}^e 有如下关系：

$$\sigma_{ij}^e = \sigma_{ij}^t - \delta_{ij} p \tag{2-9}$$

式中，δ_{ij} 为取决于裂隙面形状和岩石类型的系数。

当岩体中的主要裂隙充水后，孔隙压力为正值，有效应力减小，对路基和边坡稳定不利。

在三维状态，岩体结构面的屈服准则为

$$\sigma_1 - \sigma_3 = 2c\cos\phi + (\sigma_1 + \sigma_3)\sin\phi \tag{2-10}$$

将 σ_1、σ_3 替换为有效应力后,有

$$\sigma_1^e - \sigma_3^e = \sigma_1 - \sigma_3 \tag{2-11}$$

$$\sigma_1^e + \sigma_3^e = \sigma_1 + \sigma_3 - 2p \tag{2-12}$$

从式(2-10)~式(2-12)[41]可以看出,当总应力接近于极限状态,有了孔隙压力后,受有效应力控制,岩体很可能屈服。因此,当岩体内出现大面积的孔隙压力时,有可能使边坡或路基失稳破坏。

在梯度水压力作用下,水在裂隙内流动形成渗流场并产生渗流荷载。当地下水向上渗流时,渗透力向上,使得地下水位以下岩土体的有效容重减小;当地下水位下降时,渗透力向下或沿流线方向,使得地下水位变动带及地下水渗流区岩土体的有效容重增大,岩土体有效容重的变化必然改变路基岩土体内部的应力场,进而影响其稳定性。因此,渗流荷载是节理化岩质路基和岩质边坡稳定分析中应该给予关注的影响因素。

3) 水岩作用的长期性

水岩作用的长期性源于沿河路基水环境的长期存在性和水岩化学作用的速率较慢。

水岩作用长期性导致的结果是:第一,在降低结构面及岩体强度的同时,削弱岩块之间的联系,增加岩块的自由度及活动度,加快岩体向碎裂-松散介质转化的进程,从而使岩体的强度和变形特性发生根本性变化[37];第二,由于化学作用主要发生于不同成因、不同规模的结构面及其附近,因此可以显著增大岩体的有效空隙度,增强其储水和导水能力,从而提高岩体应力场及稳定性对渗流场变化的敏感度。水岩化学作用的过程实质是通过改变岩体的物理状态,进而改变岩体的渗流场,其最终结果是影响了岩体的应力场。通常情况下,岩体中的渗流场与应力场通过某种方式维系着一种动态平衡关系,当其中一方发生变化时,另一方会通过它们之间的作用方式进行自动调整,以达到新的平衡。如果某一方的变幅过大,就有可能打破平衡体系,其结果即为沿河路基或边坡产生病害。

水岩作用的这种长期性也是沿河路基发生渐进性破坏和破坏具有耦合特性的有力佐证。

2.4.3　结构面的空间效应

结构面的空间效应包括微观和宏观两个方面。微观效应是指岩体中单个结构面对岩体稳定性的影响,即在某些应力条件下,破坏是否会沿结构面发生;宏观效应是指结合边坡的开挖情况,岩体中多组结构面组合在一起后对边坡稳定性的影响。

1) 结构面的方位对岩体强度的影响

在针对岩体的强度试验时发现，当岩体中的结构面处于某种方位时(该方位用倾角 β 来表示)，在某些应力条件下，破坏不沿结构面发生，而仍然在岩块内部发生。

结构面的破坏准则可用式(2-13)[42]表示：

$$\sigma_1 - \sigma_3 = \frac{2c_j + 2\sigma_3 \tan\phi_j}{(1 - \tan\phi_j \cot\beta) \sin 2\beta} \tag{2-13}$$

式中，c_j、ϕ_j 均为常数，仅考察结构面倾角 β 的影响。

假如式(2-13)中 σ_3 保持不变，则该式中 $\sigma_1 - \sigma_3$ 或 σ_1 随 β 而变化，因此该式可以视为当 σ_3 固定时应力差 $\sigma_1 - \sigma_3$ 随 β 而变化的方程式。当 $\beta \to 90°$ 及 $\beta \to \phi_j$ 时，$(\sigma_1 - \sigma_3) \to \infty$，或 $\sigma_1 \to \infty$。这表明当结构面平行于 σ_1 时及结构面法线与 σ_1 夹角为 ϕ_j 时，在 σ_3 保持不变的条件下，σ_1 可无限增大，结构面不致破坏。但实际上 σ_1 是不可能无限增大的，当 σ_1 达到岩石的抗压强度时岩块就破坏了。因此，只有当结构面的倾角 β 满足 $\phi_j < \beta < 90°$ 的条件下，才有可能沿着结构面发生破坏，并且其破坏形式由式(2-13)来决定。当结构面的倾角 β 不满足上述条件时，破坏即沿着岩块内部发生。

2) 结构面组合对边坡稳定性的影响

岩体中的节理裂隙常成组分布，其迹长、产状符合一定的统计规律。岩体结构及结构面发育特征是岩体边坡破坏的控制因素。首先，岩体结构控制边坡的破坏形式及其稳定程度，而且其破坏形式通常是沿某些特定的结构面产生的块体滑移；其次，结构面的发育程度及其组合关系是边坡块体滑移破坏的几何边界条件，也是决定边坡岩体结构面周边应力集中形式的主要因素。

所谓几何边界条件是指构成可能滑动岩体的各种边界面及其组合关系。几何边界条件中的各种界面由其性质及所处位置的不同，通常包括滑动面、切割面和临空面，上述三种面是边坡岩体滑动破坏必备的几何边界条件。为了分析几何边界条件，就要对岩体中的结构面组数、产状、规模及其组合关系以及这种组合关系与坡面关系进行分析。几何边界条件分析针对边坡岩体稳定而言是定性分析，如果不存在岩体滑动的几何边界条件，则边坡是稳定的；如果存在岩体滑动的几何边界条件，则说明边坡有可能发生滑动破坏，进而可初步判断边坡的滑动方向及稳定坡角。

结构面的组合特征除了决定岩体结构外，更主要的是结合边坡或路基岩体所受作用力(包括自重应力和工程作用力)的大小和作用方向，决定边坡或沿河路基岩体的应力状态。结构面与主压应力平行，将在结构面端点部位或应力阻滞部位出现拉应力和剪应力集中，从而形成结构面两侧发展的张裂缝。如果结构面与主压应力垂直，将产生平行结构面方向的拉应力，或在端点部位出现垂直于结构面的压应力，有利于结构面压密和坡体稳定。当结构面与主压应力斜交时，结构面周边主要为剪应力集中,并于端点附近或应力阻滞部位出现拉应力。顺坡结构面与主压应力夹角为 $30°\sim40°$,将出现最大剪应力与拉应力,对边坡稳定十分不利,坡体易于沿结构面发生剪切滑移,同时可能出现折线型蠕滑裂隙。结构面相互交汇或转折处形成很高的压应力及拉应力集中区,其变形与破坏常较为剧烈[41]。

2.5　土石混合路基的动态失稳机理

2.5.1　基本概念

1) 孔隙水压力

土体中孔隙水体所受的作用力为孔隙水压力,是孔隙水中一点单位面积上传递的力,表征为

$$u = \gamma_w h_u \tag{2-14}$$

式中,u 为孔隙水压力;γ_w 为水的容重;h_u 为计算点的压力水头。

一点的孔隙水压力值在各个方向上是相等的。

2) 静水压力

地下水位或自由水面以下的孔隙水是互相连通的,当处于静止状态时,其孔隙水压力就是水力学中的静水压力,表示为

$$p = \gamma_w z \tag{2-15}$$

式中,z 为从地下水位或自由水面算起的计算点的深度。

地下水位以上毛细饱和区内的孔隙水压力也属于静水条件,但其值是负值。实际工程中,有时把稳定渗流条件下的孔隙水压力分为静水压力与渗流引起的超静水压力两部分。

3) 超孔隙水压力和超静水压力(超静孔隙水压力)

以 u_0 表示加载前的孔隙水压力值,u_i 表示加载后瞬间的孔隙水压力值,u_{st} 表示固结结束后所达到的新的稳定状态的孔隙水压力值。加载后瞬间,孔隙水压力由 u_0 增加到 u_i。在随后的固结过程中,孔隙水压力从 u_i 逐渐消散到 u_{st},把超出最终稳定值 u_{st} 的那部分孔隙水压力称为超孔隙水压力,记为 u_e。换句话说,超孔隙水压力就是要在固结过程中消散掉的孔隙水压力。注意超孔隙水压力是表示某一个时刻 t 的超出最终稳定值 u_{st} 的那部分孔隙水压力,是时间 t 的函数变量。

以静水压力为基础,超出的部分称为超静水压力。例如,以 u_s 表示静水压力,u_{es} 表示超静水压力,则 $u_{es} = u - u_s$。超静水压力包括由渗流引起的超静水压力及附加应力引起的超静水压力。静水压力及由渗流引起的超静水压力合起来就是稳定渗流条件下的孔隙水压力,它们不随时间而变化。而附加应力引起的超静水压力则是在固结过程中不断消散的,最终将消散为 0,所以也就是超孔隙水压力。

4) 孔隙水压力分类

将由稳定渗流产生的孔压称为渗流孔隙水压力或渗流孔压,与静水压力合称为原生孔隙水压力或初始孔隙水压力,其物理意义是指土单元体在受到外力加荷载前处在原生或初始状态时本身具有的孔隙水压力。结合前面的定义,孔隙水压力可以用图 2-9 所示的方式表示[43]。

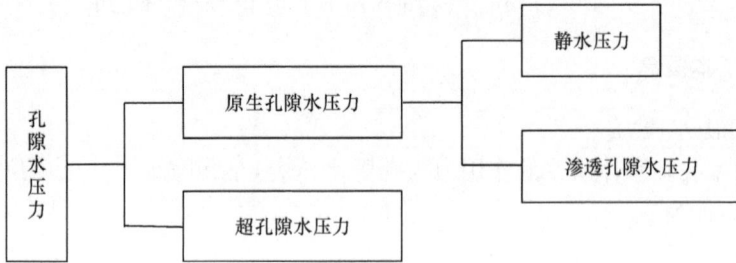

图 2-9　孔隙水压力分类[43]

综上所述,孔隙水压力就是指土体孔隙中充水的压力,包括无压渗流的静水压力和封闭的承压水超静水压力。孔隙水虽然不直接传递压力于骨架颗粒而被称为中性压力,但却是影响岩土体颗粒间作用的有效应力,因而其对研究地面和路面沉降、土坝岸坡的抗滑稳定性和渗透变形,以及改变地面荷载振动或大气压等引起的地下水面升降波动等问题都具有重要意义。

土体内的孔隙水压力通常由以下两种情况产生:① 孔隙水压力是由水的自重形成的渗流场引起的,该类问题的一个基本特点是土体的基本骨架不变,可由稳定或非稳定渗流场的分析计算得到解决;② 孔隙水压力是由作用在土体单元体上的总应力发生变化导致的,这种情况仅发生在压缩性大、渗透系数较小的土体中,此时土骨架的体积和有效应力都存在从起始状态到新状态过渡的过程,也有可能出现随时间消散的孔隙水压力场,也就是图 2-9 所示的超孔隙水压力,这恰是导致许多工程失稳破坏的直接原因。

2.5.2　渗透变形机理

水在岩土体中流动时,由于受到土体及岩体裂隙充填物细小颗粒、裂隙起伏面的阻力而引起水头损失。从力的相互作用原理可知,渗流必定对其阻挡物施加一种渗流作用力,也称为动水压力。渗流力的定义式如下:

$$f = \gamma_w i \tag{2-16}$$

式中,γ_w 为流体容重;i 为水力梯度。

式(2-16)说明渗流力是一种体积力,量纲与 γ_w 相同,其大小与水力梯度成正比,方向与渗流方向一致。对于二维问题,当利用渗流方程求得渗流场分布后,即可绘制流网,再由流网求出流网中任意网格上的渗流力及作用方向,如图 2-10 所示。

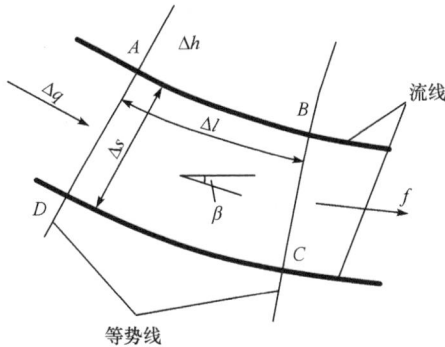

图 2-10　流网中的渗流力计算

渗流引起的渗透破坏主要有两大类:一是由于渗流力的作用,使土体颗粒流失或局部土体产生移动,导致土体变形甚至失稳;二是由于渗流作用,使水压力或浮力发生变化,导致土体或结构物失稳。前者主要表现为流砂和管涌,后者则表现为岸坡滑动或挡土墙等构造物整体失稳。

在向上渗流力作用下,粒间有效应力为 0 时,颗粒群发生悬浮、移动的现象称为流砂现象或流土现象。流砂现象多发生在颗粒级配均匀的饱和细砂和粉土层中,其产生不仅取决于渗流力的大小、而且取决于土的物理性质。同时需注意临界水力梯度 i_{cr},减小 i_{cr} 是流砂防治的基本出发点之一。

在水流渗透作用下,土中的细颗粒在粗颗粒形成的孔隙中移动,以至流失;随着土的孔隙不断扩大,渗流速率不断增加,较粗的颗粒也相继被水流带走,最终导致土体内形成贯通的渗流管道,造成土体塌陷,称为管涌。管涌破坏有个时间发展过程,是一种渐进性的破坏。是否发生管涌,取决于土体以不均匀系数 C_u 表示的几何条件及流体的水力条件。因此对于沿河路基而言,可以从改善路基填土和改变水力条件两个方面来防治管涌[32,34]。

2.5.3　渗流与孔隙水压力的关系

渗流作用下,孔隙水压力的计算是评价渗流作用下坡体稳定的关键因素,因此其计算的正确与否直接影响评价结果。目前不少技术人员由于概念不清,往往在考虑周边静水压力的同时,把渗透力作为单独的力又考虑进去,导致重复考虑水压力。因此,在路基边坡稳定分析中,有效应力的算法应当尽可能地采用总应力减去孔隙水压力的正规算法,以减小误差[44]。

1) 竖向渗流情况

如果是稳定渗流,即

$$\sigma' = \sigma - u \tag{2-17}$$

式(2-17)变为

$$\sigma' = \gamma_{sat} z - u(z) \tag{2-18}$$

在渗流条件下,土体中的渗流孔隙水压力可由式(2-19)表示:

$$u(z) = \gamma_w z \pm i\gamma_w z \tag{2-19}$$

式中,±号为不同的渗流方向,向下渗流取负号(一)、向上渗流取正号(+)。

如图 2-11 所示,上部 h_1 高度内为水,下部 h_2 高度内为土体,分别考虑静态、向上稳定渗流和向下稳定渗流三种情况下,土体顶部、中部和底部 T、M、B 三点处的总应力、孔隙水压力和有效应力的变化情况,其分析结果见表 2-1。

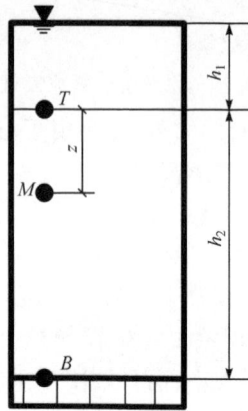

图 2-11　渗流孔隙水压力分析[43]

表 2-1　渗流对孔隙水压力和有效应力的影响[43]

部位	分析项目	静态	向上稳定渗流	向下稳定渗流
	总应力	$h_1\gamma_w$	$h_1\gamma_w$	$h_1\gamma_w$
T 点	孔隙水压力	$h_1\gamma_w$	$h_1\gamma_w$	$h_1\gamma_w$
	有效应力	0	0	0
	总应力	$h_1\gamma_w + z\gamma_{sat}$	$h_1\gamma_w + z\gamma_{sat}$	$h_1\gamma_w + z\gamma_{sat}$
M 点	孔隙水压力	$\gamma_w(h_1+z)$	$\gamma_w(h_1+z+iz)$	$\gamma_w(h_1+z-iz)$
	有效应力	$z\gamma'$	$z\gamma' - iz\gamma_w$	$z\gamma' + iz\gamma_w$
	总应力	$h_1\gamma_w + h_2\gamma_{sat}$	$h_1\gamma_w + h_2\gamma_{sat}$	$h_1\gamma_w + h_2\gamma_{sat}$
B 点	孔隙水压力	$\gamma_w(h_1+h_2)$	$\gamma_w(h_1+h_2+h)$	$\gamma_w(h_1+h_2-h)$
	有效应力	$\gamma'h_2$	$\gamma'h_2 - \gamma_w h$	$\gamma'h_2 + \gamma_w h$

注:γ' 为土的有效容重;γ_{sat} 为土的饱和容重;h 是在稳定渗流条件下容器底部 B 点的压力水头与容器高度之差。在向上渗流情况下,B 点的压力水头高于容器高度;在向下渗流条件下,B 点的压力水头低于容器高度;在两种情况下,h 都取正值。

从表 2-1 所列公式可以看出,由于竖向渗流原因,土体中不同部位产生大小不等的孔隙水压力,从而改变有效应力状态;在液固界面处的 T 点,无论是在静态还是在向上稳定渗流和向下稳定渗流状态下其孔隙水压力都不变,由位置水头控制;在渗流场中,孔隙水压力的大小与边界条件和土的渗透系数有较大关系,在某些状态下由于渗流作用造成的孔隙水压力变化可以使土体中的有效应力发生很大的变化。

2) 微单元体渗流分析

利用图 2-10 所示的流网图,从中取一微单元土体进行分析,如图 2-12 所示。

图 2-12 显示渗流方向与水平向呈 β 角,AB 边和 DC 边平行于渗流方向,AD 和 BC 边垂直于渗流方向。则通过流网可知,AB 边和 DC 边为流线,AD 边和 BC 边即为等势线。结合图 2-10 和图 2-12,假设沿流线方向水头损失为 Δh,A 点的孔隙水压力为 u_A。通过水力学理论可知,A 点和 D 点之间、B 点和 C 点之间的孔隙水压力差仅由两点之间的位置水头来决定,与渗流无关。在渗流存在的情况下,受渗流力的影响,B 点的孔隙水压力 $u_B \neq u_A$;同理 $u_D \neq u_C$。利用式(2-14)和图 2-12 所示几何关系,不难得出 B、C、D 点的孔隙水压力,见式(2-20)。

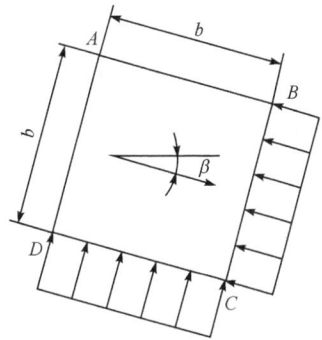

图 2-12　微单元土体示意图

$$\begin{cases} u_B = u_A + \gamma_w(b\sin\beta - \Delta h) \\ u_C = u_A + \gamma_w(b\sin\beta + b\cos\beta - \Delta h) \\ u_D = u_A + \gamma_w b\cos\beta \end{cases} \tag{2-20}$$

则有

$$\begin{cases} u_B - u_A = u_C - u_D = \gamma_w(b\sin\beta - \Delta h) \\ u_D - u_A = u_C - u_B = \gamma_w b\cos\beta \end{cases} \tag{2-21}$$

可以看出,由于孔隙水压力的作用,在 BC 边的边界水压力为

$$\gamma_w(b\sin\beta - \Delta h)b \tag{2-22}$$

即

$$\gamma_w b^2 \sin\beta - \Delta h \gamma_w b \tag{2-23}$$

在式(2-23)基础上,由无渗流状态分析推广到有渗流存在时的变化。当无渗流存在时,此时即为静水压力状态,明显 Δh 为 0,则式(2-23)变为 $\gamma_w b^2 \sin\beta$,也即作用在 BC 边上的力为 $\gamma_w b^2 \sin\beta$;此时作用在 CD 边上的力根据式(2-21)可知为 $\gamma_w b^2 \cos\beta$。因为是静水压力状态,水压力对微单元土体的作用即为浮托力,作用方向竖直向上,大小为 $\gamma_w b^2$。

当有渗流存在时,$\Delta h \neq 0$,也就是说,式(2-23)中 $\Delta h \gamma_w b \neq 0$,而这部分力完全

是由渗流作用产生的,其作用方向垂直于 BC 边,即垂直于等势线,称为渗透力。在此引入水力梯度 i,即图 2-12 所示微单元土体范围内的平均水力梯度为

$$i=\frac{\Delta h}{b} \tag{2-24}$$

则渗透力

$$\Delta h\gamma_\mathrm{w}b=\frac{\Delta h}{b}\gamma_\mathrm{w}b^2=i\gamma_\mathrm{w}b^2 \tag{2-25}$$

按照土力学中渗流压力 f 的定义[32,34],渗流压力是单元体积上的平均渗透力,则有式(2-16)。从式(2-25)和式(2-16)中可以看出,渗透力和渗流压力仅与水力梯度有关。

因此,在考虑渗流条件下,土体所受体积力的合力应为其自身重力和渗流力之和。因为有渗流产生时,土体是位于流体中的,所以土体自身重力即为浮容重;渗流力即为因渗流产生的孔隙水压力的增量。

2.5.4　水位升降对孔隙水压力的影响

1) 模型试验设备

为了研究动水位作用下沿河路基内孔隙水压力的变化规律,作者参照国外有关试验模型[45]设计了室内模型试验设备,如图 2-13 所示。该设备由三部分组成:①沿河路基岩土体结构模型(包括模型制备装置和模型槽);②动态水力边界条件模拟系统(包括河水、地下水、地表水和降水等水力边界条件);③测量系统(包括水力边界条件、孔隙水压力、渗透压力、土压力和位移等指标的测量)。该模型试验设备可研究不同结构、不同类型的沿河路基岩土体在复杂水力边界条件下的动态失稳机理,以及解释作用于路基支挡结构物上的土压力和水压力在不同水力边界条件下的变化特点,为沿河路基防护工程和支挡结构的设计提供理论依据。

模型试验采用刚度大且具有渗透性的材料做成宽为 20cm 的挡板,放置于模型槽内距右边界 30cm 处,左侧用于模型填料,右侧模拟动水位。水位的升降模拟是利用流量计(5)、进水管(6)、水位测量标尺(8)、底部排水口(9)和阀门(10)进行控制的。模型槽右侧底部排水孔(9)用来排水,上部阀门(10)既可用作加水口,也可作为固定水位时排水口使用。

2) 模型试验方案

试验材料采取天然河砂以模拟均质土沿河路基,同时在其底部铺设厚约 20cm 的碎石层模拟排水层。

模型试验共需埋设 12 只土压力盒和 13 只孔隙水压力传感器,除碎石层中单独埋设一只孔隙水压力传感器外,其余传感器皆采用孔隙水压力传感器与土压力

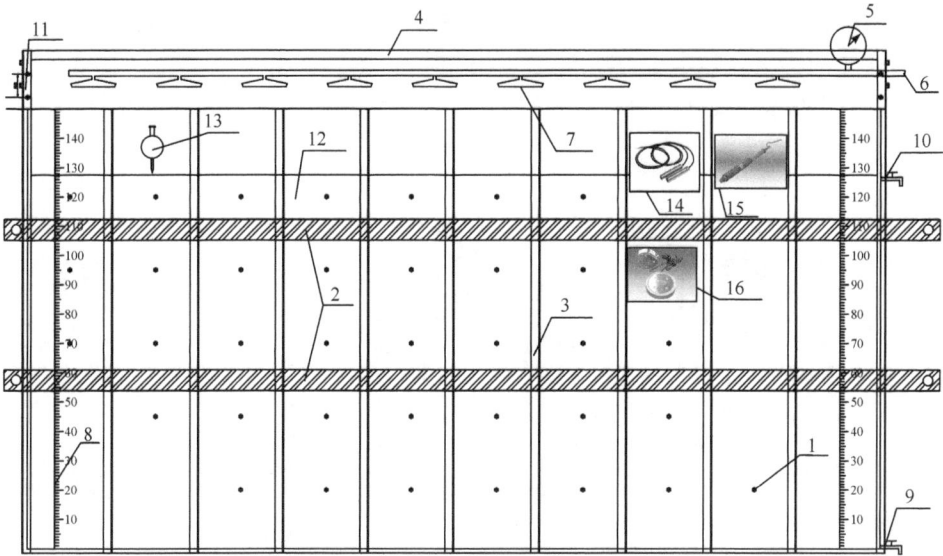

图 2-13　室内模型试验设备设计图

1. 测压孔；2. 约束横梁；3. 侧限支架；4. 反力支架；5. 流量计；6. 进水管；7. 降水单元；

8. 水位测量标尺；9. 底部排水孔；10. 阀门；11. 连接支架；12. 模型槽侧壁；13. 百分表；

14. 孔隙水压力传感器；15. 位移计；16. 土压力盒

盒配对使用的策略以观测模型内有效应力随水位变化的规律，传感器埋设位置如图 2-14 所示。

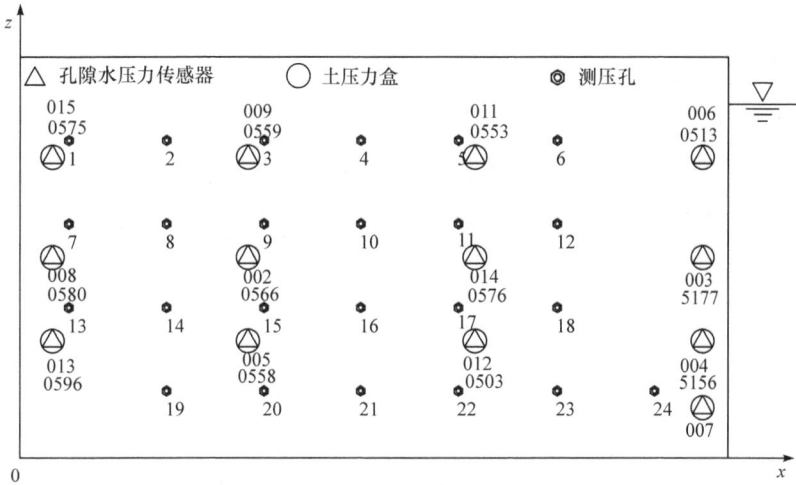

图 2-14　传感器埋设位置

试验时，读取传感器的初始数值，再经由阀门（10）缓慢顺序加水（Case1），水位下降时由底部排水孔（9）进行加水水位的逆序降水（Case2），此升降水过程要进行两次(依次为 Case3、Case4),以充分排除填料在非饱和状态下毛细水压力的影响。

3) 土压力与孔隙水压力随水位变化过程

挡板外侧水位变化时,模型内各传感器所测量到的土压力和孔隙水压力变化如图 2-15 所示。

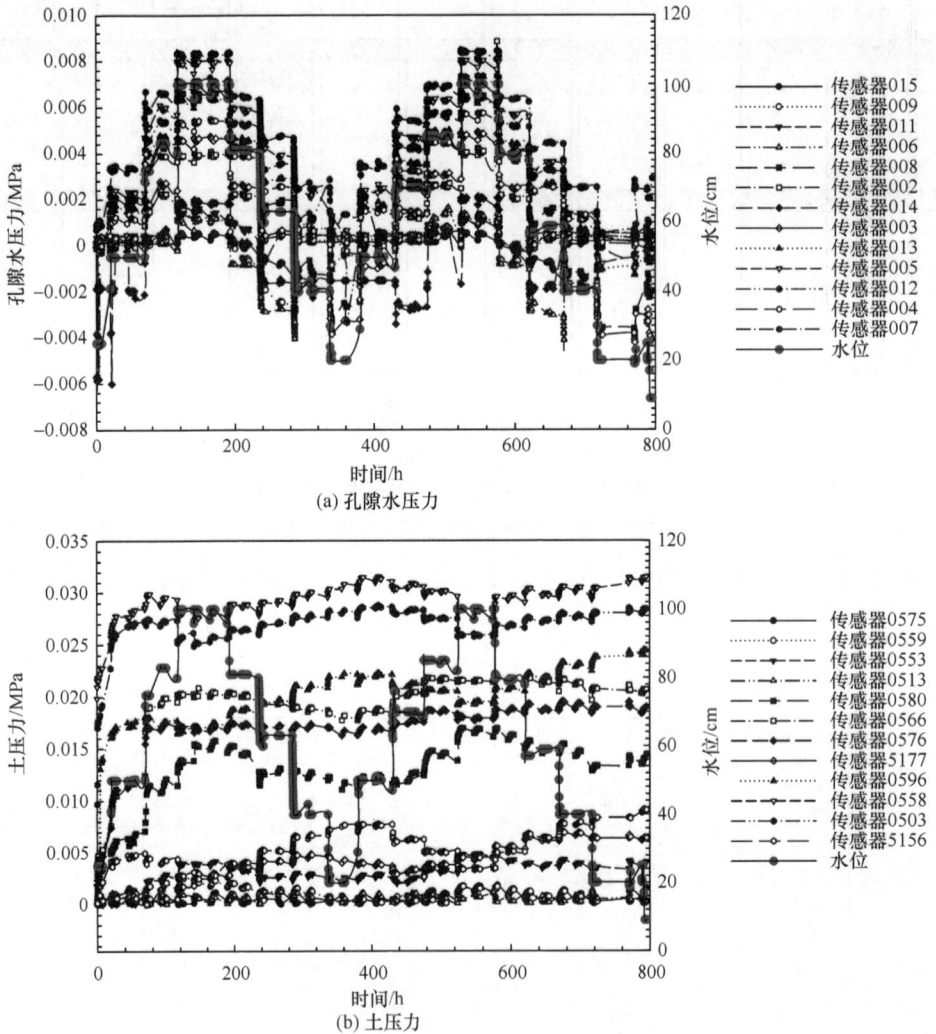

(a) 孔隙水压力

(b) 土压力

图 2-15　传感器测量值随水位变化曲线

从图 2-15 可以看出,无论是孔隙水压力还是土压力,均随刚性透水板外侧水位的升降而变化,孔隙水压力尤为如此。孔隙水压力与土压力随水位的变化趋势在后面讨论。孔隙水压力值除极少数因测量误差造成的数据点异常外,其变化趋势与水位的升降吻合程度是比较高的,其整体变化趋势为水位升高、孔隙水压力增大,水位降低、孔隙水压力减小。

以试验中的 002 号孔隙水压力传感器和 0566 号土压力盒为例,Case1 状态当水位为 100cm 时增加 4.2kPa,土压力增加 1.972kPa;而 Case2 状态孔隙水压力和土压力分别降低 4.105kPa 和 1.737kPa。这说明经过一次水位升降循环后孔隙水压力基本恢复初值,而土压力存在 0.235kPa 的增量,其原因是水位上升前填料为非饱和土,而在 Case2 中,填料已经饱和。在同样是饱和土的 Case3 和 Case4 情况下,孔隙水压力和土压力变化量很小。

Case1 和 Case3 由于填料的饱和状态不同,在每个稳定水位处其孔隙水压力和土压力变化量是不同的,具体数值见表 2-2,其变化曲线如图 2-16 所示。由于002 号孔隙水压力传感器埋设在模型中部,当水位低于传感器埋设高度后,孔隙水压力出现负值,这是因为孔隙水压力传感器的使用环境是在饱和条件下。除了传感器自身因素外,水位的波动也对传感器的测量有一定的影响,但其影响所造成的传感器测量误差不足以干扰试验的进行。

表 2-2　Case1 和 Case3 测量数据　　　　　　　　（单位:kPa）

状态 / 水位		25cm	50cm	75cm	100cm
Case1	孔隙水压力	−0.075	0.207	1.470	4.085
	土压力	4.380	12.000	19.000	20.400
Case3	孔隙水压力	0.207	0.440	1.816	4.085
	土压力	17.750	18.990	20.570	21.510

注:孔隙水压力传感器 002、土压力盒 0566。

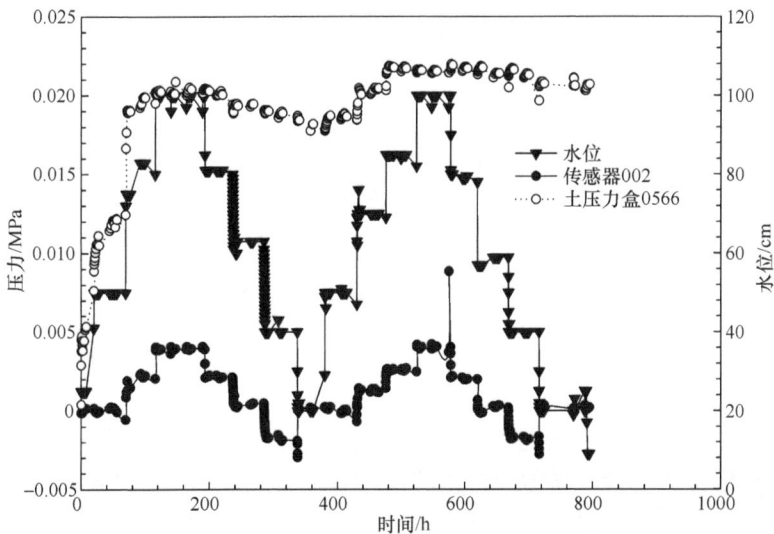

图 2-16　传感器 002、0566 测量值随水位变化曲线

随着渗流途径不同,传感器的响应时间也不同,即存在滞后效应。这里以Case3 水位为 50cm 的试验数据为例进行说明,如图 2-17 所示。

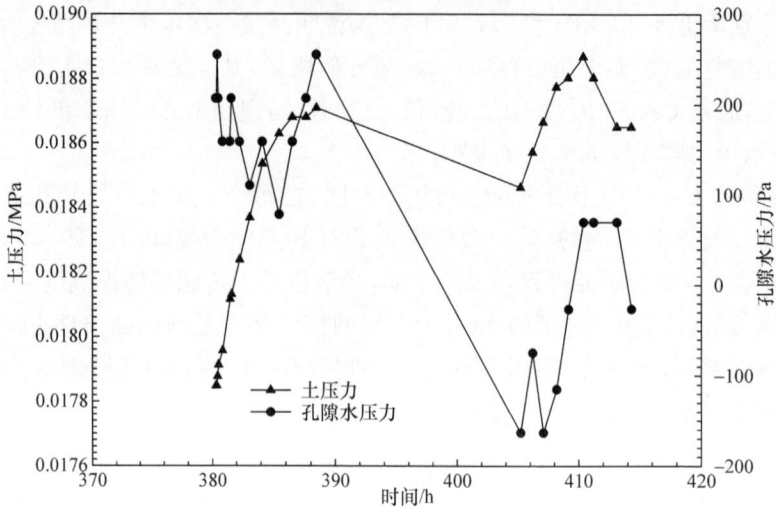

图 2-17　Case3 水位为 50cm 的滞后效应

由于碎石和砂土的渗透系数较大,因此孔隙水压力随水位变化的滞后效应相对于土压力来说要小一些。土压力的滞后效应在水位上升阶段最为明显:当水位上升并稳定在某一水位时,同一水平位置土压力盒读数呈现下降—上升—稳定的变化趋势,这是因为浮托力和毛细水压力综合作用的结果。当水位下降时,土压力盒读数呈现上升—下降—稳定的变化趋势,这是因为有渗透力的存在及浮托力减小的缘故。

4) 孔隙水压力随距离的变化规律

为了确定试验模型同一高度平面内孔隙水压力在各级水位条件下的变化及分布规律,取埋设高度为 35cm 处的 004 号、012 号、005 号及 013 号孔隙水压力传感器(距透水挡板的水平距离分别为 0、70cm、140cm、210cm)所测得的孔隙水压力值进行分析。在所取的数据中,水位上升阶段测量值取同一水位时间段内的极大值,反之取极小值,见表 2-3。

表 2-3　各水位段孔隙水压力典型值　　　　　　　(单位:MPa)

状态		水位	25cm	50cm	75cm	100cm
Case1	水平位置	0	1.597×10^{-3}	1.740×10^{-3}	4.707×10^{-3}	6.433×10^{-3}
		70cm	2.036×10^{-4}	2.396×10^{-3}	5.950×10^{-3}	8.052×10^{-3}
		140cm	-9.068×10^{-6}	2.078×10^{-3}	5.333×10^{-3}	7.301×10^{-3}
		210cm	-1.032×10^{-6}	1.370×10^{-3}	3.996×10^{-3}	5.498×10^{-3}

续表

状态		水位	25cm	50cm	75cm	100cm
Case3	水平位置	0	-3.205×10^{-4}	1.899×10^{-3}	5.025×10^{-3}	6.481×10^{-3}
		70cm	1.322×10^{-3}	2.648×10^{-3}	6.374×10^{-3}	8.106×10^{-3}
		140cm	1.110×10^{-3}	2.126×10^{-3}	5.856×10^{-3}	7.349×10^{-3}
		210cm	-1.969×10^{-4}	1.718×10^{-3}	4.511×10^{-3}	5.780×10^{-3}

　　选取 Case1、Case3 两种状态下的试验数据,绘制于图 2-18。从图 2-18 可以看出:①无论是 Case1 还是 Case3,试验模型内孔隙水压力最高点并不位于与透水挡板外侧水位的交线处,而是位于模型中部近水侧;②在孔隙水压力最高点以右,其值均随距离增大而减小;③Case1 和 Case3 在水位为 25cm 时的曲线形态不一致,填料的饱和状态不同是其最主要的原因;④图中曲线近似作为在每一级水位的浸润线。

　　在 Case1 状态下,当水位第一次到达 25cm 处时,上部填料处于非饱和状态,水沿填料与透水挡板交界面处上升,形成较高的毛细水压力水头,而孔隙水压力传感器是利用水头高度来测量孔隙水压力的,因此所测得的孔隙水压力值较 Case3 状态下要大。因此造成如图 2-18(a)、(b)所示中水位为 25cm 时的曲线形态不一致。

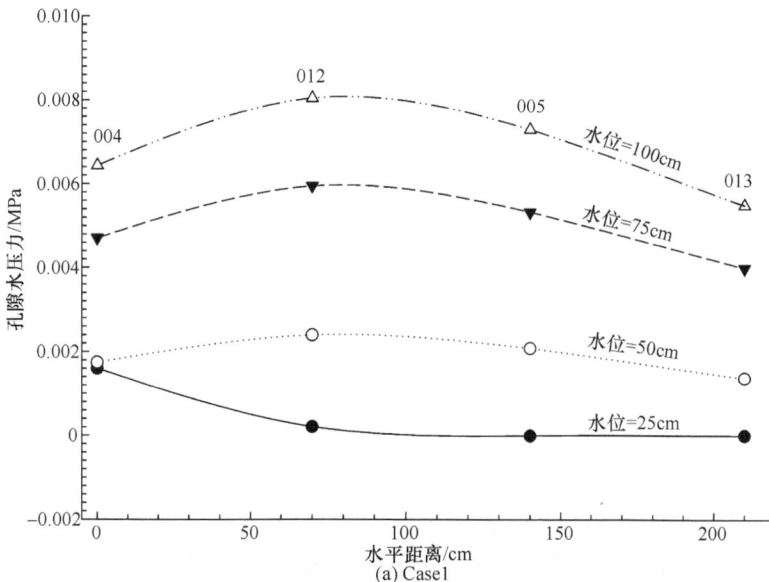

(a) Case1

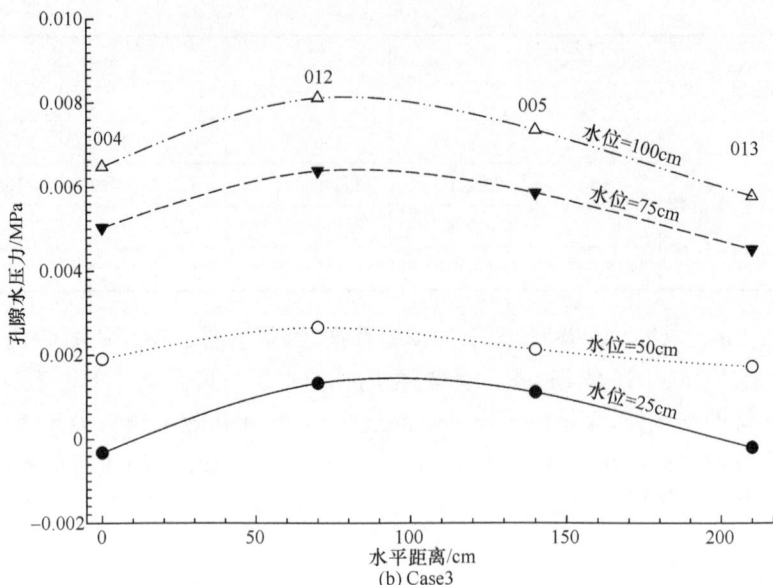

图 2-18　第一次试验孔隙水压力随距离变化曲线

由于填料时密实度比较大,填料与透水挡板之间的空隙比较小,加之两者之间有一层透水内罩,形成的毛细水压力较模型内要稍大,其孔隙水压力的减小幅度也相对于模型内略大,因此该点孔隙水压力值要略小于模型内距近水侧 70cm 处的孔隙水压力值。

5) 孔隙水压力与土压力之间的变化关系

通过整理试验数据发现,孔隙水压力和土压力在水位变化条件下两者的变化关系可以归结为两类:①土压力和孔隙水压力的变化趋势一致,如传感器对中的 011 号和 0553 号、008 号和 0580 号、002 号和 0566 号、014 号和 0576 号;②土压力和孔隙水压力的变化趋势相反,如 013 号和 0596 号、005 号和 0558 号、012 号和 0503 号、004 号和 5156 号、003 号和 5177 号。

孔隙水压力与土压力变化相一致的情况多发生于试验模型内部,其位置可参见图 2-14。其典型曲线如图 2-16 所示,该图显示当土压力达到一定数值水平后,水位变化对模型内孔隙水压力的影响程度较土压力要大;按照有效应力原理,在二者变化相一致的地方土体有效应力随水位变化作相反变化,即水位上升,有效应力减小;水位下降,有效应力增大。

将土压力与孔隙水压力变化相反的传感器对与图 2-14 对照,发现其位于模型底部(013 号和 0596 号、005 号和 0558 号、012 号和 0503 号)及透水挡板处(003 号和 5177 号、004 号和 5156 号)。试验模型的这几处地方都是渗透系数较大或水压直接能够达到的地方,渗流能够快速达到、水头损失较小,这说明水浮托力的存在

引起孔隙水压力与土压力相反的变化趋势。现以 003 号孔隙水压力传感器和
5177 号土压力盒为例进行说明。在不考虑滞后效应的情况下，当水位上升时，孔
隙水压力增大，而土压力减小；当水位降低时，孔隙水压力随之减小，但土压力增
大，如图 2-19(a)所示。从图中可以看出，在 200h 以后(此时模型填料已达饱和状

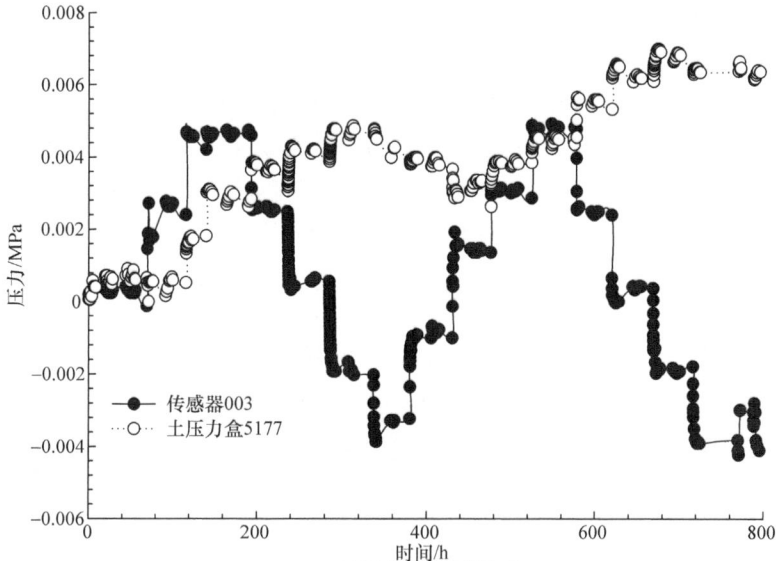

(a) 压力与时间的关系

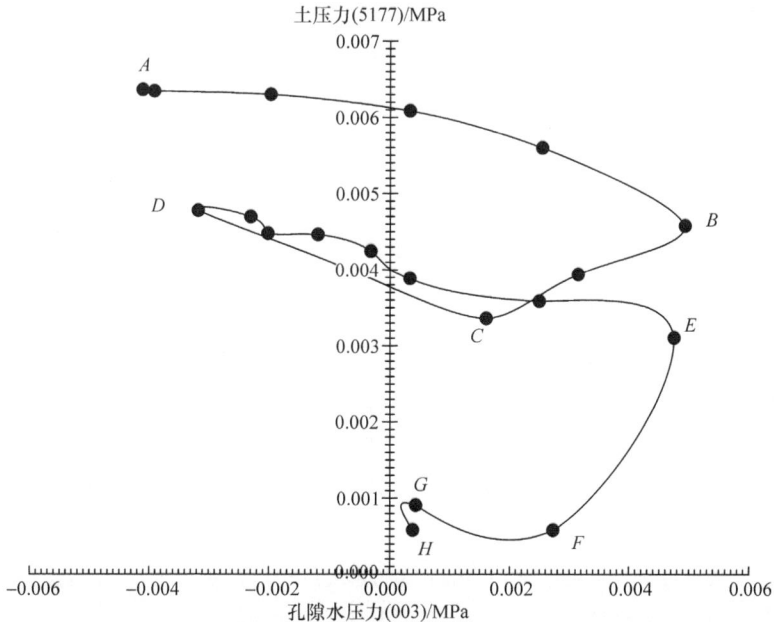

(b) 土压力与孔隙水压力的关系

图 2-19　同一测点孔隙水压力和土压力的变化曲线

态),随着水位的变化,孔隙水压力曲线和土压力曲线的变化趋势是相反的,且孔隙水压力的变化幅度较土压力要大,这说明挡板外侧水位变化对模型内孔隙水压力的影响程度较土压力要大,这也进一步证明了传感器埋设的可靠性及试验的正确性。

鉴于图 2-19(a)中的数据太多,因此从该测点的测量数据整理出各个水位段具有代表性的数据,见表 2-4,并绘制成图 2-19(b)。从图可以看出,ABCDEFGH 段曲线为第一次试验整个过程各个水位段孔隙水压力和土压力的相关性曲线,其中 BC 段和 EF 段为典型的滞后效应;AB 段、DE 段皆体现出孔隙水压力增大而土压力减小的趋势,而 GH 段虽只有两组数据,但也有着同样的变化趋势;而 CD 段和 FG 段曲线则体现出土压力随着孔隙水压力的减小而增大。

表 2-4 传感器 003 号、5177 号试验结果

水位/cm	孔隙水压力(003)/MPa	土压力(5177)/MPa	水位/cm	孔隙水压力(003)/MPa	土压力(5177)/MPa
25	3.849×10^{-4}	5.825×10^{-4}	20	-3.177×10^{-3}	4.776×10^{-3}
50	4.345×10^{-4}	9.073×10^{-4}	50	-6.729×10^{-4}	4.000×10^{-3}
75	2.724×10^{-3}	5.812×10^{-4}	70	1.608×10^{-3}	3.360×10^{-3}
100	4.748×10^{-3}	3.107×10^{-3}	85	3.145×10^{-3}	3.937×10^{-3}
81	2.492×10^{-3}	3.585×10^{-3}	100	4.930×10^{-3}	4.578×10^{-3}
63	3.353×10^{-3}	3.883×10^{-3}	80	2.542×10^{-3}	5.597×10^{-3}
53	-3.176×10^{-4}	4.244×10^{-3}	59	3.353×10^{-4}	6.084×10^{-3}
43	-1.194×10^{-3}	4.460×10^{-3}	40	-1.970×10^{-3}	6.301×10^{-3}
40	-2.020×10^{-3}	4.478×10^{-3}	20	-3.912×10^{-3}	6.346×10^{-3}
30	-2.301×10^{-3}	4.695×10^{-3}	9	-4.111×10^{-3}	6.364×10^{-3}

6) 不同水位模型侧向土压力的变化规律

如图 2-14 所示,第一次试验所埋设传感器中 0513 号、5177 号及 5156 号土压力盒是为了测量不同水力边界条件下模型侧向土压力的变化。上述 3 个土压力盒的埋设高度分别为 90cm、60cm 和 35cm,其水平位置皆位于填料与透水挡板之间的交界面上。

表 2-5、图 2-20 为 Case1 和 Case3 两种状态下 3 个侧向土压力盒测量结果,而图 2-21 则为 Case2 水位下降状态下侧向土压力的变化。

表 2-5　侧向土压力试验结果

土压力盒 状态			土压力(0513)/MPa	土压力(5177)/MPa	土压力(5156)/MPa
Case1	水位	25cm	6.549×10^{-4}	5.825×10^{-4}	2.185×10^{-3}
		50cm	1.110×10^{-3}	9.073×10^{-4}	4.950×10^{-3}
		75cm	6.403×10^{-4}	5.812×10^{-4}	4.482×10^{-3}
		83cm	1.484×10^{-3}	6.804×10^{-4}	4.294×10^{-3}
		100cm	1.895×10^{-3}	3.107×10^{-3}	3.891×10^{-3}
Case2	水位	100cm	1.895×10^{-3}	3.107×10^{-3}	3.891×10^{-3}
		81cm	3.945×10^{-4}	3.585×10^{-3}	3.807×10^{-3}
		70cm	9.718×10^{-5}	3.603×10^{-3}	4.547×10^{-3}
		60cm	4.092×10^{-4}	4.018×10^{-3}	5.372×10^{-3}
		40cm	2.624×10^{-4}	4.478×10^{-3}	6.347×10^{-3}
		20cm	1.119×10^{-4}	3.991×10^{-3}	7.181×10^{-3}
Case3	水位	20cm	1.119×10^{-4}	3.991×10^{-3}	7.181×10^{-3}
		50cm	1.062×10^{-3}	4.000×10^{-3}	7.725×10^{-3}
		63cm	1.377×10^{-4}	3.360×10^{-3}	6.909×10^{-3}
		70cm	1.062×10^{-3}	3.360×10^{-3}	6.384×10^{-3}
		85cm	9.596×10^{-4}	3.937×10^{-3}	5.166×10^{-3}
		100cm	1.227×10^{-3}	4.578×10^{-3}	3.676×10^{-3}

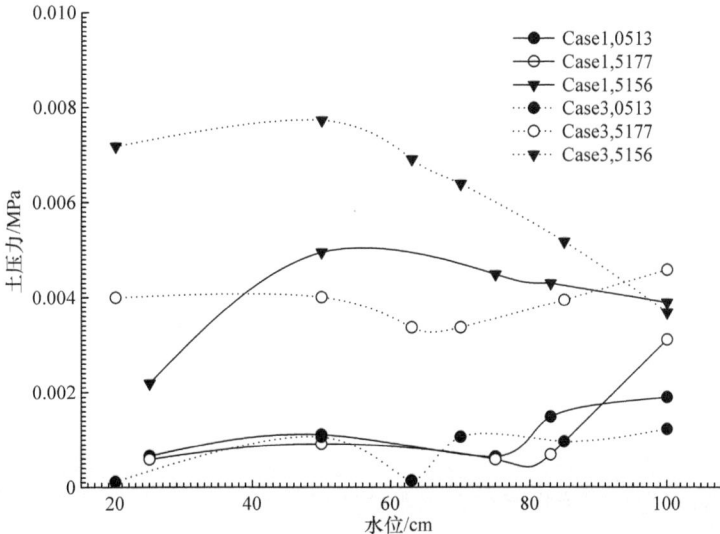

图 2-20　Case1 和 Case3 侧向土压力变化曲线

从图 2-20 可以看出,Case1 和 Case3 两种不同状态对 0513 号的影响较 5177 号和 5156 号要小,这是因为 0513 号位于顶部,而 5177 号和 5156 号位于中部和底部。5156 号在两种状态下都是先上升后下降,在其达到最大值后,由于水位继续上升,浮托力的影响使其测量值减小。在两种状态下,3 个侧向土压力盒测量值的变化趋势均一样,只是数值大小有变化,这说明水位变化对侧向土压力是有影响的。从图 2-20 中也可以明显地看出滞后效应,如 5177 号和 5156 号的变化曲线都存在一个波谷。当水位为 60cm 时,5177 号的测量值在水位快到达 60cm 时引起的毛细水压力和浮托力的影响下已经开始减小,Case1 时水位为 80cm 处其侧向土压力才开始增大,Case3 时水位为 70cm 处开始增大,这也说明饱和状态的滞后效应相对于非饱和状态要小;从 0513 号的变化曲线可以看出同样的变化趋势,其饱和状态下波谷的出现水位要低于非饱和状态下波谷的出现水位。

Case2 时,由于 0513 号位于顶部,水位变化对其影响不是很显著,因此取 5177 号和 5156 号的两组数据进行分析,如图 2-21 所示。当水位下降时,5177 号和 5156 号都有不同程度的增大,此时填料中的孔隙水压力还没有完全消散,致使模型内仍有较高的浸润面,而与挡板外侧水位形成较大的水头差,即存在较大的水力坡降,容易产生非稳定渗流。正是这种非稳定渗流形成的渗流力使侧向土压力增大,这也正好验证了边坡稳定性随水位下降而降低。

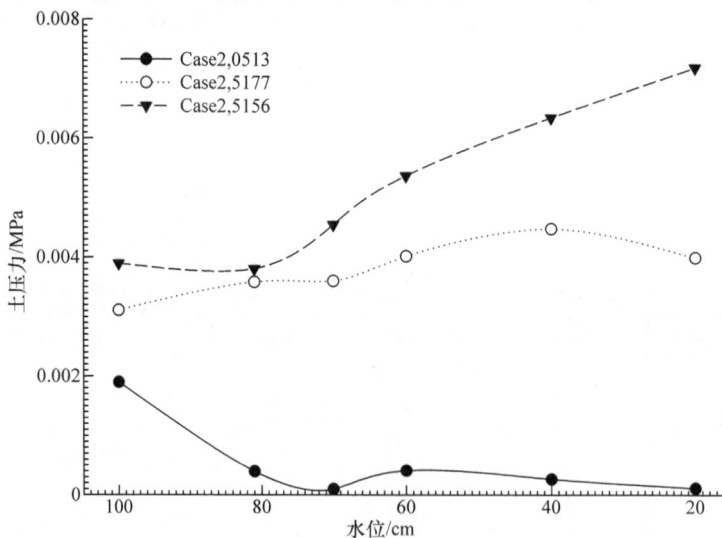

图 2-21　Case2 侧向土压力变化曲线

2.5.5　土石混合料强度指标与含水量的关系

众所周知,土的含水量影响着土的变形特性和承载力,地下水位的上升增加了路基内孔隙水压力,行车荷载又会影响土石路基内应力的分布。随着河流水位上升,地表水补给地下水使地下水位上升,其影响在平时没有显露出来,当遇雨水下渗叠加时,路基大范围的土体处于饱和状态,如果饱和含水量超过一定阈值,就足以引起路基不均匀沉降或向边坡临空面发生侧向蠕变,使路基或相关构筑物发生开裂、倾斜等变形。如果是老滑坡,就可能重新活动;否则,可能发生剪切位移,逐渐形成贯通性滑面,继续发展就会形成滑坡。

大多数沿河路基填料并非单纯土体,或多或少含有岩石颗粒,大都为土石混合填料,其强度特性与土体相比,既有相似的地方也有不同的地方。针对单纯土体含水量与其抗剪强度关系的研究比较多,但针对土石混合料这方面的研究还比较少。因此,作者从渝黔高速公路二期工程、綦江至万盛高速公路取样,并对现场试验土料进行击实试验和不同含水量的剪切试验,考察含水量对现场填料强度的影响[46]。

从现场取回的试验土料经风干、筛分,测得其原始级配见表 2-6。筛分结果表明,土样中粒径小于 0.1mm 的颗粒含量不到 5%,其颗粒级配便是本章对土的基本力学性质测试时确定试样试验级配的依据,如图 2-22 所示。

表 2-6　现场试样筛分试验结果

颗粒粒径/mm	0.074	0.1	0.25	0.5	2	5	10	20	40	60
累计通过率/%	0.542	1.274	2.993	3.879	10.960	17.581	36.100	61.152	88.624	100

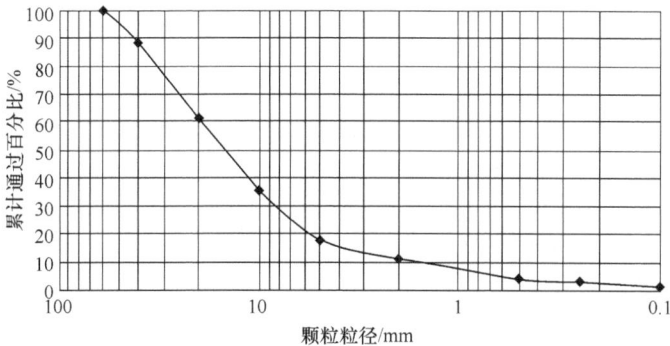

图 2-22　现场试样的颗粒级配组成曲线

抗剪强度试验采用招商局重庆交通科研设计院有限公司与四川大学共同研制的大型土石混合料多功能试验机进行试验。该试验机具有垂直荷载不偏心、正应力恒定和破坏面不固定的特点,能减少剪切试验误差,其试验设备原理如图 2-23 所示。

试验结果见表 2-7。土石混合料的内摩擦角与含水量的关系、黏聚力与含水率的关系分别如图 2-24、图 2-25 所示。试样剪胀率与含水率的关系如图 2-26 所示。

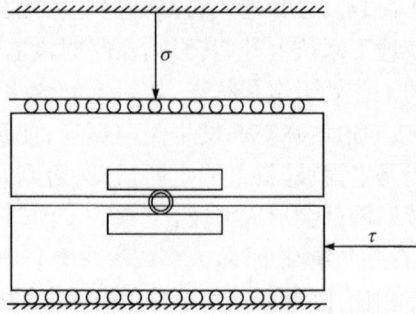

图 2-23 大型土石混合料多功能试验机示意图

表 2-7 直剪试验结果

含水率/%	内摩擦角/(°)	黏聚力/MPa	平均剪胀率/%
4.940	26.30	0.109	1.0427
7.114	27.73	—	1.0578
7.343	24.15	0.135	1.0721
8.758	23.29	0.158	1.0904
9.696	21.01	0.104	1.0373

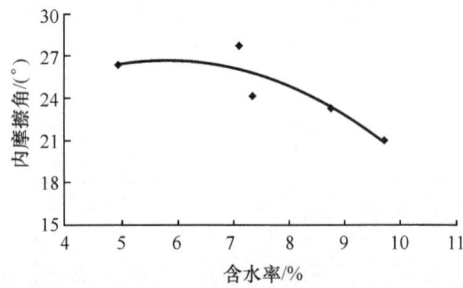

图 2-24 试样内摩擦角与含水率的关系

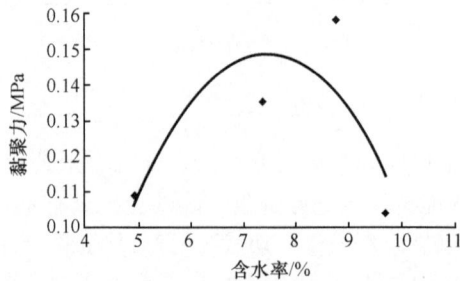

图 2-25 试样黏聚力与含水率的关系

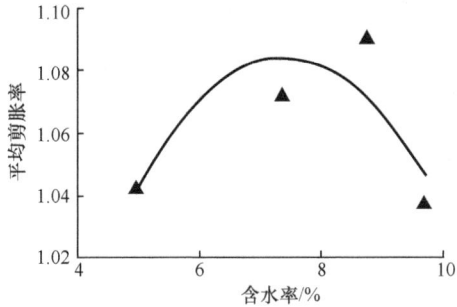

图 2-26　试验平均剪胀率与含水率的关系

从试验结果可以看出,该土石混合料的强度指标及剪胀率均在最佳含水率附近达到最大值。

2.6　小　　结

本章结合现场调查、前人的研究成果及沿河路基的工程特点和规律,对沿河路基进行多方面、多层次的分类,并在此基础上分析沿河路基的破坏失稳特点,对节理化岩质路基和土石沿河路基的失稳机理进行分析,得到以下结论:

(1) 结合沿河路基破坏失稳的内在因素,沿河路基分为可视为连续介质的土石混填沿河路基和可视为裂隙介质的节理化岩质沿河路基两大类。

(2) 沿河路基破坏失稳的最主要特点是与地质环境具有密切相关性,其次其致灾原因具有多样性和复杂性、破坏渐进性与突发性并存,以及灾变具有重复性、破坏机理具有耦合效应等特点。

(3) 对于节理化岩质沿河路基,其失稳机理主要为:①水体对岩块和裂隙的化学腐蚀,使岩块及节理面抗剪强度降低,岩体易沿节理面破坏;②裂隙充水时,水体除了给岩体施加指向临空面的推力外,还使裂隙的孔隙水压力升高,使岩块之间有效应力减小;③由于节理岩体渗流场和应力场的耦合作用,当某一方发生变化时会导致另一方随之发生变化,两者相互影响,使节理岩体内的应力应变过大而发生破坏;④岩体饱水后,受其水理性质的影响,内部应力和冻胀作用可以改变岩体的物理性状进而对裂隙形成不利作用,使岩体破坏;⑤在坡面和岩体裂隙几何性状及空间位置组合的综合作用下,形成不利于岩体稳定的几何条件并促使局部岩体或裂隙产生应力集中,使节理面产生剪断破坏进而失稳。

(4) 对于土石混填沿河路基,其失稳机理除了地表水体的冲刷淘蚀外主要还具有:①当路基填土内的水力梯度超过临界水力梯度后,因渗流引起路基填土的渗透变形破坏;②在渗流存在的情况下,导致路基填土内的孔隙水压力升高,有效应力减小,改变了路基填土体或边坡的应力状态进而引起路基或边坡破坏;③地表水和地下水水位的升降引起静、动水压力的变化,同时使路基填土重量发生变化影响其稳定性;④含水率的增加使路基填土强度降低和潜在滑动面的强度参数弱化,影响路基和边坡的稳定。

参 考 文 献

[1] Richardson E V,Simons D B,Julien P Y. Highways in the River Environment. http://www. fhwa. dot. gov/engineering/hydraulics/1990[1990-07-13].

[2] 高冬光. 公路与桥梁水毁防治. 北京:人民交通出版社,2002.

[3] 田伟平,李惠萍,高冬光. 沿河路基冲刷机理与冲刷深度. 长安大学学报(自然科学版), 2002,22(4):39—42.

[4] James A B,Nelson J F,James G. Effects of near-surface environmental conditions on instability of an unsaturated soil slope. Canadian Geotechnical Journal,2004,(41):1111—1126.

[5] 徐家钰,程家驹. 道路工程. 上海:同济大学出版社,1995.

[6] 殷跃平. 西藏波密易贡高速巨型滑坡概况. 中国地质灾害与防治学报,2000,11(2):100.

[7] 胡广韬,杨文元. 工程地质学. 北京:地质出版社,1984.

[8] 方向池. 公路水毁与地质环境. 公路,1999,11:56—62.

[9] Wang L S,Ma C. A study on the environmental geology of the Middle Route Project of the South-North water transfer. Engineering Geology,1999,(51):153—165.

[10] 中科院成都山地灾害与环境研究所. 西藏公路水毁研究. 成都:四川科学技术出版社,2001.

[11] 谢宇平. 第四纪地质学及地貌学. 北京:地质出版社,2000.

[12] 陈洪凯,唐红梅,叶四桥,等. 危岩防治原理. 北京:地震出版社,2006.

[13] 梁光模,程尊兰,吴积善. 沿河公路路基防护技术及水力计算. 成都:四川科学技术出版社,2004.

[14] 霍达. 山区高速公路勘察设计指南. 北京:人民交通出版社,2003.

[15] Snow D. Anisotropic permeability of fractured media. Water Resource Research,1969,5(6): 1273—1289.

[16] Wilson C R,Witherspoon P A,Long J C S,et al. Large-scale hydraulic conductivity measurements in fractured granite. International Journal of Rock Mechanics & Mining Sciences & Geomechanics Abstracts,1983,20(6):269—276.

[17] Cheng L,Rong G,Yang J,et al. Fluid flow through single fractures with directional shear dislocations. Transport in Porous Media,2017,(9):1—26.

[18] Panda B B,Kulatilake P H S W. Effect of joint geometry and transmissivity on jointed rock hydraulics. Journal of Engineering Mechanics,1999,125(1):41—50.

[19] Long J C S,Billaux D M. Form fields data to fractured network modeling:An example incorporating spatial structure. Water Resource Research,1987,23(7):1201—1216.

[20] Dershowitz W S,Fidelibus C. Derivation of equivalent pipe network analogues for three-dimensional discrete fracture networks by the boundary element method. Water Resource

Research,1999,35:2685－2691.

[21] Oda M. An equivalent continuum model for coupled stress and fluid flow analysis in jointed rock mass. Water Resource Research,1986,22(13):1845－1856.

[22] Lemarchand E,Davy C A,Dormieux L,et al. Micromechanics contribution to coupled transport and mechanical properties of fractured geomaterials. Transport in Porous Media,2009, 79(3):335－358.

[23] 周创兵,叶自桐,熊文林. 岩石节理非饱和渗流特性研究. 水利学报,1998,(3):22－25.

[24] 沈珠江,米占宽. 膨胀土渠道边坡降雨入渗和变形耦合分析. 水利水运工程学报,2004, 9:7－11.

[25] 徐则民,杨立中. 成渝线典型路基边坡对降雨过程的响应模拟. 西南交通大学学报,2000, 35(1):23－27.

[26] 黄润秋,戚国庆. 非饱和渗流基质吸力对边坡稳定性的影响. 工程地质学报,2004,10(4): 343－348.

[27] 刘建军,裴桂红,薛强. 降雨条件下道路边坡地下水渗流分析. 公路交通科技,2005,22(9): 42－44.

[28] 陶月赞,席道瑛,垂直与水平渗透作用下潜水非稳定渗流运动规律. 应用数学和力学, 2006,27(1):53－59.

[29] 刘新喜. 库水位下降对滑坡稳定性的影响及工程应用研究. 北京:中国地质大学博士学位论文,2003.

[30] 张有天. 岩石水力学与工程. 北京:中国水利水电出版社,2005.

[31] 周志芳,王锦国. 裂隙介质水动力学. 北京:中国水利水电出版社,2004.

[32] 陈仲颐,周景星,王洪瑾. 土力学. 北京:清华大学出版社,1997.

[33] 弗雷德隆德 D G,拉哈尔佐 H. 非饱和土力学. 陈仲颐,等译. 北京:中国建筑工业出版社,1997.

[34] 龚晓南. 高等土力学. 杭州:浙江大学出版社,1996.

[35] 郑少河,朱维申,赵阳升. 复杂裂隙岩体水力学模型的研究. 人民长江,1999,30(9):31－33.

[36] Plummer L N,et al. The mass balance approach application to interpreting the chemical evolution of hydrological system. American Journal of Science,1980,280(2):130－142.

[37] 徐则民,杨立中,黄润秋. 路基边坡水岩相互作用机理及病害防治. 成都:西南交通大学出版社,2000.

[38] Barton N,et al. Strength deformation and conductivity coupling of rock joints. International Journal of Rock Mechanics & Mining Sciences & Geomechanics Abstracts,1985,22(3): 121－140.

[39] Martel S J,Pollard D D. Mechanics of slip and fracture along small faults and simple strike-slip fault zones in granitic rock. Journal of Geophysical Research,1989,94:9417－9428.

[40] Smellie J A T,Laaksoharju M,Wikberg P. 1995. Aspö,SE-Sweden:A natural groundwater flow model derived from hydrochemical observations. Journal of Hydrology,1995,172(4): 147－169.

［41］刘佑荣，唐辉明. 岩体力学. 武汉：中国地质大学出版社，2005.

［42］张永兴. 岩石力学. 北京：中国建筑工业出版社，2004.

［43］张在明. 地下水与建筑基础工程. 北京：中国建筑工业出版社，2001.

［44］沈珠江. 莫把虚构当真实——岩土工程界概念混乱现象剖析. 岩土工程学报，2003，6：767—768.

［45］Lourenco S D N，Sassa K，Fukuoka H. Failure process and hydrologic response of a two layer physical model：Implications for rainfall-induced landslides. Geomorphology，2006，73(1)：115—130.

［46］重庆交通科研设计院. 土石混合料的物理力学性质及工程分类研究，2004.

第3章 沿河路基挡墙土压力计算

3.1 概 述

3.1.1 路基排水系统布置形式

沿河路基的防护结构形式多样,作用于路基挡墙上的土压力因防护结构物形式的不同而异,对每种形式的结构物进行研究显然是不可能的,也是没有必要的。为了便于研究,这里仅对墙背直立的刚性挡土结构物进行研究。

沿河路基与其他类型路基的显著不同点在于河(库)水的存在,当路基地下水和河(库)水间存在水力联系(包括经常性水力联系和季节性水力联系)时,路基地下水的水位、渗流状态和孔隙水压力等均与河(库)水的水文条件密切相关。

另外,在沿河路基的设计施工中,考虑到路基地下水与河(库)水之间可能存在水力联系,通常在路基内部设置排水系统。排水系统的布置形式与许多因素相关,如路基的施工方式(填方或挖方)、路基岩土体的类型和性质(土石混合路基、土质路基或岩质路基)、路基与河水的位置关系等,常见的排水系统布置方式可简化为三种,即沿墙-土界面布置(沿路基挡土墙背竖向布置)、沿填土底面布置(水平布置在路基填土底部)和同时沿墙背和填土底面布置,如图 3-1 所示。

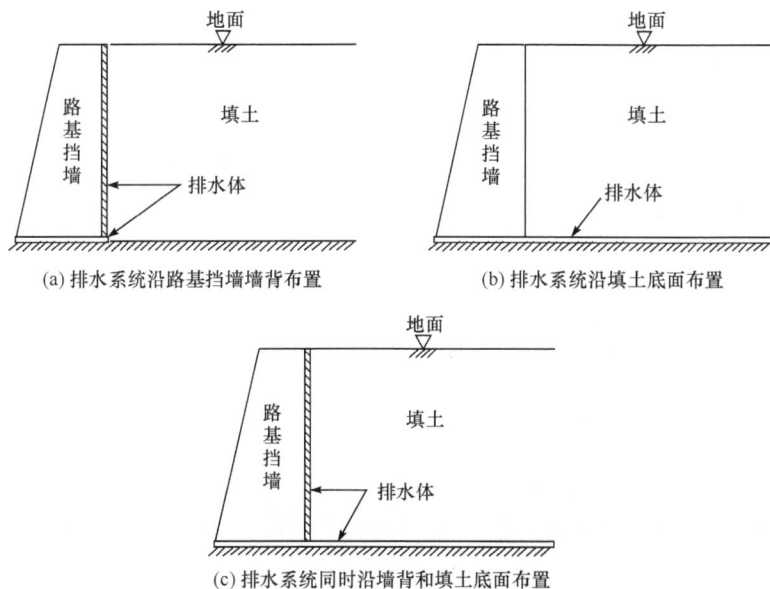

(a)排水系统沿路基挡墙墙背布置 (b)排水系统沿填土底面布置

(c)排水系统同时沿墙背和填土底面布置

图 3-1 沿河路基排水系统的布置形式

3.1.2　计算条件

当河(库)水水位上升时,路基地下水水位也随之抬高,但地下水位的上升明显滞后于河(库)水位的上升,而且随路基岩土体渗透系数的降低,这种滞后现象越显著。对路基挡墙而言,虽然路基地下水位的上升将增加作用于路基挡墙墙背土压力的大小,但由于河(库)水位的抬高要明显快于地下水的上升,使得挡墙墙背土压力在增加的同时,墙面将承受河(库)水压力的作用,且此墙面新增河(库)水压力在数值上要大于墙背新增土压力,因此,仅从挡墙受力分析而言,河(库)水位上升有利于挡墙稳定。

当河(库)水位下降时,路基地下水将从路基排水系统逐渐向河(库)水排泄,地下水位随之逐渐降低。但由于路基岩土体对地下水渗流的阻碍,使得地下水位的下降速率明显滞后于河(库)水位的下降。对路基挡墙而言,路基地下水位的下降将减小作用于路基挡墙墙背的土压力,但由于河(库)水位的下降速率比地下水位的下降速率要快,使得挡墙墙背土压力减小很少时,作用于墙面的河(库)水压力将减小很大,因此,从挡墙受力角度分析,河(库)水位下降对挡墙稳定是不利的。

鉴于此,本章将重点研究河(库)水下降时作用于路基挡墙墙背的土压力大小和分布。为了便于研究,同时考虑到河(库)水位下降速率可能很快,而路基地下水位下降可能很慢,假定路基地下水位与路面平齐,而河(库)水位已下降至墙底以下的水力边界条件进行研究。

对于图 3-1 所示的三种路基排水系统的布置形式,前两种[图 3-1(a)、(b)]情况下,地下水仅有唯一的排水边界,地下水的渗流场比较简单,作用于墙背的土压力可根据土力学、渗流力学等学科知识得到;第三种布置形式[图 3-1(c)],路基地下水可同时通过墙背和填土底部排水系统排泄,地下水的渗流状态比较复杂,作用于挡墙的土压力需要结合室内模型试验和数值分析方法确定。

3.1.3　稳定渗流场函数

1) 排水系统沿墙土界面布置

对路基排水系统沿墙土界面布置的情况[图 3-1(a)],假定路基地下水位与路面平齐且保持不变,而河(库)水位已下降至墙底以下,此时,路基地下水的渗流属于稳定渗流,渗流场如图 3-2 所示。

假定路基填土为各向同性介质,则其流函数为 $h(x,z)$(x、z 为填土中任意点坐标,如图 3-2 所示)。在稳定渗流条件下,流函数满足 Laplace 方程[1],即

$$\frac{\partial^2 h(x,z)}{\partial x^2}+\frac{\partial^2 h(x,z)}{\partial z^2}=0 \tag{3-1}$$

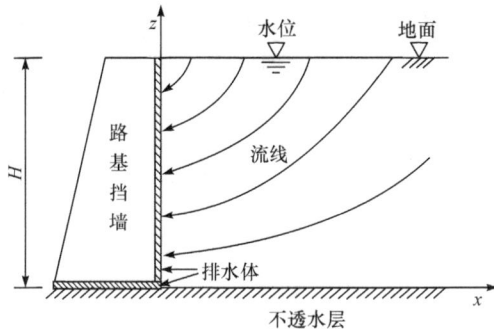

图 3-2　排水系统位于墙背时的稳定渗流场

由图 3-2 可知,流函数 $h(x,z)$ 在填土顶面、墙背和填土底不透水层面的边界条件为

$$\begin{cases} h(x,H)=H \\ h(0,z)=z \\ \dfrac{\partial h(x,z)}{\partial z}\Big|_{z=0}=0 \end{cases} \tag{3-2}$$

式中,H 为路基挡墙高度。

根据文献[2],图 3-2 所示稳定渗流场的流函数可用级数形式表示为

$$h(x,z) = H\Big(1 - \sum_{m=0}^{+\infty} \frac{2}{M^2} \mathrm{e}^{-\frac{Mx}{H}} \cos\frac{Mz}{H}\Big) \tag{3-3}$$

式中,$M=(2m+1)\pi/2$,$m=0,1,2,3,\cdots$。

2) 排水系统沿填土底面布置

对路基排水系统沿填土底面布置的情况[图 3-1(b)],假定路基地下水位与路面平齐且保持不变,而河(库)水位已下降至墙底以下,此时,路基地下水的渗流属于稳定渗流,渗流场如图 3-3 所示。

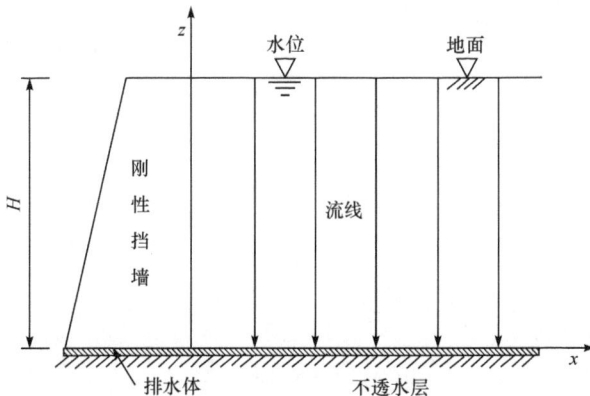

图 3-3　排水系统位于填土底面时的稳定渗流场

仍假定路基填土为各向同性介质,此时渗流场简化为一维稳定渗流场,其流函数 $h(x)$(图 3-3)也满足式(3-1)所示的 Laplace 方程,即

$$\frac{\mathrm{d}^2 h(z)}{\mathrm{d}z^2} = 0 \tag{3-4}$$

由图 3-3 可知,流函数 $h(x)$ 在填土顶面和填土底面的边界条件为

$$\begin{cases} h(H) = H \\ h(0) = 0 \end{cases} \tag{3-5}$$

则图 3-3 所示稳定渗流场的流函数可表示为

$$h(z) = z \tag{3-6}$$

3)排水系统同时沿墙土界面和填土底面布置

当排水系统同时沿墙土界面和填土底面布置时[图 3-1(c)],假定路基地下水位与路面平齐且保持不变,河(库)水位已下降至墙底以下,此时,虽然路基地下水的渗流也属于稳定渗流,但由于边界条件复杂,获得稳定渗流场流函数的数学表达式并非易事。稳定渗流场和作用于挡墙的土压力可以通过结合室内模型试验和数值分析方法确定并进行研究。

3.1.4　孔隙水压力计算

路基中任意点 (x,z) 处的孔隙水应力 $u(x,z)$ 可由式(3-7)得到

$$u(x,z) = \gamma_{\mathrm{w}}[h(x,z) - z] \tag{3-7}$$

1)排水系统沿墙土界面布置

对于路基排水系统沿墙土界面布置的情况(图 3-2),路基内任意点 (x,z) 处的孔隙水应力可由式(3-3)代入式(3-7)得到,即

$$u(x,z) = \gamma_{\mathrm{w}}\left[H\left(1 - \sum_{m=0}^{+\infty} \frac{2}{M^2} \mathrm{e}^{\frac{Mx}{H}} \cos\frac{Mz}{H}\right) - z\right] \tag{3-8}$$

2)排水系统沿填土底面布置

对于路基排水系统沿填土底面布置的情况(图 3-3),路基内任意点 (x,z) 处的孔隙水应力可由式(3-6)代入式(3-7)得到,即

$$u(x,z) = 0 \tag{3-9}$$

3)路基排水系统完全失效

在某些情况下,路基排水系统可能因某种或某些原因而失效,即路基地下水在河(库)水位下降时并不能通过排水系统向河(库)水排泄。这种情况下,可认为路基地下水处于静止状态,无地下水渗流。此时,路基内任意点 (x,z) 处的孔隙水应力可由式(3-10)得到

$$u(x,z) = \gamma_{\mathrm{w}}(H - z) \tag{3-10}$$

3.1.5　动孔隙水压力计算

饱和土体在遭受地震力作用时,将产生动孔隙水压力。动孔隙水压力的计算是非常复杂的问题[3],尽管已有不少研究者对此开展了一些有益的研究,但至今仍是一个没有解决好的课题。对于路基地下水处于渗流状态时,同时遭受地震作用的情况,动孔隙水压力的计算问题,已有的研究成果较少。1992 年 Ebeling 和 Morrison 提出了其计算方法,另外,2007 年作者也提出一种动孔隙水压力的计算方法[4,5]。

1) 动孔隙水压力的传统计算方法

Ebeling 和 Morrison 建议了两种方法计算动孔隙水压力,简述如下。

(1) 方法一。

动孔隙水压力按式(3-11)计算:

$$r_{\mathrm{u}} = \frac{\Delta u}{\sigma_{\mathrm{v}}'} \tag{3-11}$$

式中,r_{u} 为超孔隙水压力比;σ_{v}' 为地震前土体中某点的竖向有效应力。

(2) 方法二。

动孔隙水压力按式(3-12)计算:

$$\Delta u = \frac{7}{8} k_{\mathrm{h}} \gamma_{\mathrm{w}} \sqrt{(H-z)H} \tag{3-12}$$

式中:k_{h} 为水平地震加速度系数。

由式(3-12)可知,动孔隙水压力仅与水平地震力有关,而与竖向地震力无关。

2) 动孔隙水压力的新计算方法

对于平面应变状态,可以利用拟静力法得到动孔隙水压力的计算方法。地震条件下,饱和土体中因地震力的作用引起的土体应力状态的变化为[5]

$$\begin{cases} \Delta \sigma_1 = \Delta \sigma_x = k_{\mathrm{h}} \gamma_{\mathrm{sat}} \\ \Delta \sigma_3 = \Delta \sigma_z = k_{\mathrm{v}} \gamma_{\mathrm{sat}} \\ \Delta \sigma_2 = \nu(\Delta \sigma_1 + \Delta \sigma_3) = \nu(k_{\mathrm{h}} + k_{\mathrm{v}}) \gamma_{\mathrm{sat}} \end{cases} \tag{3-13}$$

式中,$\Delta \sigma_1$、$\Delta \sigma_2$ 和 $\Delta \sigma_3$ 分别为地震力引起的土体主应力增量;$\Delta \sigma_x$、$\Delta \sigma_y$ 和 $\Delta \sigma_z$ 分别为地震力引起的土体 x、y 和 z 方向的正应力增量;γ_{sat} 为路基土体的饱和容重;ν 为路基土体的泊松比,对饱和土体可近似取 0.5;k_{h} 和 k_{v} 分别水平地震加速度系数和竖直地震加速度系数,假定 $k_{\mathrm{h}} \geqslant k_{\mathrm{v}}$。

地震作用引起的孔隙水压力可按式(3-14)计算得到:

$$\Delta u = \beta \frac{\Delta \sigma_1 + \Delta \sigma_2 + \Delta \sigma_3}{3} + \alpha \sqrt{(\Delta \sigma_1 - \Delta \sigma_2)^2 + (\Delta \sigma_2 - \Delta \sigma_3)^2 + (\Delta \sigma_3 - \Delta \sigma_1)^2}$$

$$\tag{3-14}$$

式中，α、β 为孔隙水压力系数，根据 Henkel 的建议，对于饱和土，可取 $\beta=1$。

式(3-13)代入式(3-15)，可得动孔隙水压力的计算公式为

$$\Delta u = \gamma_{\text{sat}} \left[\beta \frac{(k_{\text{h}} + k_{\text{v}})(1+\nu)}{3} + \sqrt{2} \alpha \sqrt{(k_{\text{h}} + k_{\text{v}})^2 (\nu^2 - \nu + 1) - 3 k_{\text{h}} k_{\text{v}}} \right] \quad (3\text{-}15)$$

由式(3-15)可知，动孔隙水压力的大小同时与水平地震力和垂直地震力有关[6]。

3.2　静止土压力计算

静止土压力的计算在各类挡土结构物设计中具有重要意义，因此受到工程界和学术界的关注，相关的研究文献较多，如文献[6]~[14]。假定路基挡墙处于静止状态，墙后土体处于 K_0 状态，则作用于墙背的土压力为静止土压力。静止土压力的大小可能因路基排水系统的有效性和布置方式的不同而异，本节就排水系统沿墙土界面布置、沿填土底面布置和排水系统完全失效三种情况，分别给出路面无超载、路面分布均布超载和地震力作用下的静止土压力计算方法。

3.2.1　路面无超载作用时的静止土压力计算

1）排水系统沿墙土界面布置

计算简图如图 3-4 所示。墙背任意点 $A(x,z)$ 处的竖向有效应力为

$$\sigma_z = \gamma_{\text{sat}}(H - z) \quad (3\text{-}16)$$

式中，σ_z 为墙背任意点 $A(x,z)$ 处的竖向有效应力；γ_{sat} 为墙后填土的饱和容重。

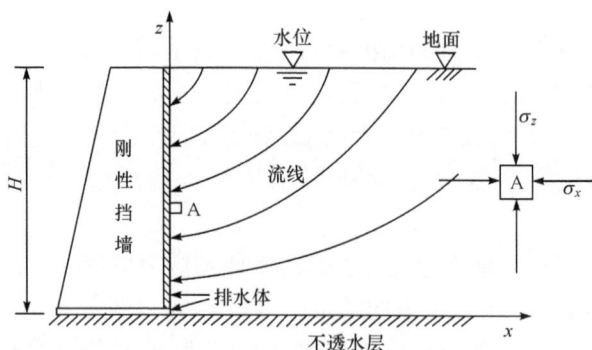

图 3-4　排水系统沿墙土界面布置时的土压力计算图 I

根据式(3-2)和式(3-7)可得，墙背任意点 $A(x,z)$ 处的孔隙水应力为 0，则墙背任意点 $A(x,z)$ 处的静止土压力和水压力之和为

$$e_{01} = K_0 \gamma_{\text{sat}}(H - z) \quad (3\text{-}17)$$

式中,e_{01} 为排水系统沿墙土界面布置时墙背任意点 $A(x,z)$ 处的静止土压力;K_0 为静止土压力系数,通常由式(3-18)得到

$$K_0 = 1 - \sin\varphi'　　　　　　　　　　　　　　(3-18)$$

式中,φ' 为墙后填土的有效内摩擦角。

2) 排水系统沿填土底面布置

计算简图如图 3-5 所示。

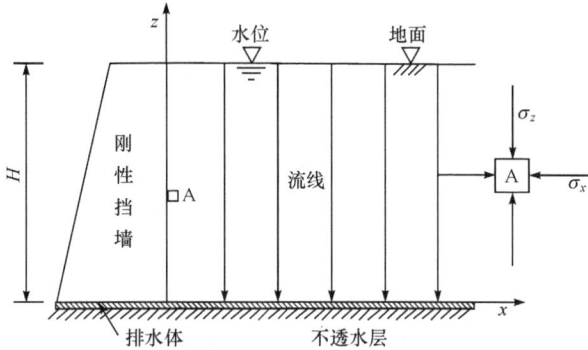

图 3-5　排水系统沿填土底面布置时的土压力计算图 I

墙背任意点 $A(x,z)$ 处的竖向有效应力的计算式同式(3-16)。根据式(3-9)可得,墙背任意点 $A(x,z)$ 处的孔隙水应力也为 0,则墙背任意点 $A(x,z)$ 处的静止土压力和水压力之和为

$$e_{02} = e_{01} = K_0\gamma_{sat}(H-z)　　　　　　　　　　(3-19)$$

式中,e_{02} 为排水系统沿填土底面布置时墙背任意点 $A(x,z)$ 处的静止土压力。

3) 排水系统完全失效

计算简图如图 3-6 所示。墙背任意点 $A(x,z)$ 处的竖向有效应力为

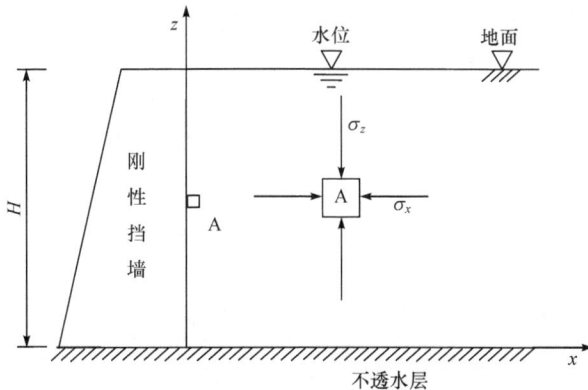

图 3-6　排水系统完全失效时的土压力计算图 I

$$\sigma_z = \gamma'(H-z) \tag{3-20}$$

式中，γ' 为墙后填土的浮容重。

墙背任意点 $A(x,z)$ 处的孔隙水应力由式（3-9）得到，则墙背任意点 $A(x,z)$ 处的静止土压力和水压力之和为

$$e_{03} = (K_0\gamma' + \gamma_w)(H-z) \tag{3-21}$$

式中，e_{03} 为排水系统完全失效时墙背任意点 $A(x,z)$ 处的静止土压力。

4）讨论

比较式（3-17）和式（3-19）可知，无论排水系统是沿墙土界面布置，还是沿填土底面布置，只要能够保证排水系统的有效性，作用于墙背的静止土压力和水压力的合力的大小和分布均相同。

比较式（3-17）和式（3-21）可知，如果排水系统失效，则作用于墙背的静止土压力和水压力的合力将有所增加。下例可对此进一步说明。

例 3-1　已知某路基挡墙高 5m，墙后填土有效内摩擦角为 30°，饱和容重为 20kN/m³。

路基排水系统有效和失效情况下静止土压力和水压力的合力沿墙高的分布如图 3-7 所示。图中显示，除填土表面外，当路基排水体完全失效时，作用于路基挡墙的静止土压力值比排水系统有效时要大 50%。可见，确保路基排水系统的有效性对减少作用于路基挡墙上的静止土压力有重要意义。

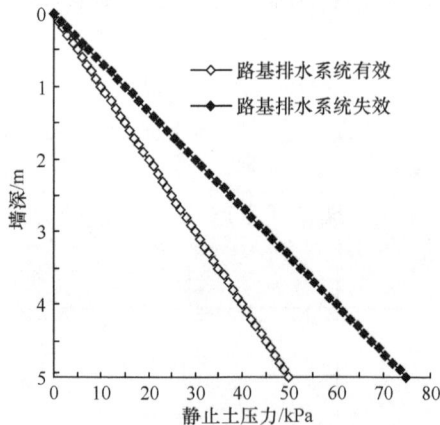

图 3-7　例 3-1 计算结果图

3.2.2　路面作用车辆荷载时的静止土压力计算

1）车辆荷载及其附加应力计算

根据《公路桥涵设计通用规范》（JTG D60—2015）[14] 对车辆荷载引起的土压

力计算方法的规定,把车辆荷载用一个均布荷载(或换算成等代均布土层)来代替,如图 3-8 所示。

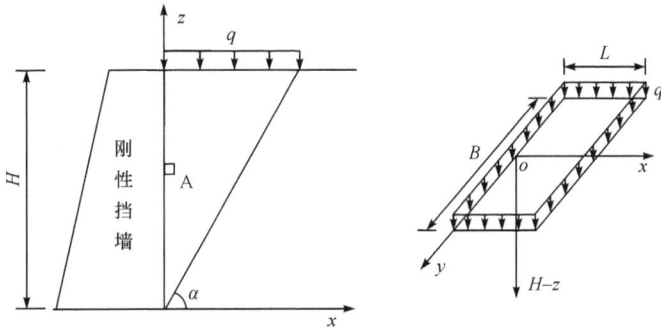

图 3-8　车辆荷载的简化计算

等代均布荷载的计算式为

$$q = \frac{\sum G}{BL} \tag{3-22}$$

式中,q 为车辆荷载换算成的均布荷载,也称为车辆荷载的等代均布荷载;$\sum G$ 为布置在计算面积内的车辆轮重的总重;B 为挡土墙的计算长度(一般取挡土墙的分段长度,常取 $10\sim15\mathrm{m}$);L 为挡土墙后填土的破坏长度,即车辆荷载布置的路基有效宽度,按式(3-23)计算:

$$L = H\cot\alpha \tag{3-23}$$

式中,H 为挡墙高度;α 为计算的滑动面倾角,根据理论公式得到,即

$$\cot\alpha = \sqrt{1+\tan^2\varphi'} - \tan\varphi' \tag{3-24}$$

式中,φ' 为墙后填土的有效内摩擦角。

车辆荷载的等代均布荷载 q 将在填土中的任意点 (x,z) 处引起附加应力,其中竖向附加应力的大小可根据土力学教科书中有关矩形面积均布荷载作用时的计算方法得到。对于图 3-8 中 xoz 平面内墙背上任意点 $A(0,z)$,等代均布荷载 q 引起的竖向附加应力为

$$\Delta\sigma_z = \frac{q}{\pi}\left[\frac{mn}{\sqrt{1+m^2+n^2}}\left(\frac{1}{m^2+n^2}+\frac{1}{1+n^2}\right)+\arctan\left(\frac{m}{n\sqrt{1+m^2+n^2}}\right)\right] \tag{3-25}$$

式中,当 $L \geqslant B/2$ 时,$m=2L/B$,$n=2(H-z)/B$;当 $L<B/2$ 时,$m=B/(2L)$,$n=(H-z)/L$。

2) 排水系统沿墙土界面布置时的静止土压力

对路基挡墙而言,车辆荷载属于瞬间作用荷载,路基土体在车辆荷载作用下的

固结过程可忽略不计。计算简图如图 3-9 所示。

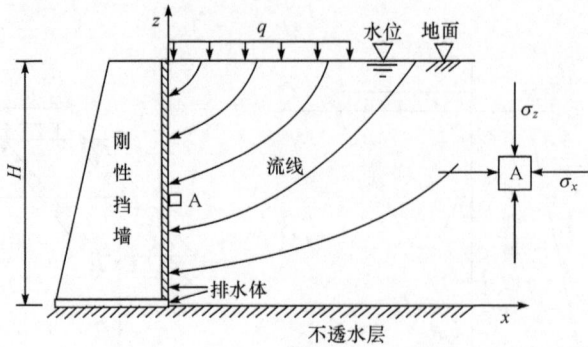

图 3-9　排水系统沿墙土界面布置时的土压力计算图 II

由于墙背为排水边界，车辆荷载在墙背各点引起的超静孔隙水应力可忽略不计。因此，墙背任意点 $A(0,z)$ 处的竖向总应力、孔隙水应力和有效应力可分别表示为

$$\begin{cases} \sigma_z = \gamma_{sat}(H-z) + \Delta\sigma_z \\ u = \gamma_w(H-z) \\ \sigma_z' = \gamma'(H-z) + \Delta\sigma_z \end{cases} \quad (3\text{-}26)$$

则墙背任意点 $A(0,z)$ 处的静止土压力和水压力之和为

$$e_{01} = (K_0\gamma' + \gamma_w)(H-z) + K_0\Delta\sigma_z \quad (3\text{-}27)$$

3）排水系统沿填土底面布置时的静止土压力

计算简图如图 3-10 所示。

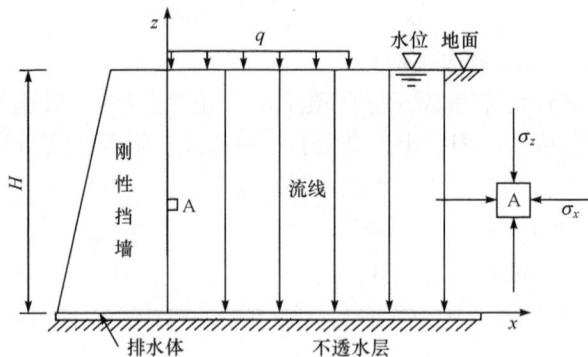

图 3-10　排水系统沿填土底面布置时的土压力计算图 II

此时，填土中任意点的孔隙水应力为 0。在车辆荷载作用下，填土中必然产生超静孔隙水应力，由于简化后的车辆荷载为作用于有限面积的均布荷载，且填土底

面为排水边界,超静孔隙水应力的计算将比较复杂。为简化起见,这里假定车辆荷载引起的超静孔隙水应力在数值上等于计算点的竖向附加应力。因此,墙背任意点 $A(0,z)$ 处的竖向总应力、孔隙水应力和有效应力可分别表示为

$$\begin{cases} \sigma_z = \gamma_{sat}(H-z) + \Delta\sigma_z \\ u = \Delta\sigma_z \\ \sigma_z' = \gamma_{sat}(H-z) \end{cases} \tag{3-28}$$

则墙背任意点 $A(0,z)$ 处的静止土压力和水压力之和为

$$e_{02} = K_0\gamma_{sat}(H-z) + \Delta\sigma_z \tag{3-29}$$

4) 排水系统完全失效时的静止土压力

计算简图如图 3-11 所示。此时,由于路基土体处于饱和状态,且路基排水系统完全失效,地下水处于无渗流状态,车辆荷载必然在路基中引起超静孔隙水应力。超静孔隙水应力的计算通常比较复杂,为简化起见,这里仍假定超静孔隙水应力在数值上等于计算点的竖向附加应力。因此,墙背任意点 $A(0,z)$ 处的竖向总应力、孔隙水应力和有效应力可分别表示为

$$\begin{cases} \sigma_z = \gamma_{sat}(H-z) + \Delta\sigma_z \\ u = \gamma_w(H-z) + \Delta\sigma_z \\ \sigma_z' = \sigma_z - u = \gamma'(H-z) \end{cases} \tag{3-30}$$

则墙背任意点 $A(0,z)$ 处的静止土压力和水压力之和为

$$e_{03} = (K_0\gamma' + \gamma_w)(H-z) + \Delta\sigma_z \tag{3-31}$$

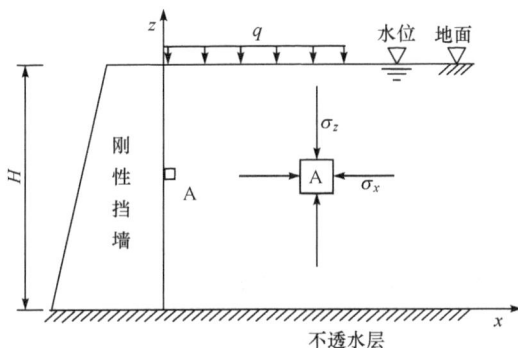

图 3-11　排水系统完全失效时的土压力计算图 II

5) 讨论

比较式(3-27)、式(3-28)和式(3-29)可知,在上述三种情况下,当路面作用有车辆荷载时,作用于路基挡墙上的静止土压力的大小各不相同。

例 3-2　已知某二级公路路基挡墙高 5m,墙后墙土有效摩擦角为 $30°$,饱和容重为 $20kN/m^3$。

　　根据《公路桥涵设计通用规范》(JTG D60—2015)[3]，二级公路的汽车荷载等级为公路-II级，采用的车辆荷载标准值为：车辆重力550kN(其中前轴重力30kN、中轴重力2×120kN、后轴重力2×140kN)，轴距3m＋1.4m＋7m＋1.4m，轮距1.8m，车辆外形尺寸(长×宽)15m×2.5m。不同情况下静止土压力和水压力的合力沿墙高的分布如图3-12所示。从图中可以看出，路基排水系统完全失效时土压力和水压力的合力最大，排水系统沿墙土界面布置时的土压力和水压力略小于排水系统完全失效时的土压力和水压力，排水系统沿填土底面布置时的土压力和水压力最小。在1/2墙高(墙高2.5m)处，排水系统沿填土底面布置时的土压力和水压力的合力为排水系统完全失效时的70.9%，为排水系统沿填土底面布置时的75.7%；在墙底处，排水系统沿填土底面布置时的土压力和水压力的合力为排水系统完全失效时的68.2%，为排水系统沿填土底面布置时的69.9%。

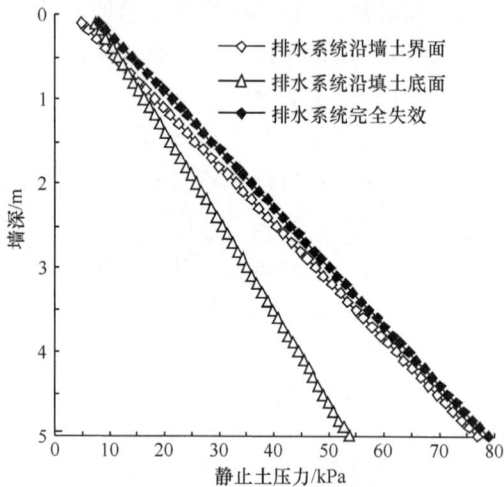

图3-12　例3-2计算结果图

　　可见，在确保路基排水系统有效性的同时，排水系统沿填土底面布置更有利于减小车辆荷载情况下作用于路基挡墙的静止土压力和水压力。

3.3　Rankine 土压力计算

　　Rankine土压力理论在土木工程中的应用相当广泛。假定路基挡墙和墙后填土均满足Rankine土压力理论的基本假定，即刚性挡墙墙背直立、光滑，墙后填土表面水平。另外，由于沿河路基填土很少为黏性土，再假定墙后填土为无黏性土[15]。

3.3.1 路面无超载作用时的主动土压力计算

1）排水系统沿墙土界面布置

计算简图如图 3-4 所示。墙背任意点 $A(x,z)$ 处的竖向有效应力如式（3-16）所示，根据式（3-2）和式（3-7）可得，墙背任意点 $A(x,z)$ 处的孔隙水应力为 0。

当单元体 A 处于主动极限平衡状态时，作用于墙背任意点 $A(x,z)$ 处的主动土压力和水压力之和为

$$e_{a1} = K_a \gamma_{sat}(H-z) \tag{3-32}$$

式中，e_{a1} 为排水系统沿墙土界面布置时墙背任意点 $A(x,z)$ 处的主动土压力和水压力的合力；K_a 为主动土压力系数，可由式（3-33）得到

$$K_a = \tan^2\left(\frac{\pi}{4} - \frac{\varphi'}{2}\right) \tag{3-33}$$

式中，φ' 为墙后填土的有效内摩擦角。

2）排水系统沿填土底面布置

计算简图如图 3-5 所示。墙背任意点 $A(x,z)$ 处的竖向有效应力的计算式同式（3-16）。根据式（3-9）可得，墙背任意点 $A(x,z)$ 处的孔隙水应力也为 0，则墙背任意点 $A(x,z)$ 处的主动土压力和水压力之和为

$$e_{a2} = e_{a1} = K_a \gamma_{sat}(H-z) \tag{3-34}$$

式中，e_{a2} 为排水系统沿填土底面布置时墙背任意点 $A(x,z)$ 处的主动土压力和水压力的合力。

3）排水系统完全失效

计算简图如图 3-6 所示。墙背任意点 $A(x,z)$ 处的竖向有效应力和孔隙水应力可分别由式（3-20）和式（3-9）得到，则墙背任意点 $A(x,z)$ 处的主动土压力和水压力之和为

$$e_{a3} = (K_a \gamma' + \gamma_w)(H-z) \tag{3-35}$$

式中，e_{a3} 为排水系完全失效时墙背任意点 $A(x,z)$ 处的主动土压力和水压力的合力。

4）讨论

比较式（3-32）和式（3-34）可知，无论排水系统是沿墙土界面布置，还是沿填土底面布置，只要能够保证排水系统的有效性，作用于墙背的主动土压力和水压力的合力的大小和分布均相同。比较式（3-32）和式（3-35）可知，如果排水系统失效，则作用于墙背的主动土压力和水压力的合力将要增大。例 3-3 可对此进一步说明。

例 3-3　已知条件同例 3-1。

路基排水系统有效和失效情况的主动土压力和水压力的合力沿墙高的分布如

图 3-13 所示。从图中可以看出,除填土表面外,当路基排水体完全失效时,作用于路基挡墙的主动土压力值比排水系统有效时要大 37%。可见,确保路基排水系统的有效性对减少作用于路基挡墙上的主动土压力有重要意义。

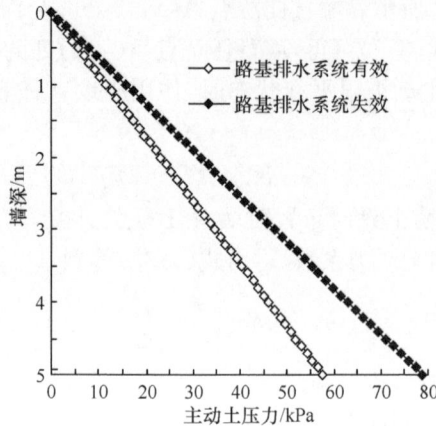

图 3-13　例 3-3 计算结果图

3.3.2　路面作用车辆荷载时的主动土压力计算

1) 排水系统沿墙土界面布置

对路基挡墙而言,车辆荷载属于瞬间作用荷载,路基土体在车辆荷载作用下的固结过程可忽略不计。计算简图如图 3-9 所示。由于墙背为排水边界,车辆荷载在墙背各点引起的超静孔隙水应力可忽略不计,墙背任意点 $A(0,z)$ 处的竖向总应力、孔隙水应力和有效应力可分别由式(3-26)得到,则墙背任意点 $A(0,z)$ 处的主动土压力和水压力之和为

$$e_{a1} = (K_a \gamma' + \gamma_w)(H-z) + K_a \Delta \sigma_z \tag{3-36}$$

2) 排水系统沿填土底面布置

计算简图如图 3-10 所示。此时,填土中任意点的孔隙水应力为 0。在车辆荷载作用下,填土中必然产生超静孔隙水应力,假定车辆荷载引起的超静孔隙水应力在数值上等于计算点的竖向附加应力,因此,墙背任意点 $A(0,z)$ 处的竖向总应力、孔隙水应力和有效应力可分别由式(3-28)得到,则墙背任意点 $A(0,z)$ 处的主动土压力和水压力之和为

$$e_{a2} = K_a \gamma_{sat}(H-z) + \Delta \sigma_z \tag{3-37}$$

3) 排水系统完全失效

计算简图如图 3-11 所示。此时,地下水处于无渗流状态,车辆荷载必然在路基中引起超静孔隙水应力,仍假定超静孔隙水应力在数值上等于计算点的竖向附

加应力。因此,墙背任意点 $A(0,z)$ 处的竖向总应力、孔隙水应力和有效应力可分别由式(3-30)得到,则墙背任意点 $A(0,z)$ 处的主动土压力和水压力之和为

$$e_{a3}=(K_a\gamma'+\gamma_w)(H-z)+\Delta\sigma_z \tag{3-38}$$

4）讨论

例 3-4　已知条件同例 3-2。

不同情况的主动土压力和水压力的合力沿墙深的分布如图 3-14 所示。从图中可以看出,路基排水系统完全失效时的土压力和水压力的合力最大,排水系统沿墙土界面布置时的土压力和水压力略小于排水系统完全失效时的土压力和水压力,排水系统沿填土底面布置时的土压力和水压力最小。在 1/2 墙高(墙高2.5m)处,排水系统沿填土底面布置时的土压力和水压力的合力为排水系统完全失效时的 76.4%,为排水系统沿填土底面布置时的 80.6%;在墙底处,排水系统沿填土底面布置时的土压力和水压力的合力为排水系统完全失效时的 74.4%,为排水系统沿填土底面布置时的 75.8%。可见,在确保路基排水系统有效性的同时,排水系统沿填土底面布置更有利于减小车辆荷载情况下作用于路基挡墙的主动土压力和水压力的合力。

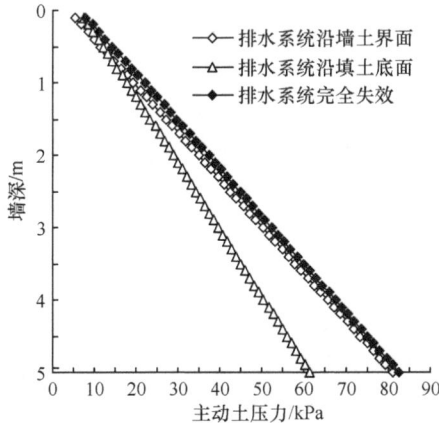

图 3-14　例 3-4 计算结果图

3.3.3　路面无超载作用时的被动土压力计算

1）排水系统沿墙土界面布置

计算简图如图 3-4 所示。墙背任意点 $A(x,z)$ 处的竖向有效应力如式(3-16)所示,根据式(3-2)和式(3-7)可得,墙背任意点 $A(x,z)$ 处的孔隙水应力为 0。

当单元体 A 处于被动极限平衡状态时,作用于墙背任意点 $A(x,z)$ 处的被动土压力和水压力之和为

$$e_{p1} = K_p \gamma_{sat}(H-z) \tag{3-39}$$

式中,e_{p1} 为排水系统沿墙土界面布置时墙背任意点 $A(x,z)$ 处的被动土压力和水压力的合力;K_p 为被动土压力系数,可由式(3-40)得到

$$K_p = \tan^2\left(\frac{\pi}{4} + \frac{\varphi'}{2}\right) \tag{3-40}$$

式中,φ' 为墙后填土的有效内摩擦角。

2)排水系统沿填土底面布置

计算简图如图 3-5 所示。墙背任意点 $A(x,z)$ 处的竖向有效应力的计算式同式(3-16)。根据式(3-9)可得,墙背任意点 $A(x,z)$ 处的孔隙水应力也为 0,则墙背任意点 $A(x,z)$ 处的被动土压力和水压力之和为

$$e_{p2} = e_{p1} = K_p \gamma_{sat}(H-z) \tag{3-41}$$

式中,e_{p2} 为排水系统沿填土底面布置时墙背任意点 $A(x,z)$ 处的被动土压力和水压力的合力。

3)排水系统完全失效

计算简图如图 3-6 所示。墙背任意点 $A(x,z)$ 处的竖向有效应力和孔隙水应力可分别由式(3-20)和式(3-9)得到,则墙背任意点 $A(x,z)$ 处的被动土压力和水压力之和为

$$e_{p3} = (K_p \gamma' + \gamma_w)(H-z) \tag{3-42}$$

式中,e_{p3} 为排水系统完全失效时墙背任意点 $A(x,z)$ 处的被动土压力和水压力的合力。

4)讨论

例 3-5 已知条件同例 3-1。

路基排水系统有效和失效情况的被动土压力和水压力的合力沿墙深的分布如图 3-15 所示。从图中可以看出,除填土表面外,当路基排水体完全失效时,作用于路基挡墙的被动土压力值比排水系统有效时要小 21%。可见,确保路基排水系统的有效性对增大作用于路基挡墙上的被动土压力有重要意义。

3.3.4　路面作用车辆荷载时的被动土压力计算

1)排水系统沿墙土界面布置

路基土体在车辆荷载作用下的固结过程可忽略不计,计算简图如图 3-9 所示。由于墙背为排水边界,车辆荷载在墙背各点引起的超静孔隙水应力可忽略不计,墙背任意点 $A(0,z)$ 处的竖向总应力、孔隙水应力和有效应力可分别由式(3-26)得到,则墙背任意点 $A(0,z)$ 处的被动土压力和水压力之和为

$$e_{p1} = (K_p \gamma' + \gamma_w)(H-z) + K_p \Delta\sigma_z \tag{3-43}$$

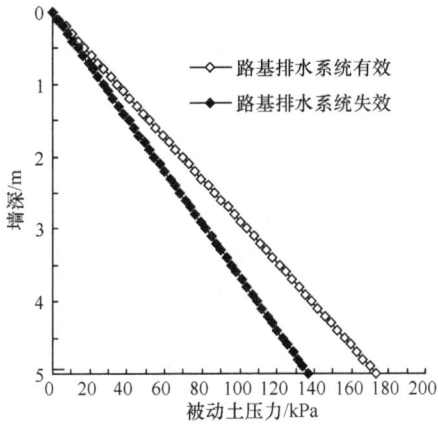

图 3-15　例 3-5 计算结果图

2）排水系统沿填土底面布置

计算简图如图 3-10 所示,填土中任意点的孔隙水应力为 0。假定车辆荷载引起的超静孔隙水应力在数值上等于计算点的竖向附加应力,墙背任意点 $A(0,z)$ 处的竖向总应力、孔隙水应力和有效应力可分别由式（3-28）得到,则墙背任意点 $A(0,z)$ 处的被动土压力和水压力之和为

$$e_{p2} = K_p \gamma_{sat}(H-z) + \Delta\sigma_z \tag{3-44}$$

3）排水系统完全失效

计算简图如图 3-11 所示,地下水处于无渗流状态,假定超静孔隙水应力在数值上等于计算点的竖向附加应力,墙背任意点 $A(0,z)$ 处的竖向总应力、孔隙水应力和有效应力可分别由式（3-30）得到。则墙背任意点 $A(0,z)$ 处的被动土压力和水压力之和为

$$e_{p3} = (K_p \gamma' + \gamma_w)(H-z) + \Delta\sigma_z \tag{3-45}$$

4）讨论

例 3-6　已知条件同例 3-2。

不同情况的被动土压力和水压力的合力沿墙深的分布如图 3-16 所示。

从图 3-16 可以看出,路基排水系统完全失效时的土压力和水压力的合力最小,排水系统沿墙土界面布置时的土压力和水压力略大于排水系统完全失效时的土压力和水压力,排水系统沿填土底面布置时的土压力和水压力最大。在 1/2 墙高(墙高 2.5m)处,排水系统沿填土底面布置时的土压力和水压力的合力为排水系统完全失效时的 124.8%,为排水系统沿填土底面布置时的 118.4%;在墙底处,排水系统沿填土底面布置时的土压力和水压力的合力为排水系统完全失效时的 126.1%,为排水系统沿填土底面布置时的 123.7%。可见,在确保路基排水系统

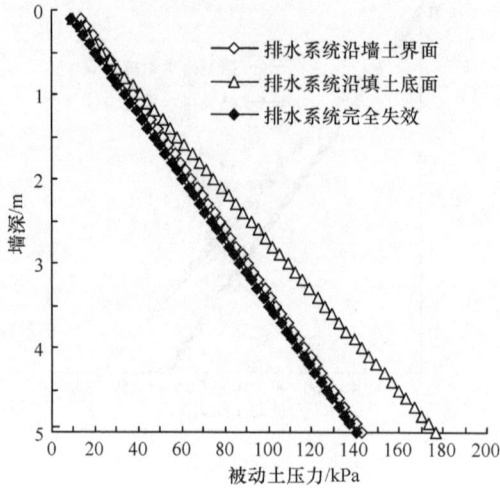

图 3-16 例 3-6 计算结果图

有效性的同时，排水系统沿填土底面布置更有利于增大车辆荷载情况下作用于路基挡墙的被动土压力和水压力的合力。

3.4 Coulomb 土压力计算

Coulomb 土压力理论[16]是目前各类土压力计算中常用的方法之一，为了解决工程实际问题，不少学者对 Coulomb 土压力理论进行研究，如文献[17]～[19]。考虑到沿河路基的特点，同时不使问题过于复杂，假定路基刚性挡墙墙背直立，墙后墙土表面水平，但墙土界面摩擦角可不为 0。

3.4.1 路面无超载作用时的主动土压力计算

1) 排水系统沿墙土界面布置

路基地下水的稳定渗流场如图 3-2 所示，稳定渗流场流函数表达式见式(3-3)。作用于路基挡墙上的主动土压力计算简图如图 3-17 所示。

图 3-17 中，土楔的重力 W 为

$$W = \frac{1}{2} \gamma_{sat} H^2 \cot\theta \tag{3-46}$$

式中，γ_{sat} 为路基土饱和容重；θ 为墙后填土处于主动极限平衡状态时破裂面的倾角。

作用于破裂面上的总孔隙水压力 U 可由孔隙水应力沿破裂面积分得到。式(3-8)两端沿破裂面积分，可得

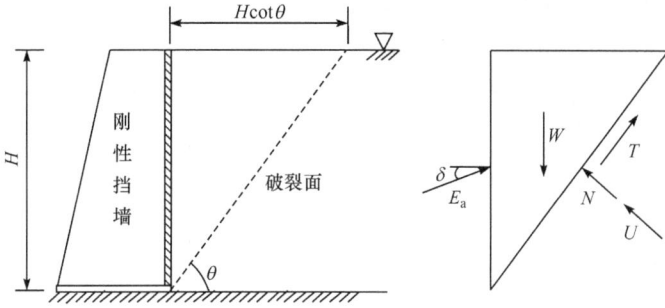

图 3-17　排水系统沿墙土界面布置时的土压力计算图 III

$$U = \int_0^H u(z\cot\theta, z)\csc\theta \, dz = g\frac{\csc\theta}{\cot\theta}U'W \qquad (3\text{-}47)$$

式中，$g = \gamma_{\mathrm{w}}/\gamma_{\mathrm{sat}} \approx 0.5$，这里称其为路基填土容重系数；$U'$ 为破裂面倾角 θ 的函数，其计算式为

$$U' = 1 - \sum_{m=0}^{+\infty} \frac{4e^{-\cot\theta M}\sin^2\theta}{M^3}(e^{\cot aM}\cot\theta - \cot\theta\cos M + \sin M) \qquad (3\text{-}48)$$

根据土楔的平衡条件，作用于破裂面上的有效总正应力 N 和剪力 T 分别为

$$\begin{cases} N = E_{\mathrm{a1}}\sin(\theta-\delta) + W\cos\theta - U \\ T = -E_{\mathrm{a1}}\cos(\theta-\delta) + W\sin\theta \end{cases} \qquad (3\text{-}49)$$

式中，E_{a1} 为排水系统沿墙土界面布置时作用于路基挡墙上的总主动土压力；δ 为墙土界面摩擦角。

依据 Mohr-Coulomb 定律，破裂面上的有效总正应力 N 和剪力 T 满足：

$$T = N\tan\varphi' \qquad (3\text{-}50)$$

式(3-49)代入式(3-50)，并考虑式(3-46)~式(3-48)，可得总主动土压力 E_{a1} 的计算式为

$$E_{\mathrm{a1}} = \frac{1}{2}\gamma_{\mathrm{sat}}H^2 K_{\mathrm{a1}} \qquad (3\text{-}51)$$

式中，主动土压力系数 K_{a1} 的计算式为

$$K_{\mathrm{a1}} = \max_{\cot\theta > 0}\frac{\cot\theta(\sin\theta - \cos\theta\tan\varphi') + g\csc\theta U'\tan\varphi'}{\cos(\theta-\delta) + \sin(\theta-\delta)\tan\varphi'} \qquad (3\text{-}52)$$

主动土压力沿墙高的分布可由式(3-51)沿墙深微分得到，即

$$e_{\mathrm{a1}} = K_{\mathrm{a1}}\gamma_{\mathrm{sat}}(H-z) \qquad (3\text{-}53)$$

2）排水系统沿填土底面布置

路基地下水的稳定渗流场如图 3-3 所示，稳定渗流场流函数表达式见式(3-6)。由式(3-9)可知，路基中任意点的孔隙水应力为 0。作用于路基挡墙上

的主动土压力计算简图如图 3-18 所示。

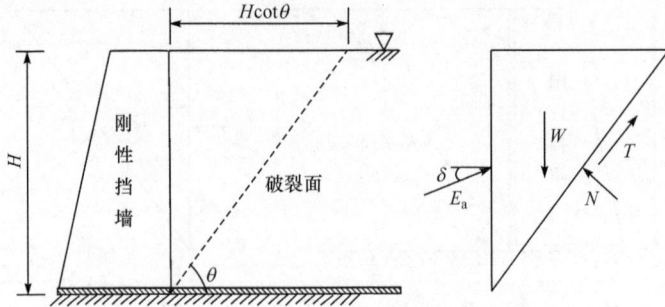

图 3-18　排水系统沿填土底面布置时的土压力计算图 III

图 3-18 中,土楔的重力 W 计算式同式(3-46)。

土楔的平衡条件为

$$\begin{cases} N = E_{a2}\sin(\theta-\delta) + W\cos\theta \\ T = -E_{a2}\cos(\theta-\delta) + W\sin\theta \end{cases} \tag{3-54}$$

式中,E_{a2} 为排水系统沿填土底面布置时作用于路基挡墙上的总主动土压力。

破裂面上的有效总正应力 N 和剪力 T 的关系式同式(3-50),则作用于路基挡墙上的总主动土压力 E_{a2} 的计算式为

$$E_{a2} = \frac{1}{2}\gamma_{sat}H^2 K_{a2} \tag{3-55}$$

式中,主动土压力系数 K_{a2} 的计算式为

$$K_{a2} = \max_{\cot\theta > 0} \frac{\cot\theta(\sin\theta - \cos\theta\tan\varphi')}{\cos(\theta-\delta) + \sin(\theta-\delta)\tan\varphi'} \tag{3-56}$$

由上述土压力的推导过程可知,该土压力系数应与库仑土压力系数相同,即式(3-56)可写为

$$K_{a2} = \frac{\cos^2\varphi'}{\cos\delta\left[1 + \sqrt{\dfrac{\sin(\varphi'+\delta)\sin\varphi'}{\cos\delta}}\right]^2} \tag{3-57}$$

主动土压力沿墙高的分布可由式(3-55)沿墙深微分得到,即

$$e_{a2} = K_{a2}\gamma_{sat}(H-z) \tag{3-58}$$

3) 排水系统完全失效

路基地下水处于静止状态。作用于路基挡墙上的主动土压力计算简图如图 3-17 所示。图 3-17 中,土楔的重力 W 计算式同式(3-46)。作用于破裂面上的总孔隙水压力 U 可由孔隙水应力沿破裂面积分得到。式(3-10)两端沿破裂面积分,可得

$$U = \int_0^H u(z\cot\theta, z)\csc\theta \mathrm{d}z = \frac{1}{2}\gamma_{\mathrm{w}}H^2\csc\theta \qquad (3\text{-}59)$$

利用与本节类似的方法,可得路基排水系统完全失效时作用于路基挡墙上的总主动土压力 E_{a3} 的计算式为

$$E_{a3} = \frac{1}{2}\gamma_{\mathrm{sat}}H^2 K_{a3} \qquad (3\text{-}60)$$

式中,主动土压力系数 K_{a3} 的计算式为

$$K_{a3} = \max_{\cot\theta > 0}\frac{\cot\theta(\sin\theta - \cos\theta\tan\varphi') + g\csc\theta\tan\varphi'}{\cos(\theta - \delta) + \sin(\theta - \delta)\tan\varphi'} \qquad (3\text{-}61)$$

主动土压力沿墙高的分布可由式(3-51)沿墙深微分得到,即

$$e_{a3} = K_{a3}\gamma_{\mathrm{sat}}(H - z) \qquad (3\text{-}62)$$

4) 讨论

例3-7　已知墙土界面有效摩擦角为路基填土有效内摩擦角的 1/3,图 3-19 给出了上述三种情况的主动土压力系数随填土有效内摩擦角增大的变化曲线。图 3-19 显示,不同情况的主动土压力系数均随填土有效内摩擦角的增大而减小,对任一确定的填土有效内摩擦角,排水系统完全失效时的主动土压力系数最大,排水系统沿填土底面布置时的主动土压力系数最小。

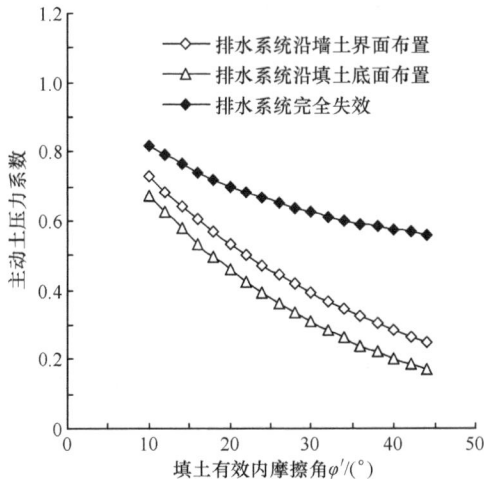

图 3-19　例 3-7 计算结果图($g = 0.5$)

例3-8　已知某路基挡墙高 5m,墙后墙土有效摩擦角为 $30°$,饱和容重为 $20\mathrm{kN/m^3}$,墙土界面摩擦角为 $15°$。

不同情况的主动土压力沿墙深的分布如图 3-20 所示。从图中可以看出,路基排水系统完全失效时的土压力最大,排水系统沿墙土界面布置时的土压力略小于排水系统完全失效时的土压力,排水系统沿填土底面布置时的土压力最小。除路

基挡墙顶外,排水系统沿填土底面布置时的土压力为排水系统完全失效时的48.9%,为排水系统沿填土底面布置时的77.8%。

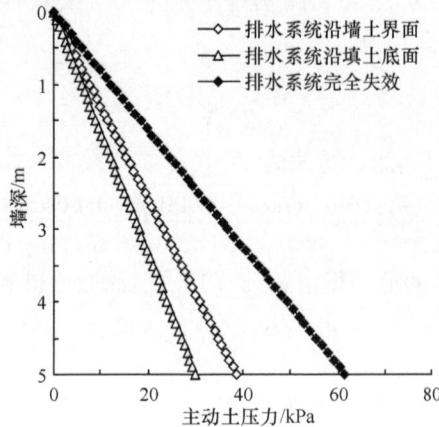

图 3-20　例 3-8 计算结果图

　　可见,在确保路基排水系统有效性的同时,排水系统沿填土底面布置更有利于减小作用于路基挡墙的主动土压力。

3.4.2　路面作用车辆荷载时的主动土压力计算

　　车辆荷载的计算方法同 3.2.2 节 1)。

　　1) 排水系统沿墙土界面布置

　　假定车辆荷载对路基地下水的稳定渗流状态和渗流场函数均没有影响,车辆荷载在路基内引起的孔隙水应力也忽略不计,则路基地下水的稳定渗流场如图 3-2 所示,稳定渗流场流函数表达式见式(3-3)。作用于路基挡墙上的主动土压力计算简图如图 3-21 所示。

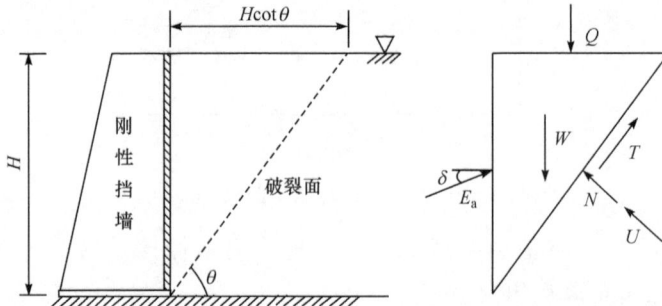

图 3-21　排水系统沿墙土界面布置时的土压力计算图 IV

　　图 3-21 中,土楔重力 W 的计算式同式(3-46)。作用于破裂面上的总孔隙水

压力 U 的计算同式(3-47)和式(3-48)。作用于土楔顶面的总车辆荷载 Q 可由式(3-63)得到

$$Q=qH\cot\theta=\xi W \tag{3-63}$$

式中,ξ 为车辆荷载系数,$\xi=\dfrac{2q}{\gamma_{\text{sat}}H}$。

根据土楔的平衡条件,作用于破裂面上的有效总正应力 N 和剪力 T 分别为

$$\begin{cases} N=E_{\text{a1}}\sin(\theta-\delta)+(W+Q)\cos\theta-U \\ T=-E_{\text{a1}}\cos(\theta-\delta)+(W+Q)\sin\theta \end{cases} \tag{3-64}$$

根据 Mohr-Coulomb 定律,破裂面上的有效总正应力 N 和剪力 T 满足式(3-50)。

式(3-64)代入式(3-50),并考虑式(3-46)～式(3-48)、式(3-63),可得总主动土压力 E_{a1} 的计算式,其形式同式(3-51),但式中主动土压力系数 K_{a1} 的计算式为

$$K_{\text{a1}}=\max_{\cot\theta>0}\frac{\cot\theta(\sin\theta-\cos\theta\tan\varphi')(1+\xi)+g\csc\theta U'\tan\varphi'}{\cos(\theta-\delta)+\sin(\theta-\delta)\tan\varphi'} \tag{3-65}$$

2) 排水系统沿填土底面布置

假定车辆荷载对路基地下水的稳定渗流状态和渗流场函数均没有影响,车辆荷载在路基内引起的孔隙水应力也忽略不计,则路基地下水的稳定渗流场如图 3-3 所示,稳定渗流场流函数表达式见式(3-6)。由式(3-9)可知,路基中任意点的孔隙水应力为 0。作用于路基挡墙上的主动土压力计算简图如图 3-22 所示。

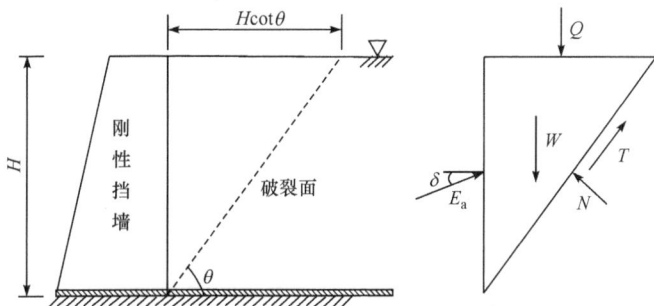

图 3-22　排水系统沿填土底面布置时的土压力计算图 IV

图 3-22 中,土楔的重力 W 计算式同式(3-46),车辆荷载计算式同式(3-63)。

土楔的平衡条件为

$$\begin{cases} N=E_{\text{a2}}\sin(\theta-\delta)+(W+Q)\cos\theta \\ T=-E_{\text{a2}}\cos(\theta-\delta)+(W+Q)\sin\theta \end{cases} \tag{3-66}$$

式中,E_{a2} 为排水系统沿填土底面布置时作用于路基挡墙上的总主动土压力。

破裂面上的有效总正应力 N 和剪力 T 的关系式同式(3-50),则作用于路基挡

墙上的总主动土压力 E_{a2} 的计算式同式(3-55),但式(3-55)中主动土压力系数 K_{a2} 的计算式为

$$K_{a2} = \max_{\cot\theta>0} \frac{\cot\theta(\sin\theta - \cos\theta\tan\varphi')(1+\xi)}{\cos(\theta-\delta) + \sin(\theta-\delta)\tan\varphi'} \qquad (3\text{-}67)$$

3) 排水系统完全失效

假定车辆荷载对路基地下水的稳定渗流状态和渗流场函数均没有影响,车辆荷载在路基内引起的孔隙水应力也忽略不计,则路基地下水处于静止状态。作用于路基挡墙上的主动土压力计算简图如图 3-21 所示。图 3-21 中,土楔的重力 W 计算式同式(3-46)。作用于破裂面上的总孔隙水压力 U 计算式同式(3-59),则作用于路基挡墙上的总主动土压力 E_{a3} 的计算式同式(3-60),但式(3-60)中主动土压力系数 K_{a3} 的计算式为

$$K_{a3} = \max_{\cot\theta>0} \frac{\cot\theta(\sin\theta - \cos\theta\tan\varphi')(1+\xi) + g\csc\theta\tan\varphi'}{\cos(\theta-\delta) + \sin(\theta-\delta)\tan\varphi'} \qquad (3\text{-}68)$$

4) 讨论

例 3-9　已知墙土界面有效摩擦角为路基填土有效内摩擦角的 1/3,图 3-23 给出上述三种情况的主动土压力系数随填土有效内摩擦角增大的变化曲线。图 3-23 显示,不同情况的主动土压力系数均随填土有效内摩擦角的增大而减小,对任一确定的填土有效内摩擦角,排水系统完全失效时的主动土压力系数最大,排水系统沿填土底面布置时的主动土压力系数最小。

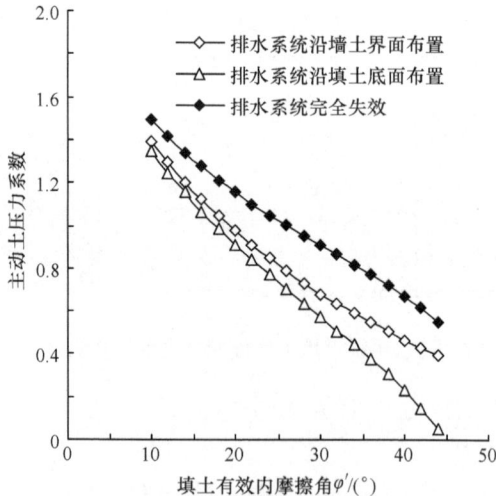

图 3-23　例 3-9 计算结果图($g=0.5$)

例 3-10　已知某路基挡墙高 5m,墙后墙土有效摩擦角为 30°,饱和容重为 20kN/m³,墙土界面摩擦角为 15°,车辆荷载系数为 1.0。

不同情况的主动土压力沿墙高的分布如图 3-24 所示。图中显示，路基排水系统完全失效时的土压力最大，排水系统沿墙土界面布置时的土压力略小于排水系统完全失效时的土压力，排水系统沿填土底面布置时的土压力最小。除路基挡墙顶外，排水系统沿填土底面布置时的土压力为排水系统完全失效时的 63.1%，为排水系统沿填土底面布置时的 85.5%。

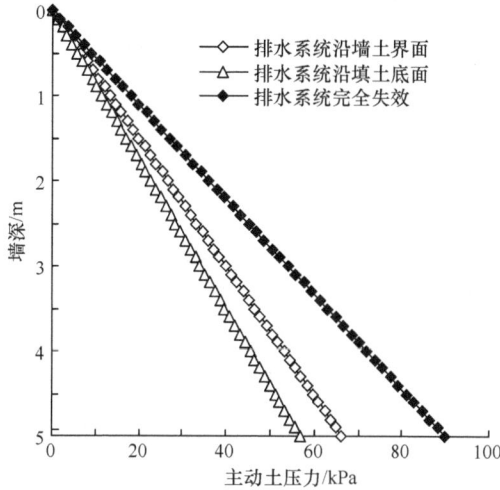

图 3-24　例 3-10 计算结果图

可见，在确保路基排水系统有效性的同时，排水系统沿填土底面布置更有利于减小车辆荷载情况下作用于路基挡墙的主动土压力。

3.4.3　路面无超载作用时的被动土压力计算

1）排水系统沿墙土界面布置

路基地下水的稳定渗流场如图 3-2 所示，稳定渗流场流函数表达式见式(3-3)。作用于路基挡墙上的被动土压力计算简图如图 3-25 所示。

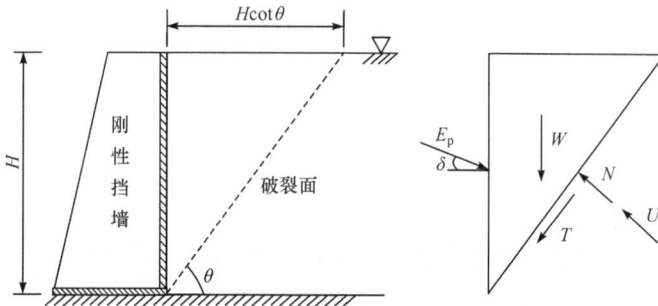

图 3-25　排水系统沿墙土界面布置时的土压力计算图 Ⅴ

图 3-25 中，土楔的重力 W 和作用于破裂面上的总孔隙水压力 U 可分别由式(3-46)和式(3-47)计算得到。

根据土楔的平衡条件，作用于破裂面上的有效总正应力 N 和剪力 T 分别为

$$\begin{cases} N=E_{p1}\sin(\theta+\delta)+W\cos\theta-U \\ T=E_{p1}\cos(\theta+\delta)-W\sin\theta \end{cases} \tag{3-69}$$

式中，E_{p1} 为排水系统沿墙土界面布置时作用于路基挡墙上的总被动土压力。

根据 Mohr-Coulomb 定律，破裂面上的有效总正应力 N 和剪力 T 应满足式(3-50)，则总被动土压力 E_{p1} 的计算式为

$$E_{p1}=\frac{1}{2}\gamma_{sat}H^2K_{p1} \tag{3-70}$$

式中，被动土压力系数 K_{p1} 的计算式为

$$K_{p1}=\min_{0<\theta<\theta^*}\frac{\cot\theta(\sin\theta+\cos\theta\tan\varphi')-g\csc\theta U'\tan\varphi'}{\cos(\theta+\delta)-\sin(\theta+\delta)\tan\varphi'} \tag{3-71}$$

式中

$$\theta^*=\arctan(\cot\varphi)-\delta \tag{3-72}$$

被动土压力沿墙高的分布可由式(3-70)沿墙深微分得到，即

$$e_{p1}=K_{p1}\gamma_{sat}(H-z) \tag{3-73}$$

2) 排水系统沿填土底面布置

路基地下水的稳定渗流场如图 3-3 所示，稳定渗流场流函数表达式见式(3-6)。由式(3-9)可知，路基中任意点的孔隙水应力为 0。作用于路基挡墙上的被动土压力计算简图如图 3-26 所示。

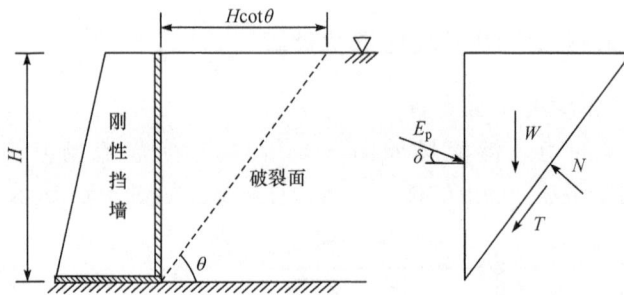

图 3-26　排水系统沿填土底面布置时的土压力计算图 V

图 3-26 中，土楔的重力 W 计算式同式(3-46)。

土楔的平衡条件为

$$\begin{cases} N=E_{p2}\sin(\theta+\delta)+W\cos\theta \\ T=E_{p2}\cos(\theta+\delta)-W\sin\theta \end{cases} \tag{3-74}$$

式中，E_{p2} 为排水系统沿填土底面布置时作用于路基挡墙上的总被动土压力。

破裂面上的有效总正应力 N 和剪力 T 的关系式同式(3-50)，则作用于路基挡墙上的总被动土压力 E_{p2} 的计算式为

$$E_{p2} = \frac{1}{2} \gamma_{sat} H^2 K_{p2} \tag{3-75}$$

式中，被动土压力系数 K_{p2} 的计算式为

$$K_{p2} = \min_{0 < \theta < \theta^*} \frac{\cot\theta(\sin\theta + \cos\theta\tan\varphi')}{\cos(\theta + \delta) - \sin(\theta + \delta)\tan\varphi'} \tag{3-76}$$

由上述土压力的推导过程可知，该土压力系数应与库仑土压力系数相同，即式(3-76)可写为

$$K_{p2} = \frac{\cos^2\varphi'}{\cos\delta \left[1 - \sqrt{\dfrac{\sin(\varphi' + \delta)\sin\varphi'}{\cos\delta}} \right]^2} \tag{3-77}$$

被动土压力沿墙高的分布可由式(3-75)沿墙深微分得到，即

$$e_{p2} = K_{p2} \gamma_{sat} (H - z) \tag{3-78}$$

3) 排水系统完全失效

路基地下水处于静止状态。作用于路基挡墙上的被动土压力计算简图如图 3-25 所示。图 3-25 中，土楔的重力 W 计算式同式(3-46)，作用于破裂面上的总孔隙水压力 U 可由式(3-59)得到，则作用于路基挡墙上的总被动土压力 E_{p3} 的计算式为

$$E_{p3} = \frac{1}{2} \gamma_{sat} H^2 K_{p3} \tag{3-79}$$

式中，被动土压力系数 K_{p3} 的计算式为

$$K_{p3} = \min_{0 < \theta < \theta^*} \frac{\cot\theta(\sin\theta + \cos\theta\tan\varphi') - g\csc\theta\tan\varphi'}{\cos(\theta + \delta) - \sin(\theta + \delta)\tan\varphi'} \tag{3-80}$$

被动土压力沿墙高的分布可由式(3-79)沿墙深微分得到，即

$$e_{p3} = K_{p3} \gamma_{sat} (H - z) \tag{3-81}$$

4) 讨论

例 3-11　已知墙土界面有效摩擦角为路基填土有效内摩擦角的 1/3，图 3-27 给出上述三种情况的被动土压力系数随填土有效内摩擦角增大的变化曲线。图 3-27 显示，不同情况的被动土压力系数均随填土有效内摩擦角的增大而增大，对任一确定的填土有效内摩擦角，排水系统完全失效时的被动土压力系数最小，排水系统沿填土底面布置时的被动土压力系数最大。

例 3-12　已知条件同例 3-8。

不同情况的被动土压力沿墙深的分布如图 3-28 所示。从图 3-28 可以看出，

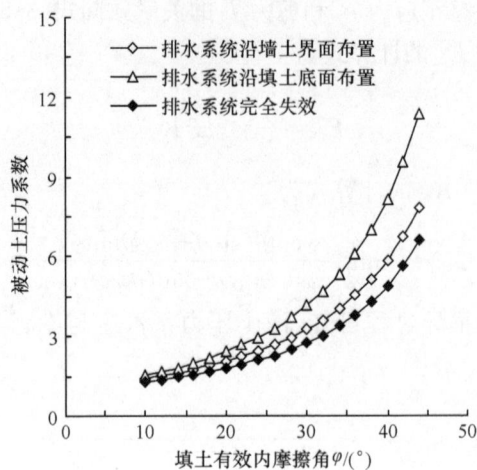

图 3-27　例 3-11 计算结果图($g=0.5$)

路基排水系统沿填土底面布置时的被动土压力最大,排水系统完全失效时的被动土压力最小,排水系统沿墙土界面布置时的被动土压力居中。除路基挡墙顶外,排水系统沿填土底面布置时的土压力为排水系统完全失效时的 153.2%,为排水系统沿填土底面布置时的 130.1%。

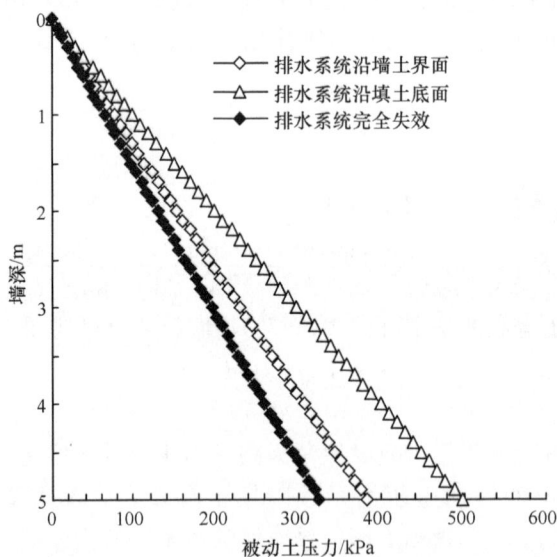

图 3-28　例 3-12 计算结果图

可见,在确保路基排水系统有效性的同时,排水系统沿填土底面布置更有利于增大作用于路基挡墙的被动土压力。

3.5　动主动土压力计算

动土压力的计算是土力学中的前沿课题,也是当前的研究热点课题,代表性的研究文献为[20]～[30]。在前人的研究中,很少考虑地下水的渗流状态。对于沿河路基而言,由于地表水与地下水间存在水力联系,在地震力作用时,路基中很有可能存在地下水,地下水更可能处于渗流状态,因此,沿河路基动土压力的计算中应考虑地下水的渗流状态。

地下水的存在使动土压力的计算更为复杂,而且地下水的渗流状态对动土压力的大小和分布也是有影响的。本节基于拟静力法和 Coulomb 土压力理论的基本假定,推求沿河路基动主动土压力的计算方法。

3.5.1　动主动土压力计算的文献方法

1992 年,Ebeling 和 Morrison[4]研究了地下水稳定渗流条件下的动土水压力的计算问题,这里称为 Ebeling-Morrison 法。本节按照该方法的基本假定和基本思路推求作用于沿河路基挡墙上的动主动土压力的计算理论。

基本假定为:填土为均质无黏性土;地震力可用拟静力法近似计算,即可用水平地震力系数 k_h 和竖直地震力系数 k_v 表示;Coulomb 土压力理论的基本假定成立,即土体达到主动极限平衡状态时,土体内将产生过墙踵的破裂面,且破裂面为平面,破裂面和墙土界面间的土楔体可视为刚体;地震力引起的超静孔隙水压力可按以下两种方法计算,即动孔隙水压力按式(3-11)计算(方法 1);动孔隙水压力按式(3-12)计算(方法 2)。

1) 排水系统沿墙土界面布置

计算简图如图 3-29 所示。破裂面和墙土界面组成的土体楔体按刚体考虑。作用于该土楔的各力计算如下:

(1) 重力 W。

$$W = \frac{1}{2} \gamma_{sat} H^2 \cot\theta \tag{3-82}$$

式中,γ_{sat} 为填土饱和容重;H 为挡墙高度;θ 为破裂面倾角。

(2) 水平向地震力 Q_h。

$$Q_h = k_h W \tag{3-83}$$

式中,k_h 为水平地震力系数。

(3) 竖直向地震力 Q_v。

$$Q_v = k_v W \tag{3-84}$$

式中,k_v 为垂直地震力系数。

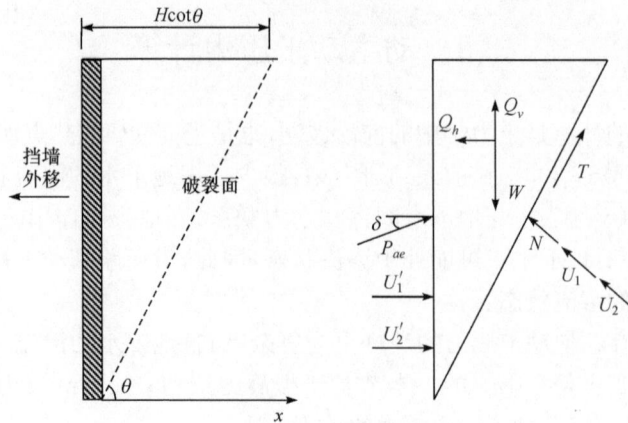

图 3-29　动主动土压力计算简图 1

（4）由于渗流引起的作用于滑裂面的总孔隙水压力 U_1。

$$U_1 = \int_0^H u(z\cot\theta, z)\csc\theta\,\mathrm{d}z = g\,\frac{\csc\theta}{\cot\theta}U''W \tag{3-85}$$

式中，g 为水土容重比，即 $g = \dfrac{\gamma_{\mathrm{w}}}{\gamma_{\mathrm{sat}}}$；且

$$U'' = 1 - \sum_{m=0}^{+\infty} \frac{4\sin^2\theta\,\mathrm{e}^{-\cot\theta M}}{M^3}(\cot\theta\,\mathrm{e}^{\cot\theta M} - \cot\theta\cos M + \sin M) \tag{3-86}$$

（5）由于渗流引起的作用于墙土界面的总孔隙水压力 U_1'。

$$U_1' = \int_0^H u(z)\,\mathrm{d}z = 0 \tag{3-87}$$

（6）由于地震作用引起的作用于滑裂面的总孔隙水压力 U_2。

方法 1。地震前土体中某点的竖向有效应力 σ_{v}' 为

$$\sigma_{\mathrm{v}}' = \gamma_{\mathrm{sat}}(H-z) - \gamma_{\mathrm{w}}\left[H\left(1 - \sum_{m=0}^{+\infty}\frac{2}{M^2}\mathrm{e}^{-\frac{Mz}{H}}\cos\frac{Mz}{H}\right) - z\right] \tag{3-88}$$

式（3-88）代入式（3-11）得地震力引起的超静孔隙水压力为

$$\Delta u(x,z) = r_{\mathrm{u}}\left\{\gamma_{\mathrm{sat}}(H-z) - \gamma_{\mathrm{w}}\left[H\left(1 - \sum_{m=0}^{+\infty}\frac{2}{M^2}\mathrm{e}^{-\frac{Mz}{H}}\cos\frac{Mz}{H}\right) - z\right]\right\} \tag{3-89}$$

式（3-89）沿破裂面积分，可得由于地震作用引起的作用于滑裂面的总孔隙水压力 U_2 为

$$U_2 = \int_0^H \Delta u(z\cot\theta, z)\csc\theta\,\mathrm{d}z = (r_{\mathrm{u}} - gU'')\frac{\csc\theta}{\cot\theta}W \tag{3-90}$$

方法 2。式（3-12）沿破裂面积分，可得由于地震作用引起的作用于滑裂面的

总孔隙水压力 U_2 为

$$U_2 = \int_0^H \Delta u \csc\theta \mathrm{d}z = \frac{7k_\mathrm{h}g\csc\theta}{6\cot\theta}W \tag{3-91}$$

（7）作用于墙土界面的由于地震作用引起的总孔隙水压力 U_2'。

方法 1。式(3-89)沿墙土界面积分，可得由于地震作用引起的作用于墙土界面的总孔隙水压力 U_2' 为

$$U_2' = \int_0^H \Delta u(0,z)\mathrm{d}z = \frac{r_\mathrm{u}}{\cot\theta}W \tag{3-92}$$

方法 2。式(3-12)沿墙土界面积分，可得由于地震作用引起的作用于墙土界面的总孔隙水压力 U_2' 为

$$U_2' = \int_0^H \Delta u \mathrm{d}z = \frac{7k_\mathrm{h}g}{6\cot\theta}W \tag{3-93}$$

（8）土楔体静力平衡条件。

$$\begin{cases} N = P_\mathrm{ae}\sin(\theta-\delta) + (W-Q_\mathrm{v})\cos\theta + (U_1'+U_2'-Q_\mathrm{h})\sin\theta - U_1 - U_2 \\ T = -P_\mathrm{ae}\cos(\theta-\delta) + (W-Q_\mathrm{v})\sin\theta - (U_1'+U_2'-Q_\mathrm{h})\cos\theta \end{cases} \tag{3-94}$$

式中，N 为作用于滑裂面的总法向力；T 为作用于滑裂面的总切向力；P_ae 为有效动主动土压力；δ 为墙土界面摩擦角。

（9）土楔体极限平衡条件。

$$T = N\tan\varphi' \tag{3-95}$$

式中：φ' 为填土有效内摩擦角。

（10）动主动土压力计算。

方法 1。式(3-94)代入式(3-95)，并考虑式(3-82)～式(3-84)、式(3-85)、式(3-87)、式(3-90)和式(3-92)，可得有效动主动土压力的计算式为

$$P_\mathrm{ae41} = \frac{1}{2}\gamma_\mathrm{sat}H^2 K_\mathrm{a41} \tag{3-96}$$

式中，P_ae41 为用方法 1 计算的有效动主动土压力；K_a41 为用方法 1 计算时的动主动土压力系数，根据式(3-97)计算：

$$\begin{aligned} K_\mathrm{a41} = \frac{1}{\sin(\theta-\delta)\tan\varphi' + \cos(\theta-\delta)} & \{(1-k_\mathrm{v})(\sin\theta - \cos\theta\tan\varphi')\cot\theta \\ & - (r_\mathrm{u} - k_\mathrm{h}\cot\theta)(\cos\theta + \sin\theta\tan\varphi') + r_\mathrm{u}\csc\theta\tan\varphi'\} \end{aligned} \tag{3-97}$$

则作用于挡墙墙背的水平总动土水压力为

$$P_\mathrm{ax41} = P_\mathrm{ae41}\cos\delta + U_1' + U_2' \tag{3-98}$$

式中，P_ax41 为用方法 1 计算的作用于挡墙墙背的水平总动土水压力。

式(3-87)、式(3-92)、式(3-96)代入式(3-98)，得

$$P_\mathrm{ax41} = \frac{1}{2}\gamma_\mathrm{sat}H^2(K_\mathrm{a41}\cos\delta + r_\mathrm{u}) \tag{3-99}$$

方法 2。式(3-93)代入式(3-95)，并考虑式(3-82)～式(3-85)、式(3-87)、式(3-90)和式(3-93)，可得有效动主动土压力的计算式为

$$P_{ae42} = \frac{1}{2}\gamma_{sat}H^2 K_{a42} \tag{3-100}$$

式中，P_{ae42}为方法 2 计算的有效动主动土压力；K_{a42}为方法 2 计算时的动主动土压力系数，由式(3.101)计算：

$$K_{a42} = \frac{1}{\sin(\theta-\delta)\tan\varphi' + \cos(\theta-\delta)}\Big[(1-k_v)(\sin\theta - \cos\theta\tan\varphi')\cot\theta$$

$$-k_h\Big(\frac{7}{6}g - \cot\theta\Big)(\cos\theta + \sin\theta\tan\varphi') + g\Big(\frac{7}{6}k_h + U''\Big)\csc\theta\tan\varphi'\Big] \tag{3-101}$$

则作用于挡墙墙背的水平总动土水压力为

$$P_{ax42} = P_{ae42}\cos\delta + U_1' + U_2' \tag{3-102}$$

式中，P_{ax42}为方法 2 计算的作用于挡墙墙背的水平总动土水压力。

式(3-87)、式(3-93)、式(3-100)代入式(3-102)，得

$$P_{ax42} = \frac{1}{2}\gamma_{sat}H^2\Big(K_{a42}\cos\delta + \frac{7k_h g}{6}\Big) \tag{3-103}$$

2) 排水系统沿填土底面布置

计算简图如图 3-29 所示。作用于图中破裂面和墙土界面组成的土体楔体的各力计算如下：

(1) 重力 W 计算式同式(3-82)。

(2) 水平向地震力 Q_h 计算式同式(3-83)。

(3) 竖直向地震力 Q_v 计算式同式(3-84)。

(4) 由于渗流引起的作用于滑裂面的总孔隙水压力 U_1。

$$U_1 = \int_0^H u(z)\csc\theta dz = g(1-i)\frac{\csc\theta}{\cot\theta}W \tag{3-104}$$

式中，i 为水力坡降。

(5) 由于渗流引起的作用于墙土界面的总孔隙水压力 U_1'。

$$U_1' = \int_0^H u(z)dz = \frac{g(1-i)}{\cot\theta}W \tag{3-105}$$

(6) 由于地震作用引起的作用于滑裂面的总孔隙水压力 U_2。

方法 1。地震前土体中某点的竖向有效应力 σ_v' 为

$$\sigma_v' = [\gamma_{sat} - \gamma_w(1-i)](H-z) \tag{3-106}$$

式(3-106)代入式(3-11)得地震力引起的超静孔隙水压力为

$$\Delta u = r_u[\gamma_{sat} - \gamma_w(1-i)](H-z) \tag{3-107}$$

式(3-107)沿破裂面积分，可得由于地震作用引起的作用于滑裂面的总孔隙

水压力 U_2 为

$$U_2 = \int_0^H \Delta u \csc\theta \mathrm{d}z = \frac{r_{\mathrm{u}}[1-g(1-i)]\csc\theta}{\cot\theta}W \qquad (3\text{-}108)$$

方法 2。由于地震作用引起的作用于滑裂面的总孔隙水压力 U_2 的计算式同式(3-91)。

(7) 由于地震作用引起的作用于墙土界面的总孔隙水压力 U_2'。

方法 1。式(3-107)沿墙土界面积分,可得作用于墙土界面的由于地震作用引起的总孔隙水压力 U_2' 为

$$U_2' = \int_0^H \Delta u \mathrm{d}z = \frac{r_{\mathrm{u}}[1-g(1-i)]}{\cot\theta}W \qquad (3\text{-}109)$$

方法 2。由于地震作用引起的作用于墙土界面的总孔隙水压力 U_2' 的计算式同式(3-93)。

(8) 土楔体静力平衡条件同式(3-94)。

(9) 土楔体极限平衡条件同式(3-95)。

(10) 动主动土压力计算。

方法 1。式(3-94)代入式(3-95),并考虑式(3-82)～式(3-84)、式(3-104)、式(3-105)、式(3-108)和式(3-109),可得有效动主动土压力的计算式为

$$P_{\mathrm{ae}21} = \frac{1}{2}\gamma_{\mathrm{sat}}H^2 K_{\mathrm{a}21} \qquad (3\text{-}110)$$

式中,$P_{\mathrm{ae}21}$ 为方法 1 计算的有效动主动土压力;$K_{\mathrm{a}21}$ 为方法 1 计算时的动主动土压力系数,根据式(3-111)计算:

$$\begin{aligned}
K_{\mathrm{a}21} = {}&\frac{1}{\sin(\theta-\delta)\tan\varphi'+\cos(\theta-\delta)}\{(1-k_{\mathrm{v}})(\sin\theta-\cos\theta\tan\varphi')\cot\theta \\
&+(\csc\theta\tan\varphi'-\cos\theta-\sin\theta\tan\varphi')[g(1-i)(1-r_{\mathrm{u}})+r_{\mathrm{u}}] \\
&+k_{\mathrm{h}}\cot\theta(\cos\theta+\sin\theta\tan\varphi')\}
\end{aligned} \qquad (3\text{-}111)$$

则作用于挡墙墙背的水平总动土水压力为

$$P_{\mathrm{ax}21} = P_{\mathrm{ae}21}\cos\delta+U_1'+U_2' \qquad (3\text{-}112)$$

式中,$P_{\mathrm{ax}21}$ 为方法 1 计算的作用于挡墙墙背的水平总动土水压力。

式(3-105)、式(3-109)、式(3-110)代入式(3-112),得

$$P_{\mathrm{ax}21} = \frac{1}{2}\gamma_{\mathrm{sat}}H^2[K_{\mathrm{a}21}\cos\delta+g(1-i)(1-r_{\mathrm{u}})+r_{\mathrm{u}}] \qquad (3\text{-}113)$$

方法 2。式(3-94)代入式(3-95),并考虑式(3-82)～式(3-84)、式(3-104)、式(3-105)、式(3-90)和式(3-92),可得有效动主动土压力的计算式为

$$P_{\mathrm{ae}22} = \frac{1}{2}\gamma_{\mathrm{sat}}H^2 K_{\mathrm{a}22} \qquad (3\text{-}114)$$

式中，P_{ae22} 为方法 2 计算的有效动主动土压力；K_{a22} 为方法 2 计算时的动主动土压力系数，根据式(3-115)计算：

$$K_{a22} = \frac{1}{\sin(\theta-\delta)\tan\varphi' + \cos(\theta-\delta)} \{(1-k_v)(\sin\theta - \cos\theta\tan\varphi')\cot\theta$$

$$+ g(\csc\theta\tan\varphi' - \cos\theta - \sin\theta\tan\varphi')\left(1-i+\frac{7}{6}k_h\right)$$

$$+ k_h\cot\theta(\cos\theta + \sin\theta\tan\varphi')\} \tag{3-115}$$

则作用于挡墙墙背的水平总动土水压力为

$$P_{ax22} = P_{ae22}\cos\delta + U_1' + U_2' \tag{3-116}$$

式中，P_{ax22} 为方法 2 计算的作用于挡墙墙背的水平总动土水压力。

式(3-105)、式(3-93)、式(3-94)代入式(3-116)，得

$$P_{ax22} = \frac{1}{2}\gamma_{sat}H^2\left[K_{a22}\cos\delta + g(1-i) + \frac{7k_hg}{6}\right] \tag{3-117}$$

3) 排水系统完全失效

作用于图中破裂面和墙土界面组成的土体楔体的各力计算如下：

(1) 重力 W 计算式同式(3-82)。

(2) 水平向地震力 Q_h 计算式同式(3-83)。

(3) 竖直向地震力 Q_v 计算式同式(3-84)。

(4) 由于渗流引起的作用于滑裂面的总孔隙水压力 U_1。

$$U_1 = \int_0^H u(z)\csc\theta dz = g\frac{\csc\theta}{\cot\theta}W \tag{3-118}$$

(5) 由于渗流引起的作用于墙土界面的总孔隙水压力 U_1'。

$$U_1' = \int_0^H u(z)dz = \frac{g}{\cot\theta}W \tag{3-119}$$

(6) 由于地震作用引起的作用于滑裂面的总孔隙水压力 U_2。

方法 1。地震前土体中某点的竖向有效应力 σ_v' 为

$$\sigma_v' = (\gamma_{sat} - \gamma_w)(H-z) \tag{3-120}$$

式(3-120)代入式(3-11)得地震力引起的超静孔隙水压力为

$$\Delta u = r_u(\gamma_{sat} - \gamma_w)(H-z) \tag{3-121}$$

式(3-121)沿破裂面积分，可得由于地震作用引起的作用于滑裂面的总孔隙水压力 U_2 为

$$U_2 = \int_0^H \Delta u\csc\theta dz = \frac{r_u(1-g)\csc\theta}{\cot\theta}W \tag{3-122}$$

方法 2。由于地震作用引起的作用于滑裂面的总孔隙水压力 U_2 的计算式同式(3-91)。

（7）由于地震作用引起的作用于墙土界面的总孔隙水压力 U_2'。

方法 1。式（3-121）沿墙土界面积分，可得由于地震作用引起的作用于墙土界面的总孔隙水压力 U_2' 为

$$U_2' = \int_0^H \Delta u \, \mathrm{d}z = \frac{r_u(1-g)}{\cot\theta} W \tag{3-123}$$

方法 2。由于地震作用引起的作用于墙土界面的总孔隙水压力 U_2' 同式（3-93）。

（8）土楔体静力平衡条件同式（3-94）。

（9）土楔体极限平衡条件同式（3-95）。

（10）动主动土压力计算。

方法 1。式（3-94）代入式（3-95），并考虑式（3-82）～式（3-84）、式（3-118）、式（3-119）、式（3-122）和式（3-123），可得有效动主动土压力的计算式为

$$P_{ae11} = \frac{1}{2} \gamma_{sat} H^2 K_{a11} \tag{3-124}$$

式中，P_{ae11} 为方法 1 计算的有效动主动土压力；K_{a11} 为方法 1 计算时的动主动土压力系数，根据式（3-125）计算：

$$\begin{aligned}
K_{a11} = \frac{1}{\sin(\theta-\delta)\tan\varphi' + \cos(\theta-\delta)} & \{ (1-k_v)(\sin\theta-\cos\theta\tan\varphi')\cot\theta \\
& + (\csc\theta\tan\varphi'-\cos\theta-\sin\theta\tan\varphi')[g(1-r_u)+r_u] \\
& + k_h\cot\theta(\cos\theta+\sin\theta\tan\varphi') \}
\end{aligned} \tag{3-125}$$

则作用于挡墙墙背的水平总动土水压力为

$$P_{ax11} = P_{ae11}\cos\delta + U_1' + U_2' \tag{3-126}$$

式中，P_{ax11} 为方法 1 计算的作用于挡墙墙背的水平总动土水压力。

式（3-119）、式（3-121）、式（3-123）代入式（3-126），得

$$P_{ax11} = \frac{1}{2} \gamma_{sat} H^2 [K_{a11}\cos\delta + g + r_u(1-g)] \tag{3-127}$$

方法 2。式（3-94）代入式（3-95），并考虑式（3-82）～式（3-84）、式（3-118）、式（3-119）、式（3-90）和式（3-93），可得有效动主动土压力的计算式为

$$P_{ae12} = \frac{1}{2} \gamma_{sat} H^2 K_{a12} \tag{3-128}$$

式中，P_{ae12} 为方法 2 计算的有效动主动土压力；K_{a12} 为方法 2 计算时的动主动土压力系数，根据式（3-129）计算：

$$\begin{aligned}
K_{a12} = \frac{1}{\sin(\theta-\delta)\tan\varphi' + \cos(\theta-\delta)} & \Big\{ (1-k_v)(\sin\theta-\cos\theta\tan\varphi')\cot\theta \\
& + g(\csc\theta\tan\varphi'-\cos\theta-\sin\theta\tan\varphi')\Big(1+\frac{7}{6}k_h\Big)
\end{aligned}$$

$$+k_h\cot\theta(\cos\theta+\sin\theta\tan\varphi')\Big\} \tag{3-129}$$

则作用于挡墙墙背的水平总动土水压力为

$$P_{\text{ax}12}=P_{\text{ae}12}\cos\delta+U_1'+U_2' \tag{3-130}$$

式中，$P_{\text{ax}12}$为方法 2 计算的作用于挡墙墙背的水平总动土水压力。

式(3-93)、式(3-119)、式(3-128)代入式(3-130)，得

$$P_{\text{ax}12}=\frac{1}{2}\gamma_{\text{sat}}H^2\Big(K_{\text{a}12}\cos\delta+g+\frac{7k_{\text{h}}g}{6}\Big) \tag{3-131}$$

3.5.2 动主动土压力计算的新方法

基本假定为：①填土为均质无黏性土；②地震力可用拟静力法近似计算，即可用水平地震力系数 k_{h} 和竖直地震力系数 k_{v} 表示；③Coulomb 土压力理论的基本假定成立，即土体达到主动极限平衡状态时，土体内将产生过墙踵的破裂面，且破裂面为平面，破裂面和墙土界面间的土楔体可视为刚体；④地震力引起的超静孔隙水压力可按式(3-15)计算。

1) 排水系统沿墙土界面布置

计算简图如图 3-30 所示。作用于图中破裂面和墙土界面组成的土体楔体的各力计算如下：

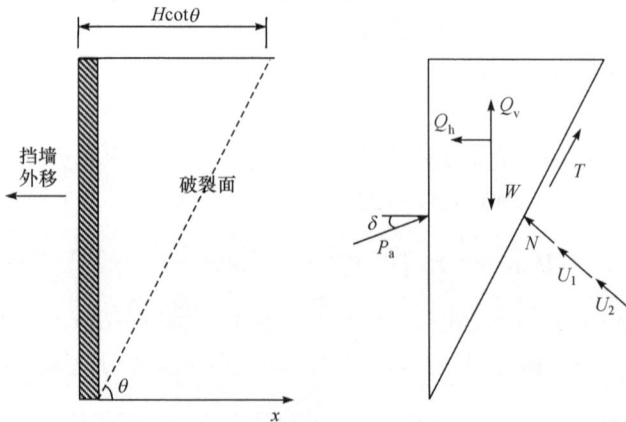

图 3-30 动主动土压力计算简图 2

(1) 重力 W 计算式同式(3-82)。

(2) 水平向地震力 Q_{h} 计算式同式(3-83)。

(3) 竖直向地震力 Q_{v} 计算式同式(3-84)。

(4) 由于渗流引起的作用于滑裂面的总孔隙水压力 U_1 计算式同式(3-85)。

(5) 由于地震作用引起的作用于滑裂面的总孔隙水压力 U_2 为

$$U_2 = \int_0^H \Delta u \csc\theta \mathrm{d}z = \frac{2U'}{H} \frac{\csc\theta}{\cot\theta} W \tag{3-132}$$

式中

$$U' = \beta \frac{(k_{\mathrm{h}} + k_{\mathrm{v}})(1 + \nu)}{3} + \sqrt{2}\alpha \sqrt{(k_{\mathrm{h}} + k_{\mathrm{v}})^2 (\nu^2 - \nu + 1) - 3k_{\mathrm{h}} k_{\mathrm{v}}} \tag{3-133}$$

（6）土楔体静力平衡条件。

$$\begin{cases} N = P_{\mathrm{a}} \sin(\theta - \delta) + (W - Q_{\mathrm{v}})\cos\theta - Q_{\mathrm{h}}\sin\theta - U_1 - U_2 \\ T = -P_{\mathrm{a}} \cos(\theta - \delta) + (W - Q_{\mathrm{v}})\sin\theta + Q_{\mathrm{h}}\cos\theta \end{cases} \tag{3-134}$$

式中，P_{a} 为动主动土压力。

（7）土楔体极限平衡条件，同式（3-95）。

（8）动主动土压力计算

式（3-134）代入式（3-95），并考虑式（3-82）～式（3-85）和式（3-132），可得动主动土压力的计算式为

$$P_{\mathrm{a4}} = \frac{1}{2} \gamma_{\mathrm{sat}} H^2 K_{\mathrm{a41}} + \gamma_{\mathrm{sat}} H K_{\mathrm{a42}} \tag{3-135}$$

式中，P_{a4} 为动主动土压力；K_{a41} 和 K_{a42} 为动主动土压力系数，根据式（3-136）计算：

$$\begin{cases} K_{\mathrm{a41}} = \dfrac{1}{\cos(\theta - \delta) + \sin(\theta - \delta)\tan\varphi'} \big[\cot\theta(\sin\theta - \cos\theta\tan\varphi')(1 - k_{\mathrm{v}}) \\ \qquad\qquad + k_{\mathrm{h}}\cot\theta(\cos\theta + \sin\theta\tan\varphi') + gU''\csc\theta\tan\varphi'\big] \\ K_{\mathrm{a42}} = \dfrac{U'\csc\theta\tan\varphi'}{\cos(\theta - \delta) + \sin(\theta - \delta)\tan\varphi'} \end{cases} \tag{3-136}$$

2）排水系统沿填土底面布置

计算简图如图 3-30 所示。破裂面和墙土界面组成的土体楔体按刚体考虑。作用于该土楔的各力计算如下：

（1）重力 W 计算式同式（3-82）。

（2）水平向地震力 Q_{h} 计算式同式（3-83）。

（3）竖直向地震力 Q_{v} 计算式同式（3-84）。

（4）由于渗流引起的作用于滑裂面的总孔隙水压力 U_1 计算式同式（3-85）。

（5）由于地震作用引起的作用于滑裂面的总孔隙水压力 U_2 计算式同式（3-132）。

（6）土楔体静力平衡条件同式（3-134）。

（7）土楔体极限平衡条件同式（3-95）。

（8）动主动土压力计算。

式（3-134）代入式（3-95），并考虑式（3-82）～式（3-84）、式（3-104）和式（3-132），可得动主动土压力的计算式为

$$P_{a2} = \frac{1}{2}\gamma_{sat}H^2 K_{a21} + \gamma_{sat}HK_{a22} \tag{3-137}$$

式中，P_{a2} 为动主动土压力；K_{a21} 和 K_{a22} 为动主动土压力系数，根据式(3-138)计算：

$$\begin{cases} K_{a21} = \dfrac{1}{\cos(\theta-\delta)+\sin(\theta-\delta)\tan\varphi'}[\cot\theta(\sin\theta-\cos\theta\tan\varphi')(1-k_v) \\ \qquad\quad + k_h\cot\theta(\cos\theta+\sin\theta\tan\varphi') + g(1-i)\csc\theta\tan\varphi'] \\ K_{a22} = \dfrac{U'\csc\theta\tan\varphi'}{\cos(\theta-\delta)+\sin(\theta-\delta)\tan\varphi'} \end{cases} \tag{3-138}$$

3) 排水系统完全失效

计算简图如图 3-30 所示。破裂面和墙土界面组成的土体楔体按刚体考虑。作用于该土楔的各力计算如下：

(1) 重力 W 计算式同式(3-82)。

(2) 水平向地震力 Q_h 计算式同式(3-83)。

(3) 竖直向地震力 Q_v 计算式同式(3-84)。

(4) 由于渗流引起的作用于滑裂面的总孔隙水压力 U_1 计算式同式(3-85)。

(5) 由于地震作用引起的作用于滑裂面的总孔隙水压力 U_2 计算式同式(3-132)。

(6) 土楔体静力平衡条件同式(3-134)。

(7) 土楔体极限平衡条件同式(3-95)。

(8) 动主动土压力计算

式(3-134)代入式(3-95)，并考虑式(3-82)～式(3-85)、式(3-132)和式(3-133)，可得动主动土压力的计算式为

$$P_{a1} = \frac{1}{2}\gamma_{sat}H^2 K_{a11} + \gamma_{sat}HK_{a12} \tag{3-139}$$

式中，P_{a1} 为动主动土压力；K_{a11} 和 K_{a12} 为动主动土压力系数，根据式(3-140)计算：

$$\begin{cases} K_{a11} = \dfrac{1}{\cos(\theta-\delta)+\sin(\theta-\delta)\tan\varphi'}[\cot\theta(\sin\theta-\cos\theta\tan\varphi')(1-k_v) \\ \qquad\quad + k_h\cot\theta(\cos\theta+\sin\theta\tan\varphi') + g\csc\theta\tan\varphi'] \\ K_{a12} = \dfrac{U'\csc\theta\tan\varphi'}{\cos(\theta-\delta)+\sin(\theta-\delta)\tan\varphi'} \end{cases} \tag{3-140}$$

3.5.3　讨论

为了便于比较分析，假定某挡墙的墙高 $H=5.0\mathrm{m}$，墙后填土的有效内摩擦角 $\varphi'=35°$，饱和容重 $\gamma_{sat}=19.6\mathrm{kN/m^3}$，墙土界面摩擦角 $\delta=17.5°$。不同条件下、不同计算方法得到的水平向总动主动土压力见表 3-1～表 3-3。

表 3-1　排水系统沿墙土界面布置时不同方法计算的水平向总动主动土压力

（单位：kN/m）

k_h	k_v	Ebeling-Morrison 方法 1(r_u=0.1)	Ebeling-Morrison 方法 2	本节方法 (α=0.75,β=1.0,v=0.5,g=0.5)
0	0	76.25	77.71	77.71
0.1	0	90.30	109.59	108.60
0.1	0.05	87.55	107.83	105.27
0.1	0.1	84.79	106.34	102.04

表 3-2　排水系统沿填土底面布置时不同方法计算的水平向总动主动土压力

（单位：kN/m）

i	k_h	k_v	Ebeling-Morrison 方法 1(r_u=0.1)	Ebeling-Morrison 方法 2	本节方法 (α=0.75,β=1.0, v=0.5,g=0.5)
0.2	0	0	143.75	132.50	121.58
0.2	0.1	0	159.09	158.76	151.53
0.2	0.1	0.05	156.57	156.24	148.09
0.2	0.1	0.1	154.15	153.82	144.81
0.4	0.0	0	126.88	113.75	105.18
0.4	0.1	0	141.74	139.50	132.60
0.4	0.1	0.05	139.10	136.86	128.79
0.4	0.1	0.1	136.53	134.26	125.05

表 3-3　排水系统完全失效时不同方法计算的水平向总动主动土压力

（单位：kN/m）

k_h	k_v	Ebeling-Morrison 方法 1(r_u=0.1)	Ebeling-Morrison 方法 2	本节方法 (α=0.75,β=1.0,v=0.5,g=0.5)
0	0	160.63	151.25	138.43
0.1	0	176.68	178.32	172.24
0.1	0.05	174.38	176.06	169.56
0.1	0.1	172.31	174.03	167.29

　　由表 3-1～表 3-3 可知，不同方法计算的水平向总动主动土压力的差别不是很大，特别是本节方法与 Ebeling-Morrison 方法 2 计算结果的差别很小，表明本节提出的动主动土压力的计算方法是合理的。尽管如此，但表中显示不同方法计算结果的差别有时达到不可忽略的程度，就其原因有以下两点：

（1）不同方法对地震力引起的超静孔隙水压力的计算方法不同。在本节方法中，假定超静孔隙水压力可同时由水平地震力和垂直地震力引起；而在 Ebeling-Morrison 方法中，假定超静孔隙水压力仅由水平地震力引起。

（2）不同计算方法对动主动土压力的方向假定不同。在本节方法中，对作用于墙背的土压力和水压力不进行区分，用一个综合的动主动土压力表示其大小，并假定该动主动土压力与墙背法线方向的夹角为墙土界面摩擦角；而在 Ebeling-Morrison 方法中，将作用于墙背的力分为有效动主动土压力、渗流引起的水压力和地震力引起的水压力三部分，并假定有效动主动土压力与墙背法线方向的夹角为墙土界面摩擦角。

为了进一步分析不同计算方法的差异，图 3-31～图 3-33 分别给出不同条件、不同计算方法的水平向动土压力沿墙高的分布。

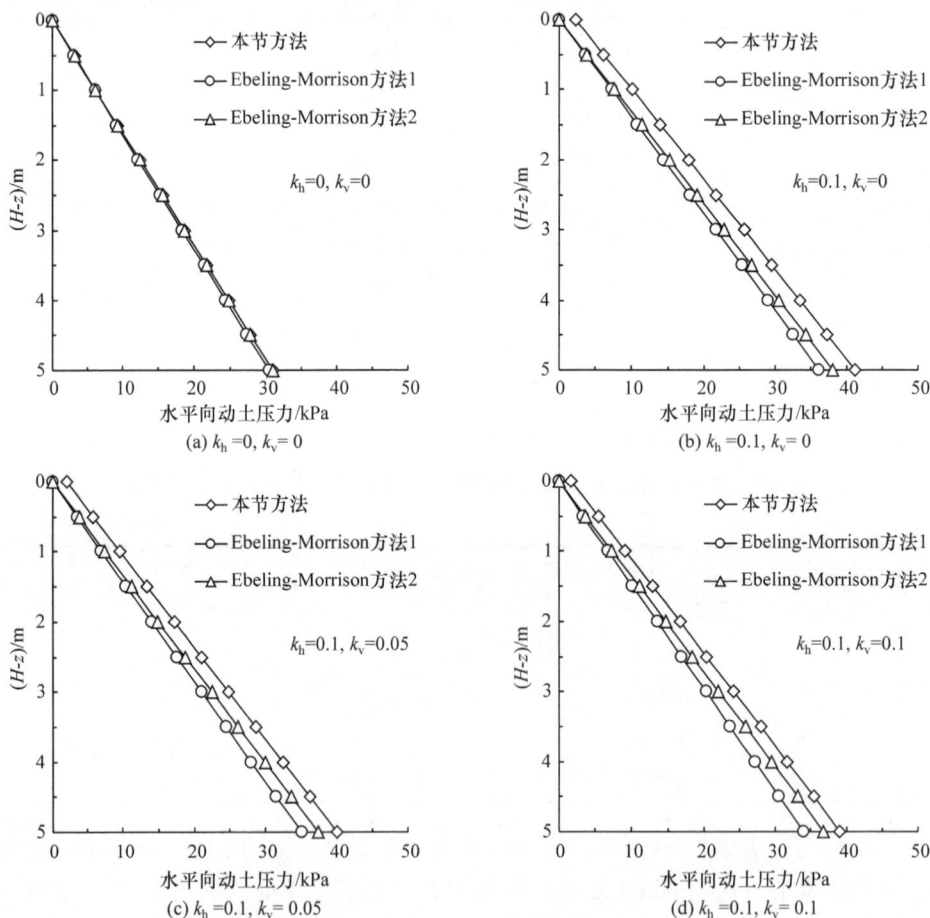

(a) $k_h=0$, $k_v=0$　　　　　　　　(b) $k_h=0.1$, $k_v=0$

(c) $k_h=0.1$, $k_v=0.05$　　　　　(d) $k_h=0.1$, $k_v=0.1$

图 3-31　排水系统沿墙土界面布置的水平向动主动土压力分布

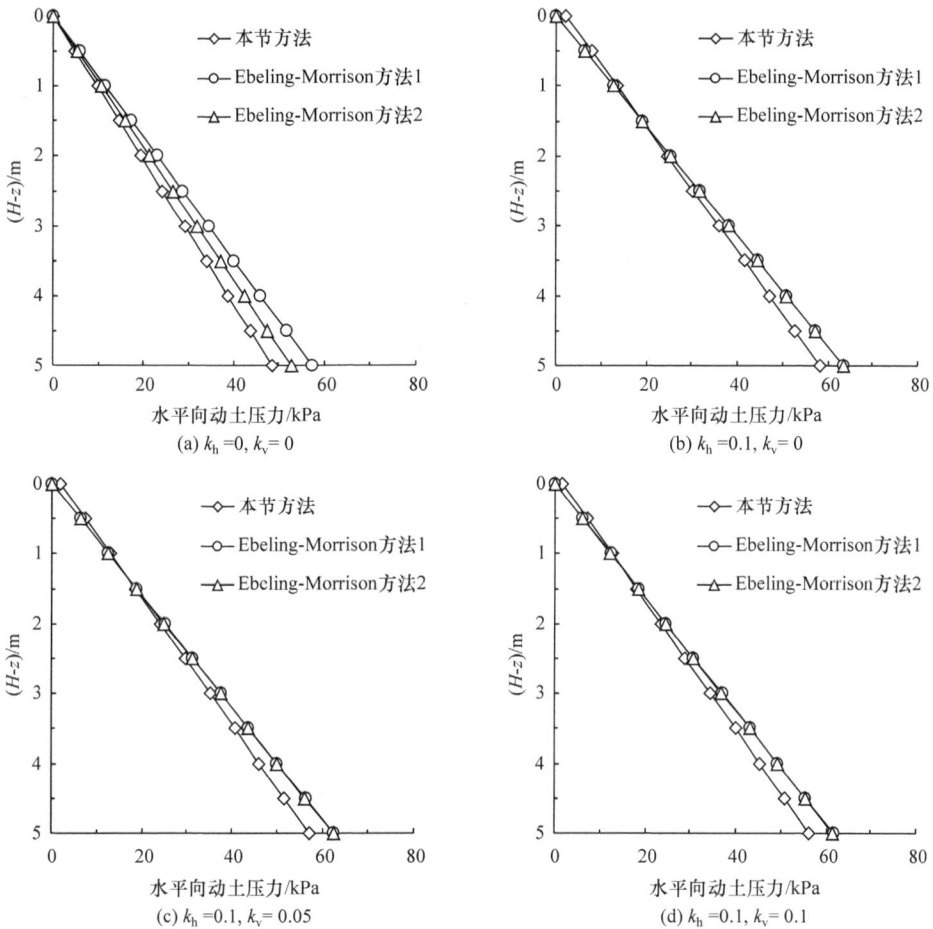

图 3-32　排水系统沿填土底面布置的水平向动主动土压力分布（$i=0.2$）

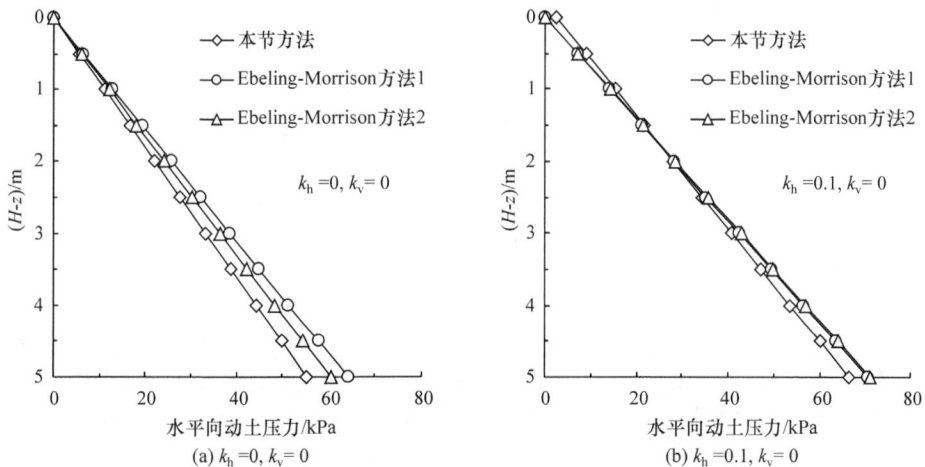

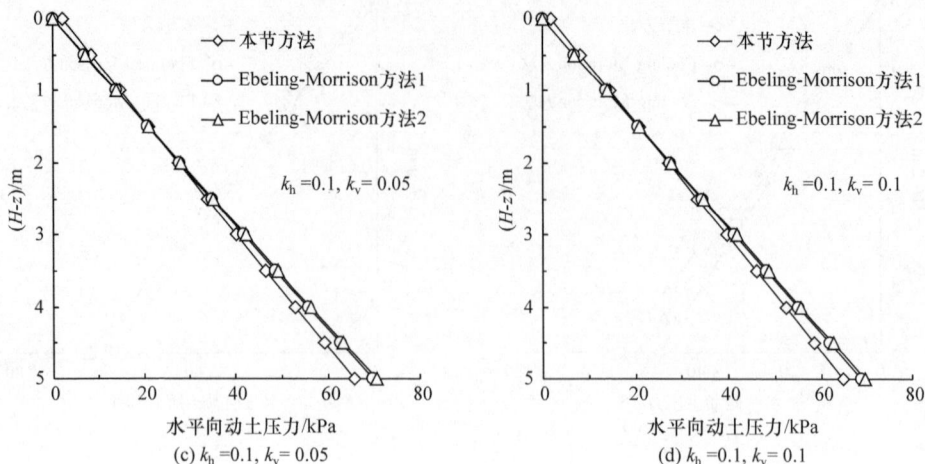

图 3-33　排水系统完全失效的水平向动主动土压力分布

由图 3-31~图 3-33 可知,不同方法计算的动主动土压力的差别是很有限的。

3.6　小　　结

沿河路基挡墙结构复杂多样,路基内外水动力条件复杂多变,要准确计算不同情况下作用于路基挡墙上土压力的大小和分布并非易事。本章首先对沿河路基挡墙的结构进行简化,对基排水系统的布置方式进行抽象,将路基地下水的渗流状态简化为稳定渗流状态或静止状态。在此基础上,就路基排水系统沿墙土界面布置、沿填土底面布置和路基排水系统完全失效三种情况,讨论了静止土压力、主动土压力和被动土压力的计算方法。针对不同情况下的土压力计算方法,分别给出计算实例分析,并讨论路基排水系统的布置方式对作用于路基挡墙上的土压力和水压力的影响。

通过本章分析可以得出的结论性建议是,确保路基排水系统的有效性对路基挡墙的稳定性是很重要的,在路基排水系统有效性得到保障的前提下,排水系统沿填土底面布置比沿墙土界面更有利于路基挡墙的稳定。

参 考 文 献

[1] Harr M E. Groundwater and Seepage. New York:McGraw-Hill,1962.

[2] Barros P L A. A Coulomb-type solution for active earth thrust with seepage. Géotechnique, 2006,56(3):159—164.

[3] Richards R J,Elms D G,Budhu M. Dynamic fluidization of soils. Journal of Geotechnical and Geoenvironmental Engineering,1990,116(5):740—759.

[4] Ebeling R M, Morrison E E Jr. The seismic design of waterfront retaining structures. US Army Technical Report ITL-92-11 and US Navy Technical Report NCEL TR-939, 1992.

[5] Wang J J, Chai H J, Zhu J G, et al. Static and seismic passive resistance in saturated backfill//Proceeding of the 12th International Symposium on Water-rock Interaction, Kunming, 2007: 1411—1415.

[6] Henkel D J. The relationship between the strength, pore-water pressure and volume change characteristics of saturated clays. Géotechnique, 1959, 9(3): 119—132.

[7] Brooker E W, Ireland H O. Earth pressures at rest related to stress history. Canadian Geotechnical Journal, 1965, 2(1): 1—15.

[8] Hayat T M. The coefficient of earth pressure at rest. Canadian Geotechnical Journal, 1992, 30(4): 647—666.

[9] Jaky J. The coefficient of earth pressure at rest in Hungarian. Journal of the Society of Hungarian Architects and Engineers, 1944, 7: 355—358.

[10] Mayne P W, Kulhawy F H. K_0-OCR relationship in soil. Journal of the Geotechnical Engineering Division, 1983, 20(1): 851—872.

[11] Mesri G, Hayat T M. The coefficient of earth pressure at rest. Canadian Geotechnical Journal, 1993, 30: 647—666.

[12] Schmidt B. Discussion on earth pressure at rest related to stress history. Canada Geotechnical Journal, 1966, 3(4): 239—242.

[13] Michalowski R L. Coefficient of earth pressure at rest. Journal of Geotechnical and Geoenvironment Engineering, 2005, 131(11): 1429—1433.

[14] 中交公路规划设计院有限公司. JTG D60—2015　公路桥涵设计通用规范. 北京:人民交通出版社, 2015.

[15] Rankine W J M. On the stability of loose earth. Transactions of the Royal Society, 1857, 147: 9—27.

[16] Coulomb C A. Essai sur une application des règles des maximas et minmas à quelques problèmes de statique relatifs à l'architecture. Mèm. acad. roy. pres. divers savanta, 1776, 7, Paris.

[17] Soubra A H. Static and seismic passive earth pressure coefficients on rigid retaining structures. Canada Geotechnical Journal, 2000, 37(2): 463—478.

[18] Soubra A H, Kastner R, Benmansour A. Passive earth pressures in the presence of hydraulic gradients. Géotechnique, 1999, 49(3): 319—330.

[19] Steedman R S, Zeng X. The influence of phase on the calculation of pseudo-static earth pressure on a retaining wall. Géotechnique, 1990, 40(3): 417—431.

[20] Okabe S. General theory on earth pressure and seismic stability of retaining walls and dams. Journal of the Japanese Society of Civil engineering, 1924, 10(6): 1277—1323.

[21] Mononobe N, Matsuo H. On the determination of earth pressure during earthquakes//Proceedings of the World Engineering Congress, Tokyo, 1929: 176—176.

[22] Zeng X, Steedman R S. On the behavior of quay wall in earthquakes. Géotechnique, 1993, 43(3):417—431.

[23] Das B M, Puri V K. Static and dynamic active earth pressure. Geotechnical and Geological Engineering, 1996, 14(4):353—366.

[24] Kramer S L. Geotechnical Earthquake Engineering[M]. Prentice Hall: New Jersey, 1996.

[25] Choudhury D, Nimbalkar S. Seismic passive resistance by pseudo-dynamic method. Géotechnique, 2005, 55(9):699—702.

[26] Rao K S S, Choudhury D. Seismic passive earth pressure in soils. Journal of Geotechnical and Geoenvironment Engineering, 2005, 131(1):131—135.

[27] Choudhury D, Nimbalkar S. Pseudo-dynamic approach of seismic active earth pressure behind retaining wall. Geotechnical and Geological Engineering, 2006, 24(5):1103—1113.

[28] Wang J J, Zhang H P, Chai H J, et al. Seismic passive resistance with vertical seepage and surcharge. Soil Dynamics and Earthquake Engineering, 2008, 28:728-737.

[29] 王俊杰, 柴贺军, 林新, 等. 饱和填土稳定渗流条件下动主动土压力计算. 土木建筑与环境工程, 2011, 33(4):100—105.

[30] Wang J J, Zhang H P, Liu M W, et al. Seismic passive earth pressure with seepage for cohesionless soil. Marine Georesources and Geotechnology, 2012, 30(1):86—101.

第4章 沿河路基地下水渗流计算

4.1 沿河路基地下水渗流计算方法

当沿河路基地下水与河水间存在水力联系时,必须控制路基的渗流,以防止路基土体因受渗流作用发生危险的冲蚀、滑坡等破坏。渗流计算的任务就在于求得渗流场内水头、压力、坡降等水力要素,以供在路基设计中,选择合理的防渗、排渗设计方案或加固补强方案,有效地控制渗流。

渗流量的大小对沿河路基来说是一个次要问题,因此本章不涉及与其计算有关的内容。

路基浸润线的位置是进行路基稳定性评价的必须资料。路基浸润线过高,以及地下水出渗或与路基坡面间的距离小于当地冻结深度,都会影响路基边坡的稳定安全。

路基防护结构基底的扬压力大小对路基防护结构的安全稳定是至关重要的,过大的扬压力不仅可能使防护结构整体稳定性下降,也可能使护坦等相对薄弱部位的应力特别是拉应力过大,容易出现开裂等现象。

路基内部的渗流坡降,特别是出渗处的渗流坡降应小于相应部位土体的允许值,否则将发生渗透变形破坏。

沿河路基渗流的计算方法可分为流体力学解法和水力学解法两类。但理论的流体力学解法仅对少数简单的情况有效,在实际工程中存在的大量具有复杂边界条件的路基渗流问题,要用水力学解法、图解法、数值计算法或试验的方法来求解。水力学解法是一种近似计算的方法,基于对渗流场作某些假定和简化,或者对渗流场的局部区段引用流体力学解及试验解的某些结果,求得渗流问题的解答。水力学解法一般仅能得到渗流截面上平均的渗流要素,但因其具有计算简便以及较能适应各种复杂边界条件的优点,所以在实际工程中的应用较广。

4.2 孔隙水压力与有效应力

孔隙水压力是指土体孔隙中充水的压力,包括无压渗流的静水压力和封闭的承压水超静水压力。孔隙水虽然不直接传递压力于骨架颗粒而被称为中性压力,可是却影响颗粒间作用的有效应力,因而对研究沿河路基边坡的抗滑稳定性和渗透破坏现象具有重要意义。

　　任何充水沉积的土,在某一平面上所受的总压力都包括孔隙水压力和土粒接触的有效应力两部分,它们是组成某一平面上总压力或某一点上总应力的两个互相依赖的分量,以式(4-1)表示[1]

$$\sigma = \sigma' + p \tag{4-1}$$

式中,σ 为总应力;σ' 为有效应力;p 为孔隙水压力。

　　图 4-1 所示为在静水压力情况下地下的应力分布,在地面下任意深度 z 处平面 ab 上的垂直总应力为

$$\sigma = \gamma(z-h) + \gamma_{\mathrm{sat}} h \tag{4-2}$$

式中,γ 为土的天然容重;γ_{sat} 为饱和土体的容重。

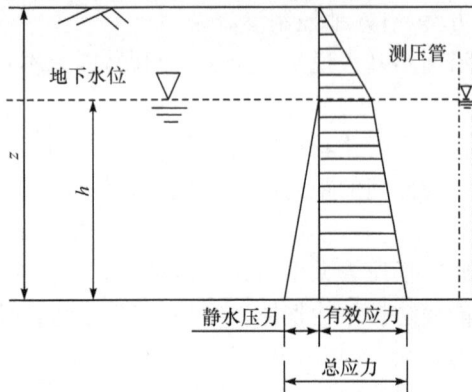

图 4-1　静水压力情况下的地下应力分布

　　平面 ab 上任意点的孔隙水压力为

$$p = \gamma_{\mathrm{w}} h \tag{4-3}$$

式中,γ_{w} 为水的容重。

　　由式(4-1)可求得的有效应力为

$$\sigma' = \gamma(z-h) + (\gamma_{\mathrm{sat}} - \gamma_{\mathrm{w}})h = \gamma(z-h) + \gamma' h \tag{4-4}$$

式中,γ' 为土体的浮容重。

　　如果地下水有上升流动,如图 4-2 所示,则地面下深度 z 处平面上的垂直总应力 σ 同式(4-2),孔隙水压力 p 为

$$p = \gamma_{\mathrm{w}}(h + h') \tag{4-5}$$

则得有效应力为

$$\sigma' = \gamma(z-h) + \gamma' h - \gamma_{\mathrm{w}} h' \tag{4-6}$$

　　式(4-6)与式(4-4)相比较,可知土粒间的有效应力少了一个超静水压力 $\gamma_{\mathrm{w}} h'$;此超静水头的作用就相当于深度 z 的总渗透力,超水头的沿程能量损失改变(减少)了土的有效应力。

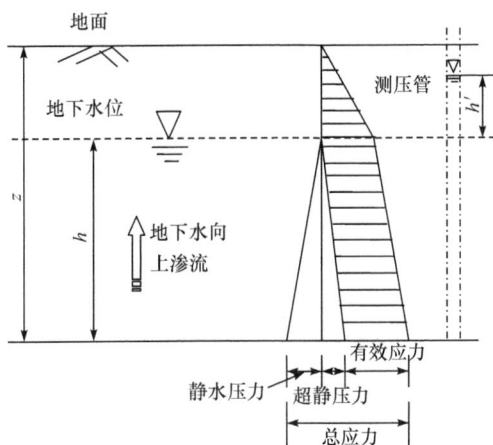

图 4-2　地下水向上渗流时的地下应力分布

同样,对于下渗流动的情况如图 4-3 所示。

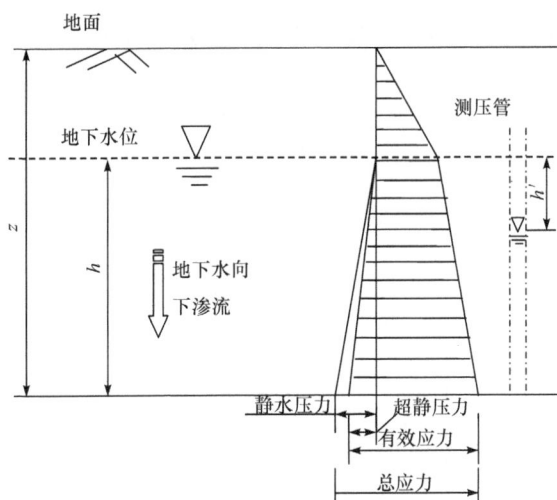

图 4-3　地下水向下渗流时的地下应力分布

4.3　河水位下降时路基的渗流计算

在洪水期间,河水位较高,当沿河路基地下水与河水间存在水力联系时,地下水位也随之抬升。由于山区河流的特点是洪水期间水位涨落明显,在洪水过后很短时间内山区河流河水位会有较大幅度的下降,此时路基地下水向河流排泄,地下水位也随之有所下降,但地下水水位的下降通常明显滞后于河水位的下降,使得路基地下水位与河水位间存在较大的高程差。当河水水位以太快的速率下降时,路基坡体内孔隙水压力常常不能很快消散,因而路基的浸润线高于河水位。在这种情况下,渗流的动水压力或渗透力的作用对路基坡体造成浮起及下滑的趋势,甚至酿成滑坡事故。

路基地下水在向河流排泄的渗流过程中,地下水位,即浸润线的位置随时间发生变化,求解浸润线的精确位置是一个非常复杂的问题。对浸润线的研究在堤坝方面比较多,本节参考堤坝中有关浸润线问题的分析方法,探讨河水位下降时路基地下水位线的变化。为了便于研究,这里根据地下水渗流的边界条件将沿河路基分为两类:一类是位于水平不透水地基上的无限均质路基;另一类是位于水平不透水地基上,但路基后缘有倾斜不透水边界。为了简化问题,忽略沿河路基防护结构对路基地下水渗流的影响。

4.3.1　均质无限路基的渗流计算

为简化计算,假定河水位是瞬间从高水位下降到低水位的,此时路基坡体中的地下水不能马上排出,对坡体的稳定最不利。假定河水位下降到低水位后保持不变,则随时间延长,坡体内浸润线逐渐降低,渗透力减小,路基边坡的稳定性逐渐增加。另外假定:①含水层均质、各向同性,侧向无限延伸,具有水平不透水层;②河水位降落前,原始潜水面水平。计算模型如图 4-4 所示。

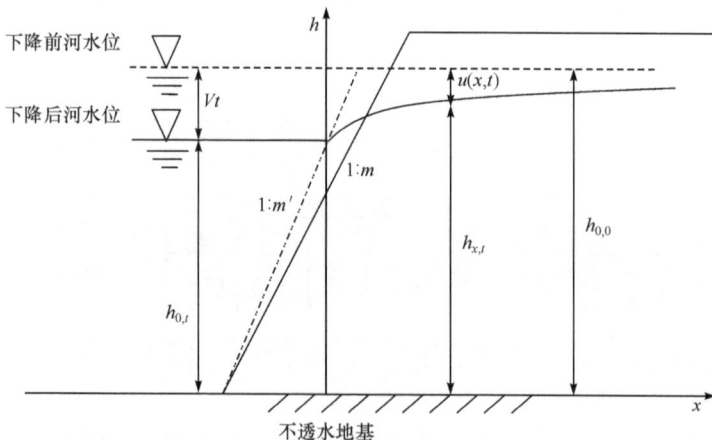

图 4-4　均质无限路基浸润线计算简图

由于浸润面比较平缓,为了简化问题,依据 Dupuit 假定,可忽略垂直方向的渗流,即等势面为竖直面,可把问题变为一维渗流问题,并假定上部无降水入渗等补给[2,3]。渗流运动可由包辛涅斯克方程近似描述,即[4,5]

$$\frac{\partial h}{\partial t} = \frac{K}{2\mu} \frac{\partial^2 h^2}{\partial x^2} \tag{4-7}$$

式中,K 为渗透系数;μ 为给水度;h 为自由水面高度,是坐标 x 及时间 t 的函数。因此不稳定渗流的计算就归结为满足一定边界条件及初始条件而求解式(4-7)的微分方程式。

图 4-4 中,路基临河坡面的坡度系数为 m,其 x 坐标取底部的不透水层面,纵坐标选通过起始某时刻河水面线与虚拟路基坡面的交点,虚拟路基坡面的坡度系数为 m',其与实际路基坡面的坡度系数 m 间有如下关系[5]:

$$m' = \frac{m^2}{m+0.5} \tag{4-8}$$

直接求解式(4-7)是困难的,为此采用线性化的方法简化,有

$$\frac{\partial h^2}{\partial t} = a^2 \frac{\partial^2 h^2}{\partial x^2} \tag{4-9}$$

式中,$a^2 = kh_m/\mu$,h_m 为时段始、末含水层厚度的平均值。

式(4-9)的初始条件和边界条件可按图 4-4 列出。

初始条件:

$$h_{0,0} - h_{x,0} = 0 \tag{4-10}$$

边界条件:

$$h_{0,0} - h_{0,t} = Vt \tag{4-11}$$

式中,V 为河水位下降速率。

式(4-9)可通过 Laplace 积分变换求得,即

$$h_{x,t} = h_{0,0} - VtM(\lambda) \tag{4-12}$$

式中,$\lambda = \dfrac{x}{2\sqrt{at}}$,函数 $M(\lambda)$ 可用 λ 的值从图 4-5 查得。

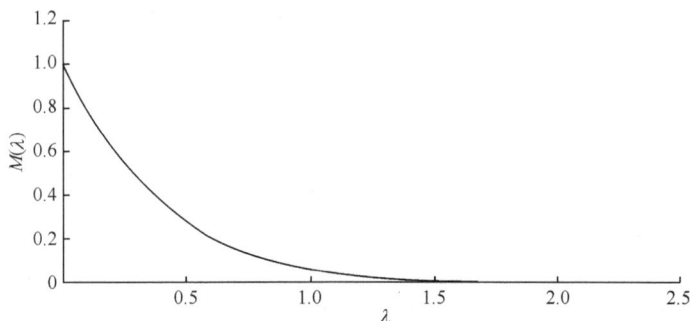

图 4-5　λ 与 $M(\lambda)$ 的关系曲线

4.3.2　后缘有陡倾不透水边界路基的渗流计算

对于许多山区沿河公路而言,路基填土后缘往往为不透水或渗透性很小的基岩,为简化计算,将路基后缘不透水或弱透水基岩体作为不透水边界处理。渗流计算简图如图 4-6 所示。

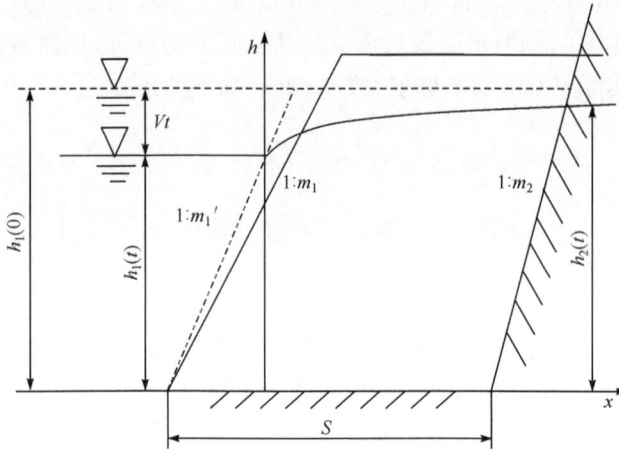

图 4-6　后缘有陡倾不透水边界路基浸润线计算简图

假定路基位于水平不透水地基上,此时基于 Dupuit 假定,渗流运动可由包辛涅斯克方程近似描述,同式(4-7)。

图 4-6 中,路基临河坡面及后缘不透水坡面的坡度系数分别为 m_1 及 m_2,其 x 坐标取底部的不透水层面。直接求解式(4-7)是困难的,为此采用线性化的方法简化,有[5]

$$\frac{\partial h^2}{\partial t} = a^2 \frac{\partial^2 h^2}{\partial x^2} \tag{4-13}$$

式中,$a^2 = Kh_{cp}/\mu$,h_{cp} 为相邻两个时段内自由面的平均高程,可近似按式(4-14)计算

$$h_{cp} = \frac{1}{2}\left[h_2(t) + h_1(t + \Delta t)\right] \tag{4-14}$$

式中,$h_2(t)$ 为 t 时刻路基后缘不透水基岩迎水面坡上自由面的水深;$h_1(t + \Delta t)$ 为 $t + \Delta t$ 时刻的河水水深。

式(4-13)的边界条件可按图 4-6 列出为

$$h_1(t) = h_1(0) - Vt \tag{4-15}$$

$$\left.\frac{\partial h}{\partial x}\right|_{x=l} = 0 \tag{4-16}$$

式中，$h_1(0)$ 为起始的河水水深；V 为库水位下降速率；$\left.\dfrac{\partial h}{\partial x}\right|_{x=l}$ 为浸润线在后缘不透

水基岩迎水坡处的斜率，由于该处切线近似于一条水平线，因此取零值；l 为浸润线与后缘不透水基岩迎水坡交点的横坐标，其值为变数，按式(4-17)计算：

$$l=S-(m_1'-m_2)[h_1(0)-Vt] \tag{4-17}$$

式中，m_1' 为路基临河边坡的虚拟边坡系数，按式(4-18)计算[5]：

$$m_1'=\frac{m_1^2}{m_1+0.5} \tag{4-18}$$

因为在计算中以 t 时刻的浸润线位置为计算 $t+\Delta t$ 时刻的初始条件，因此初始条件可取为

$$h(x,t)=\sqrt{h_1^2(t)+\frac{[h_2^2(t)-h_1^2(t)]x}{l}} \tag{4-19}$$

式(4-13)在满足边界条件式(4-15)、式(4-16)及初始条件式(4-19)的情况下求解，属稳定非齐次边值问题，需首先用函数代换化为齐次边值问题，再通过傅里叶变换求解，其结果一般可表示为无穷三角函数与指数函数的积，其最终的解为[5]

$$h(x,t+\Delta t)=\left\{h_1^2(t+\Delta t)+\frac{4}{\pi}\left[h_1^2(t)-h_1^2(t+\Delta t)\right]\sum_{n=0}^{+\infty}\frac{1}{2n+1}\mathrm{e}^{-\gamma\Delta t}\sin\beta x\right.$$
$$\left.+\frac{8}{\pi^2}\left[h_2^2(t)-h_1^2(t)\right]\sum_{n=0}^{+\infty}\frac{(-1)^n}{(2n+1)^2}\mathrm{e}^{-\gamma\Delta t}\sin\beta x\right\}^{\frac{1}{2}} \tag{4-20}$$

式中，$\beta=\left(n+\dfrac{1}{2}\right)\dfrac{\pi}{l}$；$\gamma=\left[\left(n+\dfrac{1}{2}\right)\dfrac{\pi a}{l}\right]^2$。

4.4 渗流作用力计算

渗流在土粒骨架孔隙中流动，对土体和土粒骨架的稳定性产生破坏作用。如图 4-7 所示，渗流作用在颗粒表面的力一般可概括为垂直于颗粒周界表面的水压力和与颗粒表面相切的水流摩阻力。显然，这两个力经过对颗粒表面进行积分都可用一个向量代表，如图 4-7(c) 中 f_p^0 与 f_f^0；这两个力的合力 f^0 可称为渗流作用力，该力作用到每个颗粒上的大小和方向均不同，如果考虑体积为 V 的土体，则可将其中各土粒所受的力几何相加 $\sum f^0$ 再除以 V 即得单位体积土体中固相颗粒所受的渗流作用力：

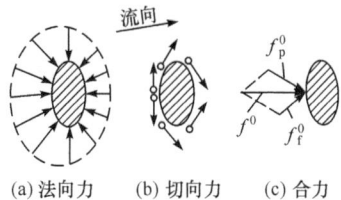

图 4-7 颗粒上的渗流作用力[2,5]

$$f=\frac{\sum f^0}{V} \tag{4-21}$$

　　总的单位渗流作用力的大小可以从连续介质渗流理论中考虑力的多边形加以确定,并可据此计算分析土体的稳定性。当然也可由式(4-21)中的 f° 来研究个别颗粒的稳定性。为了便于应用,经常将 f 分解为所要研究方向的两个分力。例如,分成垂直于等压线的分力与沿流线方向的分力,如图 4-8(a)所示。但是对于渗流场来说,则以分成竖直向上的分力与沿流线方向的分力为好,如图 4-8(b)所示,也就是分解成静水压力所产生的浮力 u 与驱动水压力所产生的渗透力 f_s。在研究渗透稳定性问题时经常只考虑这两个分力,而不再去涉及合力 f 了。

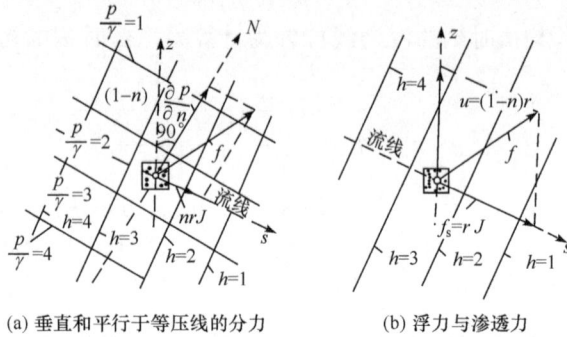

(a) 垂直和平行于等压线的分力　　　　　(b) 浮力与渗透力

图 4-8　单位土体中颗粒所受渗流作用力的分解[5]

　　图 4-8 所示为作用在单位土体颗粒上的力的分解,需要指出,渗流作用力的前一种分解方法所得到的沿流向分力,只是渗流的摩阻力;另一个分力是指向 N 方向的侧压力。后一种分解方法所得到的沿流向分力是渗透力;另一个分力是习惯上的上举力或静水浮力,其方向竖直向上。下面将对后一种分解方法的两个分力进行讨论,它们不仅使土粒骨架本身受到孔隙水流的浮力和拖引力,同样也使整块土体受到这两种力的作用。

4.4.1　静水压力与浮力

　　土粒淹没于水中,由于浮力作用,致使土粒的重量减轻。同样对于土体,只要土的孔隙彼此连通并全部充满水,由于各点孔隙水压力的存在,全部土体也受浮力,且等于各土粒受浮力的累加总和,此即铅直向上的举力。按照阿基米德原理,单位体积土体中的土粒所受浮力或上举力应为固相土粒同体积的水重,即

$$u=(1-n)\gamma_w \tag{4-22}$$

式中,n 为土体的孔隙率;γ_w 为水的容重。显然,此时单位土体的有效重量就是土体的潜水重或浮容重 γ';如果以固相土粒的容重 γ_s 表示时,则应为土粒的实有重量减去土粒所受的浮力,即

$$\gamma'=(1-n)\gamma_s-(1-n)\gamma_w=(1-n)(\gamma_s-\gamma_w) \tag{4-23}$$

式中,$\gamma_s-\gamma_w$ 为土粒的浮容重 γ_s',也可用土的干容重 γ_d 表示为 $\gamma_s'=\gamma_d-(1-n)\gamma_w$;

或用土的孔隙比 e 表示为 $\gamma_s' = \dfrac{\gamma_s - \gamma_w}{1+e}$。

这里所说的浮容重或潜水重,因为它直接由土粒接触点传递压力,完全作用在土体骨架上而影响骨架土粒的结构变形,因此称为有效应力。另一部分压力为静止状态下的孔隙水压力,它只是借土粒间孔隙中的水传递压力,而与土粒间的接触情况或孔隙度及土壤的剪应力等的力学性质不发生影响,因此太沙基称这种水的荷重为中性压力。在不发生流动的静止状态,不管土体潜水的深浅如何,土粒间的结构不受影响,就是说不发生任何变形。因此,与此相应的概念,在饱和土中某剖面上任一点的总应力也可认为是由土粒间传递的有效应力与孔隙水传递的中性应力两部分所组成的。

4.4.2 渗透力

当饱和土体内发生渗流位势或测压管水面的水头差时,水就通过土粒间的孔隙流动,这种促使流动的水头称为驱动水压力或超静水压力。图 4-9 所示为在渗流场中沿流线方向任取的一个单元土柱的微分体,长为 dS,截面积为 dA,体积孔隙率为 n。在土粒互相点接触情况下该土柱中孔隙水流沿流线方向所受的各力,具体如下所述。

(1)土柱两端孔隙截面上的孔隙水压力(表面力),其差为 $-dpndA$,由 $h = \dfrac{p}{\gamma_w} + z$,$dp = \gamma_w(dh - dz)$,得

$$-dpndA = \gamma_w(-dh + dz)ndA \quad (4-24)$$

(2)土柱中孔隙水流的自重在流线方向的分力为

$$-\gamma_w ndAdS \dfrac{dz}{dS} \quad (4-25)$$

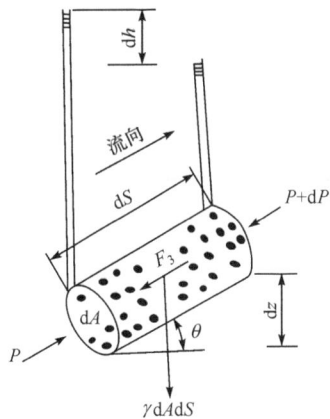

图 4-9 单位渗透力的推导说明

(3)渗流所遭遇的阻力,即土粒骨架对孔隙水流的阻力,其反力也就是水流作用于土粒骨架的渗透力,其将均匀分布于土体内,设 f_s 为单位体积土体内的孔隙水流所受到的阻力,则该土柱中水流受到沿流线方向的总阻力为

$$F_s = -f_s dAdS \quad (4-26)$$

此外,研究水土之间的作用力,尚需考虑土粒受水压再传给孔隙水流的两个反力。

(1)土柱两端土粒截面上的水压力,其压差为

$$-\mathrm{d}p(1-n)\mathrm{d}A=\gamma_\mathrm{w}(-\mathrm{d}h+\mathrm{d}z)(1-n)\mathrm{d}A \tag{4-27}$$

（2）土柱所受静水浮力的反力沿流线方向的分力为

$$-\gamma_\mathrm{w}(1-n)\mathrm{d}A\mathrm{d}S\frac{\mathrm{d}z}{\mathrm{d}S} \tag{4-28}$$

略去水流的惯性力，则单位体积土体沿流线方向所受的渗透力或单位渗透力为

$$f_\mathrm{s}=-\gamma_\mathrm{w}\frac{\mathrm{d}h}{\mathrm{d}S}=\gamma_\mathrm{w}i \tag{4-29}$$

式中，i 为动力梯度。

4.4.3　非点接触与岩石裂隙的渗流作用力

1）非点接触的渗流作用力

如果组成土体骨架的颗粒并非以上所述的点接触情况，而是具有不透水接触

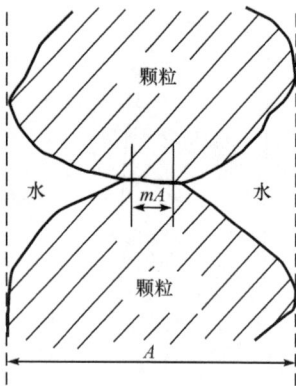

图 4-10　非点接触示意图[5]

面积的均匀多孔体（图 4-10），则需要引用透水面积系数，其与图 4-10 所示不透水接触面积系数 m 间的关系为 $m=(1-\alpha)$，即点接触时 $\alpha=1$，非点接触时 $\alpha<1$。因此，对上述渗流作用力的两个分力可更加一般化地写成式（4-30）和式（4-31），即单位体积多孔体骨架所受浮力或上举力 u 与 f_s 分别为[5,6]

$$u=\gamma_\mathrm{w}(\alpha-n) \tag{4-30}$$

$$f_\mathrm{s}=\alpha\gamma_\mathrm{w}J \tag{4-31}$$

2）岩石裂隙的渗流作用力

在任一个岩石裂隙，作用于单位体积水流上的力相当于渗透力为

$$f_\mathrm{s}=\gamma_\mathrm{w}J \tag{4-32}$$

传递给缝隙壁面的剪切应力则为

$$\tau=\frac{b}{2}\gamma_\mathrm{w}J \tag{4-33}$$

式中，b 为缝隙的张开宽度。

转换为作用于单位体积的连续体时，则应为

$$\tau=\frac{b}{B}\gamma_\mathrm{w}J \tag{4-34}$$

式中，B 为缝隙的间距。因为渗流场中的渗流坡降经常并不与缝隙中的流速方向一致，所以式（4-34）中的向量 J 只能是缝隙中渗流的有效坡降。

图 4-11 所示为任意两个平行裂缝间的岩块,如果认为渗透力和水压力都平均作用在该岩块上时,则该岩块所受的切向应力 τ 和法向应力 P 分别为

$$\tau = \frac{b}{B}\gamma_w J\cos\beta \tag{4-35}$$

$$P = \gamma_w(\cos c - J\sin\beta)\left(1 - \frac{b}{B}\right) \tag{4-36}$$

式中, β 为向量 J 与缝隙之间的角度; θ 为缝隙与水平线之间的角度。

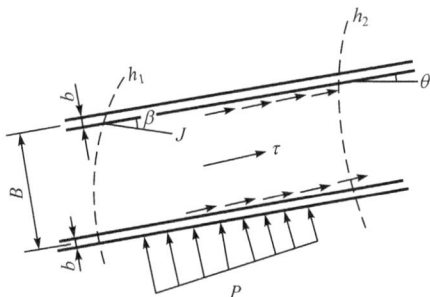

图 4-11　裂隙间岩块受渗流作用力示意图[5]

4.5　路基防护结构基底扬压力计算

由测得的等水头线或等势线计算某点所受的扬压力水头

$$h = h_r H + h_2 \tag{4-37}$$

式中, h 为测压管水头; H 为路基地下水位与河水位的水头差; h_r 为计算点的等水头线百分数,即水头差 H 的剩余百分数或分数比值; h_2 为河水位;与 h_2 取同一的基面。

测压管水头为压力水头与位置高程之和,即

$$h = \frac{p}{\gamma_w} + z \tag{4-38}$$

式中, z 为计算点的高程; p 为水压力。

得出计算某点扬压力水头的一般公式:

$$\frac{p}{\gamma_w} = h_r H + (h_2 - z) \tag{4-39}$$

为简便起见,计算扬压力水头时,取河水位为基面,消去 h_2 项。

作用在沿河路基防护结构底的扬压力,就是将式(4-39)的渗流静水压力或土粒骨架间孔隙水压力计算引申到一个接触面上,因此常会联想到孔隙水压力作用的有效面积或所谓面积系数问题。

对于松散体的砂性土,现已公认面积系数应采用 1,即孔隙水压力应作用到全部底板面上或者其他任一个面上。这主要是由于土粒间的孔隙密集,土粒彼此接触点的面积极小,可视为点接触。

对于黏性土体中的渗流,因为黏性土体与颗粒状的点接触有别,而为胶状体所黏合的面接触情况。从这种概念推测,孔隙水压力对于某一平面作用的面积系数必然要小于 1。但是根据很多试验证明其均非常接近 1。

对于岩石缝隙中的渗流作用面积问题研究较少,葛立兴认为面积系数可采用 $0.7 \sim 0.95$。

4.6　坡面出渗的临界坡降计算

4.6.1　淹没出渗坡面

为了简化分析,假定路基防护结构为完全透水材料,如石笼挡墙,此时路基防护结构对坡面渗流及渗透破坏的影响可以忽略不计,坡面出渗附近部位的流网如图 4-12 所示。图中 BD 为淹没水中的坡面附近处渗流网,流线或渗透力的方向与坡面 BD 正交,因此只要把土体浮容重分解为垂直坡面和沿坡面方向的分力,就可以分析坡面各点的稳定性。

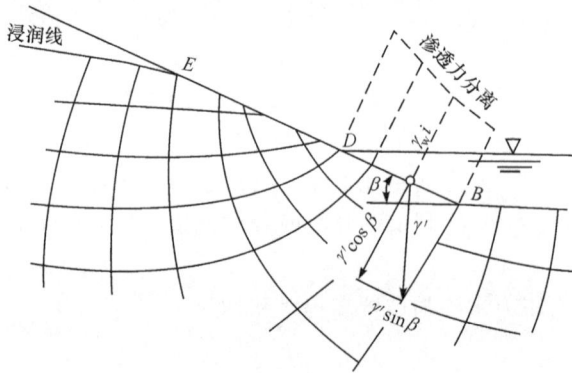

图 4-12　沿河路基坡面的出渗流

淹没水面以下的坡面有以下两种可能的渗透破坏形式:一为与坡面正交的出渗力能否冲动表层土料;二为表层土料沿坡面下滑的可能性。

1) 出渗力能否冲动表层土料

取坡面任一单元体进行受力分析。由图 4-12 可知,单元体浮容重 γ' 可分解为垂直坡面的分力 $\gamma'\cos\beta$ 和沿坡面方向的 $\gamma'\sin\beta$;如果考虑土料间的摩擦力和黏聚力,它们沿渗流方向的分力分别为 $-\gamma'\sin\beta\tan\varphi$ 及 $-c$,其中 φ 为土粒在潜水时的内摩擦角,$\tan\varphi$ 为土的内摩擦系数,c 为单位土体的黏聚力。

因此,单元体力的极限平衡式为

$$\gamma_w i_c - \gamma' \cos\beta - \gamma' \sin\beta \, \mathrm{tg}\varphi - c = 0 \tag{4-40}$$

式中,i_c 为临界渗透坡降;β 为坡角。

临界出渗渗透坡降为

$$i_c = \frac{\gamma'}{\gamma_w}(1 + \tan\beta \tan\varphi)\cos\beta + \frac{c}{\gamma_w} \tag{4-41}$$

如果不考虑土料间的摩擦力和黏聚力,即土的内摩擦系数 $\tan\varphi = 0$,单位土体的黏聚力 $c = 0$,则临界出渗渗透坡降简化为

$$i_c = \frac{\gamma'}{\gamma_w}\cos\beta \tag{4-42}$$

2) 表层土料沿坡面下滑的可能性

为分析表层土料沿坡面下滑的稳定性,可写出土体浮容重沿坡面的分力与阻滑力的极限平衡式,即

$$\gamma' \sin\beta = (\gamma' \cos\beta - \gamma_w i_c)\tan\varphi + c \tag{4-43}$$

则得临界坡降为

$$i_c = \frac{\gamma'}{\gamma_w}\cos\beta\left(1 - \frac{\tan\beta}{\tan\varphi}\right) + \frac{c}{\gamma_w \tan\varphi} \tag{4-44}$$

比较式(4-41)和式(4-44)可知,促使表层土料沿坡面下滑的临界坡降要小得多,因此表层土料沿坡面下滑是较为可能的渗透破坏类型。

4.6.2　自由出渗坡面

如果河水位较低,使沿河路基坡面离开河水位,则路基地下水在坡面的出渗就属于自由出渗,其流网如图 4-13 所示。

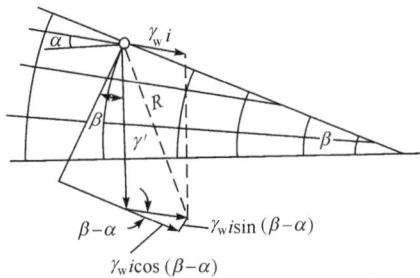

图 4-13　沿河路基坡面的自由出渗

设路基坡面坡角为 β,坡面出渗的流线倾角为 α。上面已经证明渗透力垂直坡面的分量促使土体松动破坏的可能性小于表层土料沿坡面下滑破坏的可能性,因此这里只需分析沿坡面方向的各力。

图 4-13 中,坡面附近渗透力沿坡面的分量为 $\gamma_w i \cos(\beta-\alpha)$,土体沿坡面的自重分力为 $\gamma' \sin\beta$,如果考虑土粒间的摩擦阻力与黏聚力,则力的平衡式为

$$\gamma_w i_c \cos(\beta-\alpha)+\gamma' \sin\beta=[\gamma' \cos\beta-\gamma_w i_c \sin(\beta-\alpha)]\tan\varphi+c \tag{4-45}$$

得临界渗透坡降为

$$i_c=\frac{\gamma'(\tan\varphi-\tan\beta)\cos\beta+c}{\gamma_w[\cos(\beta-\alpha)+\sin(\beta-\alpha)\tan\varphi]} \tag{4-46}$$

当流线沿坡面方向时,即 $\alpha=\beta$ 时,为下滑破坏的危险情况,相当于在浸润线渗出点处的临界渗透坡角为

$$i_c=\frac{\gamma'}{\gamma_w}(\tan\varphi-\tan\beta)\cos\beta+\frac{c}{\gamma_w} \tag{4-47}$$

4.7　向上渗流出口的临界坡降计算

有些沿河路基防护结构延伸到河床底部,如护坦,此时护坦前缘将可能成为向上渗流的出口,过大的渗透坡降可能导致管涌或流土形式的渗透破坏,因此有必要研究此处的渗透力或出渗坡降。

在出渗平面处,单位体积土体所受力包括:

(1) 向上渗流的渗透力 $\gamma_w i$。

(2) 土体潜水的浮容重 γ'。

(3) 土粒间的摩擦力 $\frac{1}{2}\xi\gamma'\tan\varphi$,这里 ξ 为侧压力系数,$\frac{1}{2}\gamma'$ 为从地面开始向下沿单位土体破坏面所产生的侧向垂直压力平均值。

(4) 单位土体破坏面上所发挥的黏聚力 c。

上述四种力的平衡式为

$$\gamma_w i_c=\gamma'+\frac{1}{2}\xi\gamma'\tan\varphi+c \tag{4-48}$$

则临界渗透坡降为

$$i_c=\frac{\gamma'}{\gamma_w}\left(1+\frac{1}{2}\xi\tan\varphi\right)+\frac{c}{\gamma_w} \tag{4-49}$$

如果略去破坏土体周边的摩擦力和黏聚力,则得

$$i_c=\frac{\gamma'}{\gamma_w}=\frac{\gamma_{sat}}{\gamma_w}-1 \tag{4-50}$$

式中,γ_{sat} 为土的饱和容重。

4.8　节理化岩质路基渗流问题

岩石水力学是一门自然科学学科,同时又是一门工程应用学科。目前,无论是

在科学体系上还是在工程应用上都还远未成熟。由于岩石水力学研究的对象十分复杂,不可能通过数学模型分析得到精确的结果。岩石水力学中最重要的概念包括两个方面:岩石水力学与土体渗流学的差异;对数学模型的正确认识和评价[7]。

4.8.1 岩石水力学与土体渗流学的差异

岩石被节理和断层等结构面切割,这些结构面不仅对岩石的力学特性,如变形模量、抗剪强度等有显著影响,而且是岩石水力学特性的决定性因素。裂隙孔隙介质与孔隙介质的水力特性差异极大。岩石水力学的特性如下[7]:

(1)样本单元体积非常大。裂隙岩石中的水主要是在裂隙中流动,与孔隙相比,岩石中含有的裂隙个数相对很少,用于研究其渗透性的样本单元体积值非常大,甚至不一定存在,因此常不能按连续介质处理。

(2)明显的各向异性。岩体中的裂隙以构造生成为主,常成组分布,使岩体渗流有明显的方向性,不同方向的渗透系数差别很大。

(3)渗透系数的高度离散性。裂隙岩石的渗透系数非常离散,很难用试验求得准确的渗透张量。

(4)Darcy 流速与实际流速的重大差异。裂隙岩石裂隙内水流具有很大的不均一性,使得岩石裂隙中渗流的实际流速可能比等效连续介质的 Darcy 流速大 4~6 个量级或更多。

(5)应力环境对渗流场的影响。应力增量引发的岩石变形主要是裂隙变形,因而裂隙岩石的渗透张量受应力环境的影响常发生本质的改变;渗透张量的变化引起渗流场的重大变化和渗流体积力分布的重大变化,因而必将引起应力场的显著变化。渗流场与应力场相互影响是裂隙岩石的重要特性。

(6)岩体是有储蓄和调节系统的裂隙网络渗流系统。

4.8.2 岩石水力学的数学模型

抽象是研究任何一门科学所必不可少的,岩石水力学的模型主要有以下三类[7]。

1)裂隙网络模型

裂隙网络水力学模型的建立主要基于以下假定:

(1)单一裂隙是具有等效水力隙宽的平行板缝隙,通过缝隙的流量与隙宽的三次方成正比。

(2)裂隙在空间的形状为圆盘。

(3)裂隙可依据其产状分为几组,每组中的裂隙几何参数(中心点位置、走向、倾向、密度、隙宽等)符合某种随机分布的规律。

(4)裂隙网络是水力连通的。

由于上述假定均有局限性,因而,由计算机按随机模型生成的裂隙网络虽然可以大体反映实际情况,但不可能达到较高的计算精度。

2) 等效连续介质模型

裂隙比较发育,将裂隙的水流平均到整个岩石中去,且通过分析,相应的样本单元体积不是很大,如果所研究的问题与时间无关,则可采用等效连续介质模型。

3) 裂隙孔隙介质模型

在模型中同时反映裂隙及孔隙的水力特性是一种较理想的模型,其可以弥补以上两种模型的不足。裂隙孔隙介质模型难度大,有许多问题尚待解决。

4.9 小　结

沿河路基地下水与河水间可能存在水力联系,在地下水的渗流作用下,路基岩土体的受力状态更加复杂,同时也可能出现渗透破坏,本章基于前人研究成果,结合沿河路基的特点,讨论沿河路基地下水渗流计算中的下列问题。

(1) 阐述孔隙水应力和有效应力的概念,对路基岩土体中地下水位以下任意点处,分析了地下水分别处于静止状态、向上渗流和向下渗流时的应力状态。

(2) 根据地下水渗流的边界条件将沿河路基分为两类:位于水平不透水地基上的无限均质路基和路基后缘有倾斜不透水边界的路基。分别分析两种路基在河水位下降过程中的浸润线位置计算问题;为了简化问题,忽略沿河路基防护结构对路基地下水渗流的影响。

(3) 分析渗流作用下路基内任意点渗流作用力计算问题。

(4) 讨论路基防护结构基底的扬压力计算。

(5) 推求坡面出渗、向上出渗的临界渗透坡降的计算式。

参 考 文 献

[1] 卢廷浩. 土力学. 南京:河海大学出版社,2003.

[2] 王俊杰. 陈亮,梁越. 地下水渗流力学. 北京:中国水利水电出版社,2013.

[3] 薛禹群. 地下水动力学原理. 北京:地质出版社,1986.

[4] 顾慰慈. 渗流计算原理及应用. 北京:中国建材工业出版社,2000.

[5] 毛昶熙. 渗流计算分析与控制. 2 版. 北京:中国水利水电出版社,2003.

[6] 毛昶熙. 堤防渗流与防冲. 北京:中国水利水电出版社,2003.

[7] 张有天. 岩石水力学与工程. 北京:中国水利水电出版社,2005.

第5章 土石混合沿河路基稳定性研究

5.1 概　述

由于沿河路基所处的环境与其他路基间存在显著差别,使沿河路基局部甚至整体更加容易失稳破坏。沿河路基所处环境的特点主要体现在:①路基受到水流冲刷与淘蚀作用;②江河水位变化使路基侵蚀部位变化,坡体内孔隙水压力、渗透压力也发生变化;③在水岩耦合作用下,路基岩土材料的流变作用会加剧透水层孔隙水压力变化,甚至产生超静孔隙水压力,使不透水层产生上浮力,导致路基失稳。

研究沿河路基的稳定性,应该针对不同路基类型开展。对于松散体路基而言,路基岩土体可视为均匀介质,传统的路基稳定性分析方法在原理上均是可以应用的;对节理化岩质路基而言,路基的稳定性受结构面的性质控制,传统节理化岩体边坡稳定性评价方法的基本原理也应该是适用的。在应用传统方法的基本原理研究沿河路基的稳定性时,必须考虑沿河路基所处环境的特殊性,需要对传统方法进行必要的修正。

在第2章研究沿河路基失稳机理和第3章研究沿河路基挡墙土压力计算方法的基础上,本章讨论沿河路基的稳定性评价方法。

5.2　地下水作用对路基稳定的影响

沿河路基所处环境的特点之一是地下水位较高,且地下水位始终处于动态变化之中,路基岩土体长时间受地下水的浸泡、渗透等作用。因而,地下水位的变化、地下水渗流状态的变化等均对路基的稳定性产生影响。概括来讲,地下水对沿河路基稳定性的影响体现在以下几个方面:

(1) 地下水水位上升,将有更大范围的路基岩土体由原地下水水位以上的非饱和状态变为新地下水水位以下的饱和状态,由于水的作用,使路基岩土体的力学参数有所下降,这将降低路基岩土体的稳定性。

(2) 地下水水位上升过程中,由于地下水的浮拖力作用和沿地下水渗流方向的渗透力作用,路基岩土体内有效应力将减小,从而减小作用于路基挡墙上的主动土压力值,这对路基及路基挡墙的稳定是有利的。

(3) 地下水水位上升,作用于路基挡墙墙背的水压力将增大,这会降低路基挡墙的稳定。

（4）地下水水位上升，作用于路基挡墙底部的扬压力将增大（对不透水或弱透水路基挡墙而言），或作用于路基挡墙内的孔隙水压力将增大（对透水路基挡墙而言），使得路基挡墙的有效重力减小，这对路基挡墙的稳定是不利的。

（5）地下水水位下降，将有部分路基岩土体由原地下水水位以下的饱和状态逐渐变为新地下水水位以上的非饱和状态，由于水的排出和孔隙水（或裂隙水）压力的降低，路基岩土体的力学性质有可能有所提高，这将可能提高路基岩土体的稳定性。

（6）地下水水位下降过程中，由于路基岩土体内各点的静孔隙水压力将下降，以及沿地下水渗流方向的渗透力作用，路基岩土体内有效应力将逐渐增大，从而增大作用于路基挡墙上的主动土压力值，这对路基及路基挡墙的稳定是不利的。

（7）地下水水位下降，作用于路基挡墙墙背的水压力将减小，这对路基挡墙的稳定是有利的。

（8）地下水水位下降，作用于路基挡墙底部的扬压力将减小（对不透水或弱透水路基挡墙而言），或作用于路基挡墙内孔隙水压力将减小（对透水路基挡墙而言），使得路基挡墙的有效重力增大，这对路基挡墙的稳定是有利的。

（9）地下水水位下降，当水力坡度足够大时，路基岩土体中的细小岩土颗粒可能随地下水的渗流被带走，即发生管涌现象。这种现象如果长期存在，路基岩土体的结构将变得疏松，力学性质将下降，这对路基的稳定是很不利的。

（10）地下水水位保持不变，地下水向上渗流（包括竖直向上渗流和倾斜向上渗流等情况），由于地下水渗流产生的渗透力的方向与岩土体重力方向相反，因而路基岩土体内的有效应力将减小，使得作用于路基挡墙上的主动土压力也减小；由于地下水水位保持不变，作用于路基挡墙上的水压力也保持不变。因此，作用于路基挡墙上的主动土压力和水压力的合力总体上是减小的，这对路基挡墙的稳定是有利的。

（11）地下水水位保持不变，地下水向下渗流（包括竖直向下渗流和倾斜向下渗流等情况），由于地下水渗流产生的渗透力的方向与岩土体重力方向相同，因而路基岩土体内的有效应力将增大，使得作用于路基挡墙上的主动土压力也增大；由于地下水水位保持不变，作用于路基挡墙上的水压力也保持不变。因此，作用于路基挡墙上的主动土压力和水压力的合力总体上是增大的，这对路基挡墙的稳定是不利的。

总之，地下水的动态变化和渗流状态的变化，将影响路基岩土体的物理力学性质，影响路基岩土体内的孔隙水应力、有效应力的大小和分布，因而也就影响路基岩土体的稳定性和路基挡墙的稳定性。在地下水水位上升变化或下降变化的过程中，均同时存在对路基岩土体和路基挡墙的稳定性有利和不利的因素，在沿河路基稳定性研究中应客观、全面考虑这些因素，以确保路基稳定性评价方法的合理性；

在有些情况下,虽然地下水水位在一定时间内能够保持不变,但由于路基地下水和河(库)水间存在水力联系,地下水并不一定处于静止状态。地下水的渗流状态对路基岩土体内的应力场是有影响的,在沿河路基稳定性研究中,对此也应考虑,否则很难确保路基稳定性评价方法的合理性。

5.3 河流水流对路基稳定的影响

沿河路基所处环境的一个特点是其长期遭受河流水流的冲刷作用与淘蚀作用。山区河流多为季节性河流,其水文特点是流域区坡面陡、雨水汇流快,河水水位和流量受流域气候条件控制。枯水期河水水位低、流量小,河水对路基的冲蚀作用不强,甚至没有冲刷;洪水期河水水位和流量变幅很大,通常高水位和大流量历时短,但洪水流速大、搬运能力强,且易形成泥石流、滑坡等地质灾害,对路基的毁坏能力很强。因而洪水期是造成沿河路基水毁的主要时期。

5.3.1 河水影响路基稳定性的主要原因

河水之所以能够对沿河路基的稳定性造成危害,其原因之一是沿河路基的修筑常改变河流原有的岸坡地形及河道几何形态等,因而改变河流的水文特征。特别是当沿河路基的修筑侵占部分河道时,洪水期间路基不仅遭受河水的浸泡,也遭受河水的冲刷,且冲刷作用的强度可能很高,可能造成路基防护结构局部或整体破坏。因此,河流水流对沿河路基的冲刷,甚至毁坏的原因之一是,河流流水和沿河路基相互影响。

河水能够对沿河路基的稳定性造成危害,其原因之二是由于江河两岸滑坡、泥石流堆积,侵占河床,压缩江河的过水断面,产生挑流作用,从而改变主流线,使洪水直冲彼岸坡脚,形成强烈的淘蚀,进而产生顶冲恶性循环。如果沿河公路布置在遭受洪水冲刷的岸坡,路基在洪水顶托作用下难免会发生局部甚至整体破坏。可见,河流水流对沿河路基冲刷甚至毁坏的又一原因是,河流河道形态、位置等在滑坡、泥石流等地质现象作用下的自然变迁作用,当沿河路基对河流河道的这种自然变迁过程产生限制作用时,路基遭受河水的冲刷、掏蚀等作用。

河水能够对沿河路基的稳定性造成危害,其原因之三是当路基沿河流弯道的凹岸布置时,由于河流的侧蚀作用,凹岸河段将不断遭受河流的侵蚀而破坏,这是河曲发展的自然过程,当沿河路基对这种自然过程的发展有所限制时,路基及其防护结构将不可避免地遭受河水的冲刷和掏蚀作用,当这种作用强度达到足以使路基及其防护结构失稳破坏时,沿河路基被毁坏将是必然的。因此,河流水流对沿河路基的冲刷甚至毁坏的又一原因是,沿河路基限制河曲的发展进程,河流弯道水流的水力学特性造成沿河路基遭受河流流水的冲刷和掏蚀作用。

　　河水能够对沿河路基的稳定性造成危害,其原因之四是在洪水期间,河流水位抬高,流量增大,流速变快,河水搬运的岩土碎屑颗粒的直径变大、数量增多,使河水水流对岸坡及沿河路基的浸泡范围加大、冲刷作用增强、掏蚀作用增强等。因此,河流水流对沿河路基的冲刷甚至毁坏的又一原因是,洪水期间河流水流对岸坡及沿岸结构物的侵蚀作用更加强烈。

　　综上所述,河流水流对沿河路基稳定性影响的原因是多方面的,既包括路基方面的原因,也包括河流水流方面的原因。总体来讲,河流水流对沿河路基稳定性存在影响的原因可归结为两个方面:一是沿河路基的修筑改变河谷形态,进而改变河流的水文特征;二是沿河路基的修筑影响或限制河曲的自然变迁过程。

5.3.2　河水影响路基稳定的力学机理

　　在洪水期间,河水水位上升,作用于路基侧面的静水压力增大;同时,河流流量增大,流速加快,河水对沿河路基的冲刷作用增强,因此路基更加容易发生失稳破坏。河流水流对路基稳定性的影响主要体现在以下几个方面。

　　(1)洪水期间,河水水位抬高,作用于路基防护结构或路基侧面的静水压力增大,这有利于沿河路基的稳定。

　　(2)洪水期间,河水水位抬高,作用于路基防护结构底部的扬压力增大,使得路基有效重力减小,这不利于沿河路基的稳定。

　　(3)洪水期间,河流流量增大,河流的侧蚀能力增强,因而河水会冲刷路基防护结构或路基侧面,此时河水对路基防护结构的影响与路基防护结构的类型、结构表面的粗糙程度、结构的完整性等因素有关。

　　对于结构完整(无裂缝或缺陷)的路基防护结构,如果结构物临河侧表面光滑,则河流水流对路基防护体的作用力主要是压力,这对路基及其防护结构物的稳定是有利的;如果路基防护结构物表面粗糙,则在河水作用下,结构物表面凸起部分同时承受压力和剪切力。压力是静水压力,对凸起部分的稳定是有利的或者说至少是无害的;而剪切力是由水流引起的,过大的剪切力可能使凸起部分从防护结构体上剥落,原有的凸起部分被剥落后,防护结构物表面的粗糙度可能并没有减小,反而可能加大。新的凸起部分在水流剪切力的作用下可能也被剥落,结构物表面的粗糙度继续加大。结构物表面凸起部分被水流剥落的过程如此不断发展,路基防护结构在河水水流作用下将逐渐被破坏。在洪水期间,路基防护结构物的这种剥落破坏过程的发展可能很快,一旦防护结构被破坏,路基岩土体的破坏过程将更加容易。

　　对于存在裂缝或缺陷的路基防护结构,在河水作用下,这些裂缝或缺陷可能成为河水与路基地下水水力联系的集中通道,路基岩土体颗粒可能随地下水向河流的集中排泄中被带走,这种现象的持续将使路基岩土体结构变得疏松、力学性质下降,整体稳定性降低,这些裂缝或缺陷的规模也将逐渐增大。另外,裂缝或缺陷的存在也增加结构物表面的粗糙度,加速路基防护结构在河水作用下的破坏发展进程。

(4) 洪水期间,河流流量增大,河流的搬运能力提高,河流的下蚀能力增强,因而河水对路基防护结构物下部甚至底部的冲刷、掏蚀作用强烈。强烈的下蚀作用不仅使河床下切,更可能使路基防护结构物底部架空,这对路基防护结构物的稳定是非常不利的。而防护结构物的架空部分在水流作用下更易失稳破坏,这将破坏防护结构物的整体性。

总体来讲,山区河流水流对沿河路基稳定性的影响主要表现为河水对路基的冲刷作用,而冲刷作用的强弱程度除与河流的水文条件密切相关外,主要受河流与路线的位置关系和路基岩土体的性质等因素控制。从河流与路线的位置关系出发,河流水流对沿河路基稳定性的影响主要体现在以下几个方面:

(1) 沿河路基位于河流直线岸坡段。通常认为,当沿河路基布置在河流直线岸坡段时,河水对路基的冲刷作用较弱。但从河曲发展的过程和规律来讲,河曲为直线形态是暂时的。河水在直线形态河床中流动时,虽然河水并不受河曲弯道离心力的作用,但由于科里奥利效应,河水的运动受科里奥利力作用而偏向右侧[1](图 5-1),因而右岸岸坡遭受河水的侵蚀作用较左岸岸坡强。

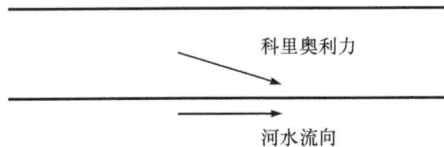

图 5-1　直线形河道水流受科里奥利效应作用

(2) 沿河路基位于河流凸岸段。通常认为,河曲凸岸是河水横向环流的堆积区[2,3],而不是侵蚀区,因而沿河路基布置在河曲凸岸时,几乎不遭受河水的冲刷作用。

(3) 沿河路基位于河流凹岸段。河水在河曲弯道运动时,同时受弯道离心力和科里奥利力作用,河水的流向与河岸呈斜交关系,水流速率可分解为平行于岸坡和垂直于岸坡两个分量,其中垂直于岸坡的水流分量形成横向环流[1](图 5-2)。

在弯道离心力的作用下,水体向凹岸集中,因此凹岸水面抬高,凸岸水面下降,从而产生横比降,引起自凹岸向凸岸的横向力,且横向力和离心力只是在中偏下位置的水体部分可达平衡。在弯道流水断面的垂线上,水质点的流速随深度增加逐渐减小,因此垂线上各点的离心力在表层最大,向下逐渐减小。但是在水体上层,离心力大于横向力,合力向凹岸,水质点向凹岸移动;在水体下层,离心力小于横向力,合力向凸岸,水质点向凸岸移动。这样变形为横向环流[图 5-2(a)]。由于横

(a) 剖面图

表层水流

底层水流

河水流向

(b) 平面图

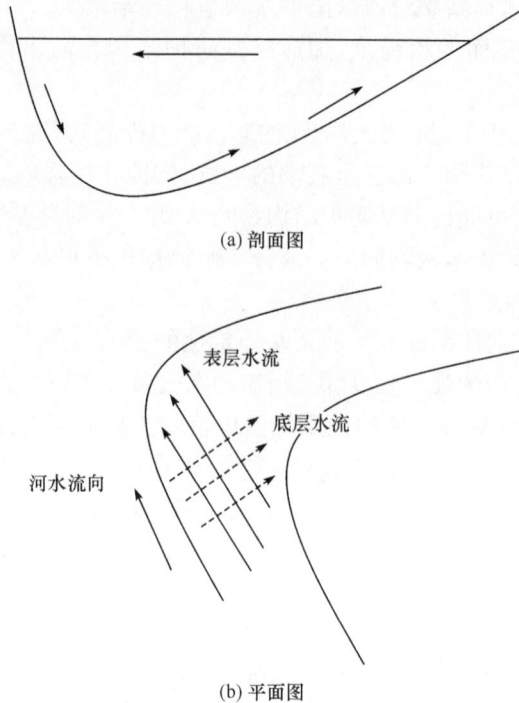

图 5-2　河曲弯道环流[1]

向环流的作用,使凹岸遭受侵蚀,侵蚀下来的物质随横向环流向凸岸搬运;在凸岸,因底流向上运动,流向表层,其能量逐渐减弱,搬运物质便发生沉积[图 5-2(b)]。与此同时,横向环流在纵向流速的驱使下被推向前进,因此构成弯道中的螺旋流,水体呈螺旋式前进[1]。

　　由此可见,当沿河路基布置在河曲凹岸时,由于河水受弯道离心力的作用而形成横向环流,使得凹岸遭受侵蚀,因而沿河路基及其防护结构也遭受弯道水流的侵蚀而易发生失稳破坏,特别是在洪水期间,河水对凹岸的冲刷、侵蚀作用更加强烈。

　　前文已述及,河曲弯道水流不仅受弯道离心力的作用,而且受科里奥利力作用。在北半球,科里奥利力的方向总是向右的,对河曲弯道而言,其方向可能是偏向凹岸的,也可能是偏向凸岸的,而弯道离心力的方向总是偏向凹岸的,这使得科里奥利力和弯道离心力的合力有时是加剧河水对凹岸的侵蚀,而有时却是减弱河水对凹岸的侵蚀。当河曲左弯时,科里奥利力的方向是自弯道离心力更加偏向凹岸,使河水对凹岸的侵蚀作用增强[图 5-3(a)];当河曲右弯时,科里奥利力的方向是自弯道离心力远离凹岸,使河水对凹岸的侵蚀作用减弱[图 5-3(b)][1]。

　　由此可见,当沿河路基布置在河曲凹岸时,河水对路基及其防护结构物的侵蚀作用较强烈,但侵蚀作用的强弱程度尚与河曲的弯曲方向有关。当河曲弯道左弯

(a) 弯道左弯，侵蚀力大

(b) 弯道右弯，侵蚀力小

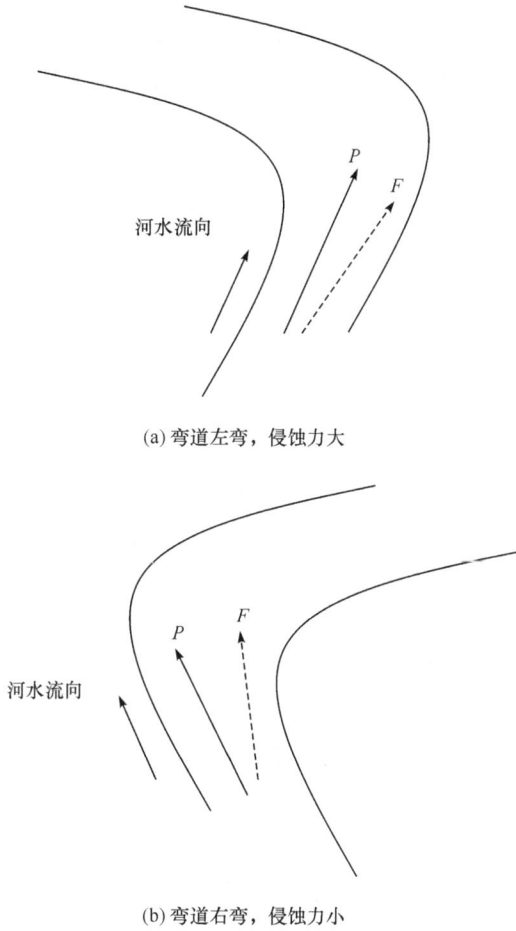

图 5-3　弯道离心力、科里奥利力与侧蚀作用的关系[1]

P. 弯道离心力；*F*. 科里奥利力

时，河水对凹岸的侵蚀作用强度大于河曲右弯时河水对凹岸的侵蚀作用。

　　总之，沿河公路与河流时而平行，时而相交；路线时而分布在河流的凹岸，时而分布在河流的凸岸。位于河流凹岸的路基，通常直接遭受河流凹岸冲刷和横向环流双重作用，容易发生失稳；布置在河流直线段的路基，也受河水直接冲刷，特别是在上下游弯道出入口地段，河流的流态相当复杂，路基也常因河水冲蚀而失稳破坏；当路线布置在凸岸时，由于凸岸通常为河水搬运物的沉积区，河水对路基的冲蚀作用不强，河水对路基稳定的威胁较小。

5.3.3　河流下蚀深度的计算

　　河流下蚀作用是河水侵蚀作用的主要形式之一，也是沿河路基水毁的主要原因之一。而最大冲刷深度将直接影响沿河路基的安全。挡土墙的基础埋置应该在一个安全的深度,即其埋置深度应在最大冲刷深度之下,这样才能保证护坡和挡土墙的基础不致因洪水冲刷而淘空,使护坡、挡土墙失去支撑而失稳破坏。因此最大冲刷深度的计算对确定护坡和挡土墙基础埋置深度是非常重要的。

水流最大冲刷深度的主要影响因素有水深、泥沙粒径、河宽、河弯半径等,长安大学[4~6]采用人工弯道概化模型试验方法进行不同条件下的冲刷试验。凹岸最大冲刷深度处的水深 h_{max} 可表示为

$$h_{max} = 1.50 K_m \left(\frac{B}{r_0} \right)^{0.253} \left(\frac{B}{h} \right)^{0.182} \left(\frac{h}{d} \right)^{0.045} h \qquad (5-1)$$

式中,r_0 为弯道半径;B 为河流宽度;h 为河流水深;d 为泥沙的平均粒径;K_m 为边坡冲刷折减系数。

5.4　路基稳定性评价方法

土石混合路基稳定性分析时,路基岩土体可作为均质材料,本节主要对设置路肩重力挡土墙的路基进行稳定性分析,分析方法也适用于具有其他类型路基防护结构的路基。路基稳定性分析的内容包括局部稳定性分析和整体稳定性分析。

参考前人对库水位下降时坝坡稳定性影响的研究[7~9],可以推定对沿河路基而言,其稳定性最差的情况是河水位由高水位快速下降到低水位的过程。因此,下面所有验算均是针对地下水水位位于路基土体表面,而河水水位为最低水位的最不利情况进行的,作用于墙背的土压力和水压力的具体计算方法在第 3 章有详细说明,本章计算公式直接用参数表示,不列出其详细计算公式。

5.4.1　局部稳定性分析

沿河路基的局部稳定性验算包括两大类:一类是渗流稳定性验算,这部分内容已在第 4 章阐述,这里不再赘述;另一类是路基防护结构物的稳定性验算,包括路基防护结构物的抗滑稳定性、抗倾覆稳定性等,本节仅对该类稳定性问题进行阐述。

1) 抗滑稳定性

为保证挡土墙的抗滑稳定性,应验算在土压力及其他外力作用下,基底摩阻力抵抗挡土墙滑移的能力,用抗滑稳定性系数 K_c 表示,即抗滑力与滑动力之比。如图 5-4 所示,抗滑稳定系数为

$$K_c = \frac{Gf + U_2}{E_a + U_1} \geqslant [K_c] \qquad (5-2)$$

式中,G 为挡土墙自重;E_a 为墙背主动土压力;U_1 为墙背水压力;U_2 为墙体外侧水

压力；f 为基底摩阻系数，可通过现场试验确定，或参考经验数据取值；$[K_c]$ 为容许抗滑稳定系数，按《建筑地基基础设计规范》(GB 50007—2011)[10] 取 1.3。

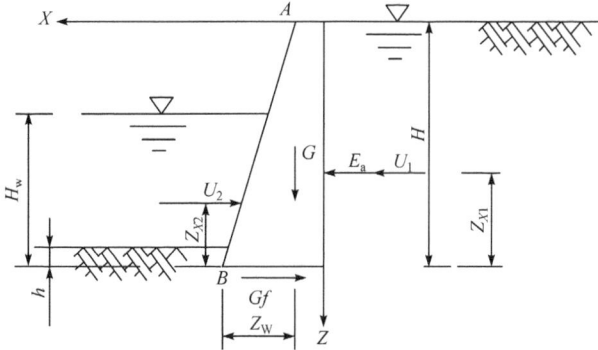

图 5-4 挡墙抗滑和抗倾覆稳定性验算

抗滑设计应以最不利水位为依据，由式(5-2)可知 U_2 起抗滑作用，因此最不利水位应取墙体外侧为 0，即令 $U_2=0$，则式(5-2)变为

$$K_c = \frac{Gf}{E_a + U_1} \geqslant [K_c] \tag{5-3}$$

土体内水位达到最大时，实际在水位陡降时，最危险情况下发生，挡土墙抗滑稳定性可按式(5-3)进行验算，若不满足要求，应考虑适当抗滑加固措施。

2) 抗倾覆稳定性

为保证挡土墙的抗倾覆稳定性，必须验算其抵抗墙身绕墙趾(图 5-4 中 B 点处)向外转动倾覆的能力，抗倾覆稳定系数用 K_0 表示，即为对墙趾的总稳定力矩 $\sum M_y$ 与总倾覆力矩 $\sum M_0$ 之比，如图 5-4 所示。

$$K_0 = \frac{\sum M_y}{\sum M_0} = \frac{GZ_W + U_2 Z_{X2}}{(E_a + U_1)Z_{X1}} \geqslant [K_0] \tag{5-4}$$

式中，Z_W 为挡墙自重 G 相对于墙趾 B 的距离；Z_{X1} 为墙背水土压力相对于墙趾 B 的距离；Z_{X2} 为墙体外侧水压力相对于墙趾 B 的距离；$[K_0]$ 为容许抗倾覆稳定系数，按《建筑地基基础设计规范》(GB 50007—2011)[10] 取 1.5。

抗倾覆设计同样应以最不利水位为依据进行验算，由式(5-4)可知 U_2 起抗倾覆作用，因此最不利水位应取墙体外侧为 0，即 $U_2=0$，所以式(5-4)变为

$$K_0 = \frac{\sum M_y}{\sum M_0} = \frac{GZ_W}{(E_a + U_1)Z_{X1}} \geqslant [K_0] \tag{5-5}$$

土体内水位达到最大时,实际发生在水位陡降时的最危险情况,挡土墙抗滑稳定性按式(5-5)进行验算,如果不符合要求,应做适当抗倾覆措施。

3) 基底应力及合力偏心距计算

为了保证挡土墙基底应力不超过地基容许承载力,应进行基底应力验算,同时,为了避免挡墙不均匀沉降,应控制作用于挡土墙基底合力的偏心距。

如图 5-5 所示,作用于基底合力的偏心距 e 为

$$e=\frac{B}{2}-Z_N\leqslant[e] \tag{5-6}$$

$$Z_N=\frac{\sum M_y-\sum M_0}{\sum N}=\frac{GZ_W+U_2Z_{X2}-(E_a+U_1)Z_{X1}}{G} \tag{5-7}$$

同抗滑和抗倾覆验算一样,最不利位置 $U_2=0$,因此可按式(5-8)计算 Z_N:

$$Z_N=\frac{\sum M_y-\sum M_0}{\sum N}=\frac{GZ_W-(E_a+U_1)Z_{X1}}{G} \tag{5-8}$$

在偏心荷载下,基底最大和最小法向应力为

$$\begin{matrix}\sigma_1\\\sigma_2\end{matrix}=\frac{\sum N}{A}\pm\frac{\sum M}{W}=\frac{G}{B}\left(1\pm\frac{6e}{B}\right)\leqslant[\sigma_0] \tag{5-9}$$

式中,$\sum N$ 为作用于基底合力的法向分力;Z_N 为 $\sum N$ 对墙趾的力臂;B 为基底宽度;A 为基底面积,取 1m 长墙,$A=B$;$\sum M$ 为各力对基底中性轴的力矩和;W 为基底截面模量,$W=B^2/6$;e 为合力偏心距,其限制按有关规定执行;$[\sigma_0]$ 为基底容许承载力。

综上,对挡土墙的稳定性验算,最不利水位都是在水位陡降状况,取最危险情况,即土体内水位位于地表面;而由于外侧水位在一定程度上对挡墙的稳定有利,因此考虑最不利情况,即墙体外水位为 0 时进行验算。

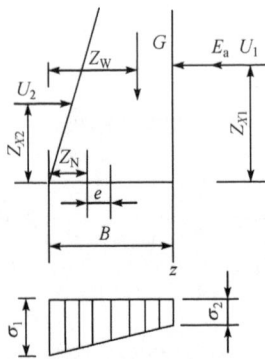

图 5-5　基底应力及
合力偏心距验算

4) 对挡土墙的冲刷深度计算

对于如何确定在河道岸边上修建路基防护构造物的基础埋置深度,一个非常重要的依据就是在一定的水流流速条件下河床的冲刷深度。可用式(5-1)对水流的最大冲刷深度进行计算。

钱宁等提出各类河流弯道集中冲刷深度,可以用式(5-10)表示:

$$h_{max}=Kh \tag{5-10}$$

式中,h 为水深;K 为冲刷深度系数,可采用 Lacey 提供的 K 值:平缓弯道 $K=$

1.5,陡弯 $K=1.75$,直角急弯 $K=2.0$,垂直沿岸或墙 $K=2.25$。

因此,如果路线位于河弯凹岸,采用护坡和挡土墙对沿河路基进行冲刷防护时,护坡和挡土墙的基础埋深需根据河弯凹岸最大冲刷深度确定,则河弯凹岸最大冲刷深度成为护坡和挡土墙的重要设计参数之一,可以利用式(5-10)计算不同条件下的河弯凹岸最大冲刷深度 h_{max}。如果结构物基础埋深小于河流弯道的最大冲刷深度,应对结构物基础采取进一步的防护措施,以确保结构物的稳定。

5.4.2　整体稳定性分析(I)

沿河路基破坏形式不一,除对局部稳定性进行分析外,对整体稳定性分析也是必不可少的。沿河路基所处环境的地质条件复杂多变,仅就路基填土与地基界面的形态而言也有很多情况,本节根据地基表面倾角与路基失稳破坏形式的关系,分四种情况进行分析:①路基后缘为陡峻的稳定岩体,且岩坡坡角 $\theta > 45° + \varphi/2$(这里 φ 为路基填土的内摩擦角);②路基后缘为陡峻的稳定岩体,且岩坡坡角 $\theta < 45° + \varphi/2$;③路基稳定与后缘地质体无关;④路基无防护结构物。

为计算简化,以下对整体稳定性的分析都是在假设路基填土为均匀材料的基础上进行的。

1) 路基后缘为陡峻的稳定岩体,且岩坡坡角 $\theta > 45° + \varphi/2$

当支挡结构后缘有较陡峻的稳定岩石坡面,且岩坡的坡角 $\theta > 45° + \varphi/2$ 时(图 5-6),应按有限范围填土计算土压力,取岩石坡面为破裂面。此时滑动面为岩坡和挡墙基底组成的复合滑动面 $ABCD$,忽略 CD 段的影响,此时边坡的整体稳定安全系数可用式(5-11)计算。当路基在河流水作用下时,其抗剪强度值应该取有水作用条件下的抗剪强度值。

$$K = \frac{c'B + G_d \tan\varphi'}{E_a} \tag{5-11}$$

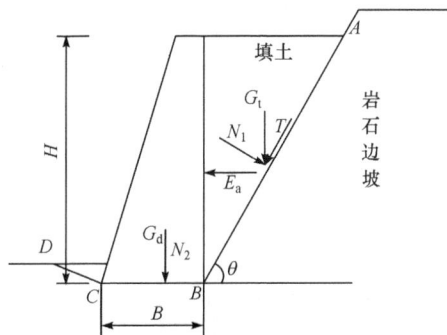

图 5-6　稳定岩石坡面($\theta > 45° + \varphi/2$)

式中，G_d 为挡土墙自重；E_a 为墙背主动土压力；c' 为填土的饱和黏聚力；φ' 为填土的饱和内摩擦力；B 为挡墙基底宽度。

2）路基后缘为陡峻的稳定岩体，且岩坡坡角 $\theta < 45° + \varphi/2$

当支挡结构后缘有较陡峻的稳定岩石坡面，岩坡的坡角 $\theta < 45° + \varphi/2$ 时（图 5-7），一般破裂面发生在墙后填土内，此时可按圆弧滑动面用条分法计算其边坡的稳定安全系数，计算方法与一般圆弧滑动面方法相同，见式（5-12）。

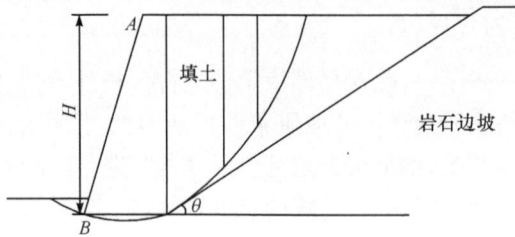

图 5-7　稳定岩石坡面（$\theta < 45° + \varphi/2$）

3）路基稳定与后缘地质体无关

支挡结构后缘填土为无限均匀材料，如图 5-8 所示。

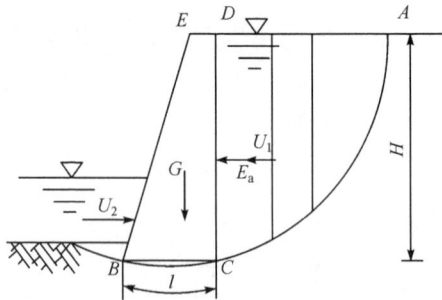

图 5-8　圆弧滑动面安全系数计算图

此时可按传统普通条分法计算稳定安全系数。划分条块时，将挡土墙划分为一个条块，其墙后填土按传统方法划分条块。稳定安全系数可表达为

$$K = \frac{(cl + G\tan\varphi) + U_2}{E_a + U_1} \quad (5-12)$$

式中，c、φ 为填土的抗剪强度指标；G 为挡墙的重量；l 为挡墙基底滑面的长度；E_a、U_1 分别为墙背土体对挡墙的土压力和水压力；U_2 为墙体外水压力。E_a、U_1 和 U_2 值根据墙背填土，可按如下做法求之。按条分法分成若干条块，并假定条块间的作用力为水平方向。对每一条块进行力的平衡分析，用普通条分法计算各个土

条上的作用力,依此类推,最后求出 E_a 和 U_1 值,代入式(5-12)计算整个滑动面的稳定安全系数。

4）路基无防护结构物

对于天然边坡路基(图 5-9)。可按普通条分法划分条块并计算稳定安全系数,计算式如下:

$$F_s = \frac{\sum (G_i\cos\alpha_i - u_i l_i)\tan\varphi' + \sum c' l_i}{\sum G_i\sin\alpha_i} \tag{5-13}$$

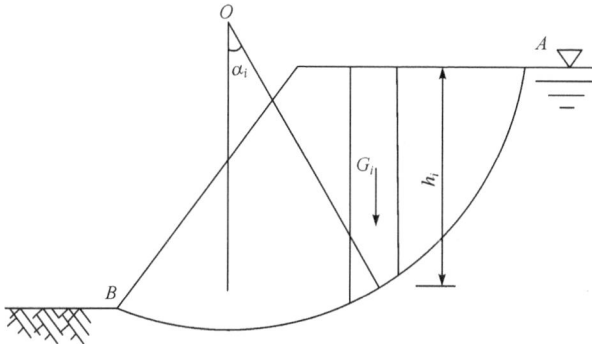

图 5-9 圆弧滑动面安全系数计算

从整体稳定性分析方法上可以看出,挡墙路基的分析中对挡墙的土压力计算是必须的,因为挡墙对路基起重要的防护作用,因此对挡墙路基来讲,土压力计算是关键。同时对挡墙路基的稳定性分析中,对挡墙的局部稳定性分析和土压力计算是整体稳定性分析的前提。对挡墙路基而言,只要挡墙的局部稳定性满足要求,其整体稳定性也基本满足要求。

用条分法进行边坡的稳定性分析,其计算工作量很大,计算机技术的发展为方便求解此类问题提供了可能的途径。目前有限元法已经可以很好地解决此类问题,对各类边坡都可以自动搜索其滑动面和计算稳定安全系数。

5.4.3 整体稳定性分析(II)

5.4.2 节主要介绍基于传统的分析方法(特别是传统的条分法),并考虑沿河路基的特点,对沿河松散体路基的整体稳定性进行分析研究。由于沿河路基的地质结构相当复杂,同时沿河路基所受荷载也比较复杂,传统的条分法(简称为竖向条分法)在应用时具有一定的局限性。

本节针对传统竖向条分法的不足,提出倾斜条分法,该方法与传统方法相比较具有以下特点:

（1）滑面为任意形状,最危险滑面的形状和位置均需要搜索确定。

（2）每一土条满足两个静力平衡方程和一个力矩平衡方程，因此为严格方法。

（3）土条间的安全系数可以与滑面安全系数相同，也可以不同。

（4）可以分析多层土的情况。

（5）可以考虑地面超载、地下水静水压力和动水压力、地震作用等复杂工况。

该方法的基本思路、基本方程和求解过程简要介绍如下。

1）土条划分

（1）滑面为任意形态（如折线形），令滑面局部倾角为 α_i（图 5-10）。

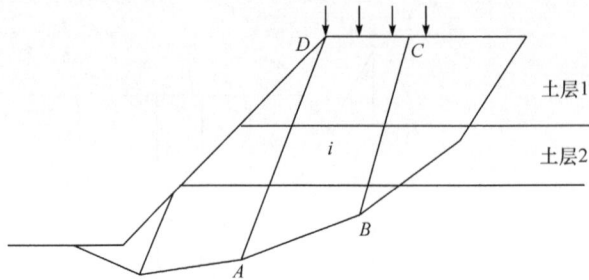

图 5-10　倾斜条分法

（2）土条间界面与竖直线间的夹角为 δ_i，对土坡，假定土条间界面为 Rankine 主动破坏线，即 $\delta_i = \dfrac{\pi}{4} - \dfrac{\overline{\varphi}_i'}{2}$，其中 $\overline{\varphi}_i'$ 为沿土条间界面各土层内摩擦角的加权平均值；对岩坡，如果有倾斜结构面（包括层面、节理等），假定 δ_i 为结构面与竖直线交角，否则也假定 $\delta_i = \dfrac{\pi}{4} - \dfrac{\overline{\varphi}_i'}{2}$（图 5-11）。

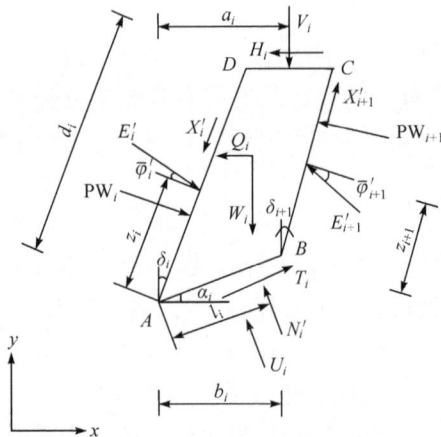

图 5-11　土条受力分析

2）基本假定

极限平衡状态时，土条间界面的应力状态也正好达到极限平衡状态，即土条间安全系数为 1，此时土条间力满足 Mohr-Coulomb 准则，即

$$X_i = E_i' \tan\overline{\varphi}_i' + \overline{c}_i' d_i = X_{i0} + X_i' \qquad (5\text{-}14)$$

式中

$$\begin{cases} X_{i0} = E_i' \tan\overline{\varphi}_i' \\ X_i' = \overline{c}_i' d_i \end{cases} \qquad (5\text{-}15)$$

此时土条间力 X_{i0} 和 E_i' 可用其合力 E_i' 代替，其方向与土条间界面法线呈 $\overline{\varphi}_i'$ 夹角，大小和作用点未知（图 5-11）。

滑面安全系数定义为

$$F_s = \frac{\tau_f}{\tau} = \frac{N_i' \tan\varphi_i' + c_i' b_i \sec\alpha_i}{T_i} \qquad (5\text{-}16)$$

式中，φ_i'、c_i' 为土条滑面的有效抗剪强度指标；b_i 为土条底面水平宽度。

3）平衡方程

除了方程（5-14）和方程（5-16）外，还可列出如下两个静力平衡方程和一个力矩平衡方程。

（1）水平向静力平衡方程。

$$\sum F_x = 0 \qquad (5\text{-}17a)$$

即

$$-N_i' \sin\alpha_i - U_i \sin\alpha_i + T_i \cos\alpha_i + E_i' \sin(90° - \delta_i - \overline{\varphi}_i') + PW_i \cos\delta_i - X_i' \sin\delta_i$$
$$-E_{i+1}' \sin(90° - \delta_{i+1} - \overline{\varphi}_{i+1}') - PW_{i+1} \cos\delta_{i+1} + X_{i+1}' \sin\delta_{i+1} - Q_i - H_i = 0 \qquad (5\text{-}17b)$$

$$N_i = N_i' + U_i \qquad (5\text{-}17c)$$

$$E_i = E_i' + PW_i \qquad (5\text{-}17d)$$

$$E_{i+1} = E_{i+1}' + PW_{i+1} \qquad (5\text{-}17e)$$

式中，N_i'、T_i、U_i 分别为滑面上的总有效正应力、总剪应力和总孔隙水应力；PW_i、PW_{i+1} 分别为土条两侧的总水压力；Q_i 为水平地震力。

（2）竖直向静力平衡方程。

$$\sum F_y = 0 \qquad (5\text{-}18a)$$

即

$$N_i' \cos\alpha_i + U_i \cos\alpha_i + T_i \sin\alpha_i - E_i' \cos(90° - \delta_i - \overline{\varphi}_i') - PW_i \sin\delta_i - X_i' \cos\delta_i$$
$$+ E_{i+1}' \cos(90° - \delta_{i+1} - \overline{\varphi}_{i+1}') + PW_{i+1} \sin\delta_{i+1} + X_{i+1}' \cos\delta_{i+1} - W_i - V_i = 0 \qquad (5\text{-}18b)$$

式中，W_i、V_i 分别为土条自重和土条顶面荷载（对于水下情况可以是水压力）。

（3）对 A 点的力矩平衡方程。

$$\sum M_A = 0 \qquad (5\text{-}19a)$$

令①滑面扬压力 U_i 作用点到 A 点的距离为 l_i'；②条间界面（左侧）水压力 PW_i 作用点到 A 点的距离为 z_i'；③条间界面（右侧）水压力 PW_{i+1} 作用点到 B 点的距离为 z_{i+1}'；④土条重心到 A 点的水平距离为 x_i；⑤土条重心到 A 点的竖直距离为 y_i；⑥土条底部荷载 V_i 到 A 点的水平距离为 a_i。

对于确定土坡，在边界条件确定时，①~⑥中各力的大小及作用点的位置均为已知量，则

$$
\begin{aligned}
&N_i'l_i + U_i l_i' + X_{i+1}'b_i \sec\alpha_i \sin(90°-\alpha_i-\delta_{i+1}) \\
&+ E_{i+1}'\sin\overline{\varphi}_{i+1}b_i \sec\alpha_i \sin(90°-\alpha_i-\delta_{i+1}) \\
&+ E_{i+1}'\cos\overline{\varphi}_{i+1}\left[z_{i+1}+b_i \sec\alpha_i \cos(90°-\alpha_i-\delta_{i+1})\right] \\
&+ PW_{i+1}\left[z_{i+1}'+b_i \sec\alpha_i \cos(90°-\alpha_i-\delta_{i+1})\right] \\
&+ H_i d_i \cos\delta_i + Q_i y_i - W_i x_i - V_i a_i - PW_i z_i' - E_i'\cos\overline{\varphi}_i z_i = 0
\end{aligned}
\tag{5-19b}
$$

4）解方程

（1）方程化简。假定土条间界面、滑面上的有效正应力为线性分布，且土条间界面和滑面公共点的有效正应力相等，即图 5-11 中 A 点的有效正应力在滑面 AB 面上的大小等于在土条间界面 AD 面上的大小，均可用 σ_i' 表示。同样，土条各边界点的正应力可分别表示为：A 点，σ_i'；B 点，σ_{i+1}'；C 点，$\sigma_i'^0$；D 点，$\sigma_{i+1}'^0$。此时，有

$$
N_i' = \frac{1}{2}(\sigma_i'+\sigma_{i+1}')b_i \sec\alpha_i
\tag{5-20}
$$

$$
E_i' = \frac{1}{2}(\sigma_i'^0+\sigma_i')d_i
\tag{5-21}
$$

$$
E_{i+1}' = \frac{1}{2}(\sigma_{i+1}'^0+\sigma_{i+1}')d_{i+1}
\tag{5-22}
$$

$$
T_i = \frac{N_i'\tan\varphi_i'+c_i'b_i \sec\alpha_i}{F_s} = \frac{\left[\frac{1}{2}(\sigma_i'+\sigma_{i+1}')\tan\varphi_i'+c_i'\right]b_i \sec\alpha_i}{F_s}
\tag{5-23}
$$

则滑面、土条界面上的总有效正应力的作用点可分别表示为

$$
l_i = \frac{1}{N_i'}\left[\frac{\sigma_i'b_i^2 \sec^2\alpha_i}{2}+\frac{(\sigma_{i+1}'-\sigma_i')b_i^2 \sec^2\alpha_i}{3}\right] = \frac{b_i \sec\alpha_i}{3}\cdot\frac{\sigma_i'+2\sigma_{i+1}'}{\sigma_i'+\sigma_{i+1}'}
\tag{5-24}
$$

$$
z_i = \frac{1}{E_i'}\left[\frac{\sigma_i'^0 d_i^2}{2}+\frac{(\sigma_i'-\sigma_i'^0)d_i^2}{6}\right] = \frac{d_i}{3}\cdot\frac{2\sigma_i'^0+\sigma_i'}{\sigma_i'^0+\sigma_i'}
\tag{5-25}
$$

$$
z_{i+1} = \frac{1}{E_{i+1}'}\left[\frac{\sigma_{i+1}'^0 d_{i+1}^2}{2}+\frac{(\sigma_{i+1}'-\sigma_{i+1}'^0)d_{i+1}^2}{6}\right] = \frac{d_{i+1}}{3}\cdot\frac{2\sigma_{i+1}'^0+\sigma_{i+1}'}{\sigma_{i+1}'^0+\sigma_{i+1}'}
\tag{5-26}
$$

将式（5-15）、式（5-20）~式（5-26）代入式（5-17）~式（5-19），可分别得到下列各式：

$$-\frac{1}{2}(\sigma_i'+\sigma_{i+1}')b_i\tan\alpha_i-U_i\sin\alpha_i+\frac{\left[\frac{1}{2}(\sigma_i'+\sigma_{i+1}')\tan\varphi_i'+c_i'\right]b_i}{F_s}$$

$$+\frac{1}{2}(\sigma_i'^0+\sigma_i')d_i\sin(90°-\delta_i-\bar\varphi_i')+PW_i\cos\delta_i-\bar c_i'd_i\sin\delta_i \tag{5-27}$$

$$-\frac{1}{2}(\sigma_{i+1}'^0+\sigma_{i+1}')d_{i+1}\sin(90°-\delta_{i+1}-\bar\varphi_{i+1}')-PW_{i+1}\cos\delta_{i+1}$$

$$+\bar c_{i+1}'d_{i+1}\sin\delta_{i+1}-Q_i-H_i=0$$

$$\frac{1}{2}(\sigma_i'+\sigma_{i+1}')b_i+U_i\cos\alpha_i+\frac{\left[\frac{1}{2}(\sigma_i'+\sigma_{i+1}')\tan\varphi_i'+c_i'\right]b_i\tan\alpha_i}{F_s}$$

$$-\frac{1}{2}(\sigma_i'^0+\sigma_i')d_i\cos(90°-\delta_i-\bar\varphi_i')-PW_i\sin\delta_i-\bar c_i'd_i\cos\delta_i \tag{5-28}$$

$$+\frac{1}{2}(\sigma_{i+1}'^0+\sigma_{i+1}')d_{i+1}\cos(90°-\delta_{i+1}-\bar\varphi_{i+1}')+PW_{i+1}\sin\delta_{i+1}$$

$$+\bar c_{i+1}'d_{i+1}\cos\delta_{i+1}-W_i-V_i=0$$

$$\frac{1}{6}b_i^2\sec^2\alpha_i(\sigma_i'+2\sigma_{i+1}')+U_il_i'+\bar c_{i+1}'d_{i+1}b_i\sec\alpha_i\sin(90°-\alpha_i-\delta_{i+1})$$

$$+\frac{1}{2}d_{i+1}b_i\sec\alpha_i\sin\bar\varphi_{i+1}'\sin(90°-\alpha_i-\delta_{i+1})(\sigma_{i+1}'^0+\sigma_{i+1}')$$

$$+\frac{1}{6}d_{i+1}^2\cos\bar\varphi_{i+1}'(2\sigma_{i+1}'^0+\sigma_{i+1}')$$

$$+\frac{1}{2}d_{i+1}b_i\sec\alpha_i\cos\bar\varphi_{i+1}'\cos(90°-\alpha_i-\delta_{i+1})(\sigma_{i+1}'^0+\sigma_{i+1}') \tag{5-29}$$

$$+PW_{i+1}\left[z_{i+1}'+b_i\sec\alpha_i\cos(90°-\alpha_i-\delta_{i+1})\right]$$

$$+H_id_i\cos\delta_i+Q_iy_i'-W_ix_i-V_ia_i-PW_iz_i'-\frac{1}{6}d_i^2\cos\bar\varphi_i'(2\sigma_i'^0+\sigma_i')=0$$

式(5-27)~式(5-29)中,未知数共 4 个,分别是 F_s、σ_{i+1}'、$\sigma_{i+1}'^0$、α_i。其中 F_s 所有土条均相等。

（2）求解过程。

① 对第一土条(图 5-10 中最左边的土条)。$\sigma_1'^0=0$,σ_1' 可由摩尔圆与强度线相切的位置关系确定,即 $\sigma_1'=\dfrac{c_1'\cos\varphi_1'}{F_s}$。因此,未知数分别为 F_s、σ_2'、$\sigma_2'^0$、α_1,共 4 个,假定 F_s 的值,根据式(5-27)~式(5-29),可唯一确定其他 3 个未知量。

② 对第 $i(1<i<n-1)$ 土条。只有 3 个未知量 σ_{i+1}'、$\sigma_{i+1}'^0$、α_{i+1},可根据式(5-27)~式(5-29)唯一确定。

③ 对第 n 个土条(图 5-10 中最右边的土条)。σ'^0_{n+1} 可由摩尔圆与强度线相切的位置关系确定,即 $\sigma'^0_{n+1}=\dfrac{c'_n\cos\varphi'_n}{F_s}$。因此未知数分别为 F_s(此时也把 F_s 作为未知量)、σ'_n、a_n,共 3 个,根据式(5-27)~式(5-29)可唯一确定。

比较以前假定的 F_s 和第 n 个土条计算的 F_s 的大小,重新假定 F_s,重复计算,直至误差在容许范围内,所对应的滑面为最危险滑面,所对应安全系数为边坡的安全系数。

5.5　路基稳定的数值研究

随着现代计算技术的发展和普及,用数值方法研究工程问题受到许多学者和工程技术人员的关注。现有的数值分析方法很多,如有限元法、有限差分法、离散元法、流形元法等,且在工程设计、科学研究中均有不同程度的应用。不同的数值分析方法有各自的优势和不足,很难说哪种方法更好。但是,不同方法对同一问题的处理方法是不同的,这是在实际应用时选取数值方法的依据之一。本节基于连续介质快速拉格朗日分析(Fast Lagrangian analysis of continua,FLAC)数值方法,对沿河路基的稳定性进行初步分析。

FLAC 是基于拉格朗日差分法的一种显式有限差分程序,是由美国 Itasca Consulting Group 开发的商业软件。近年来,基于强度折减的 FLAC 方法在岩土工程界逐步得到广泛应用[11~16],该方法可以模拟边坡的变形与破坏行为、滑动面的位置及加固效应等。

本节利用 FLAC 程序和强度折减法原理,对土石混合沿河路基的稳定性进行分析,针对 5.4.2 节中分析的四种路基类型分别给出算例。

假设四种路基类型的填土材料性质一致,见表 5-1,挡土墙墙背直立,挡墙置于坚硬岩石上。水位位于路基表面,排水边界位于墙背。因为是对路基整体稳定性分析,假设挡墙自身稳定性达到了要求,视挡墙为刚性结构物,因此采用 beam 单元模拟挡墙,与土体之间的连接通过 interface 单元连接梁单元的两个边界。假设路基高度都设为 6m。

表 5-1　各岩土体的物理力学参数值

材料类型 ＼ 属性	干密度 /(kg/m³)	内摩擦角 $\varphi/(°)$	黏聚力 c/kPa	剪切模量 /kPa	体积模量 /kPa	孔隙率 n	渗透系数
土体	1700	30	0	1×10^4	2×10^3	0.3	1×10^{-10}

1) 路基后缘为陡峻的稳定岩体,且岩坡坡角 $\theta>45°+\varphi/2$

假设挡墙坐落在基岩上,因此路基底边界为固定边界,右边界 X 方向位移受到限制,如图 5-12 所示建立模型,岩坡坡角 θ 取 70°,路基挡墙 beam 单元位于模型左侧。图中有两种材料,上部为路基填土,下部为坚硬岩石。由图 5-13 和图 5-14 可知,滑动面即为岩石坡面,与理论分析一致。

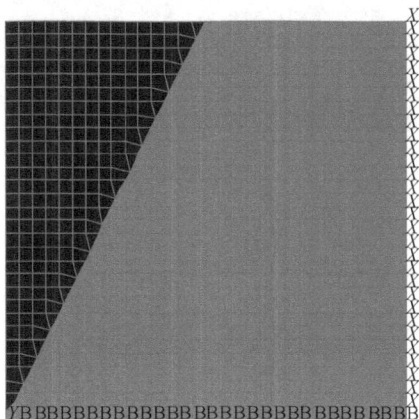

图 5-12　计算模型和边界条件

图 5-13　位移矢量图

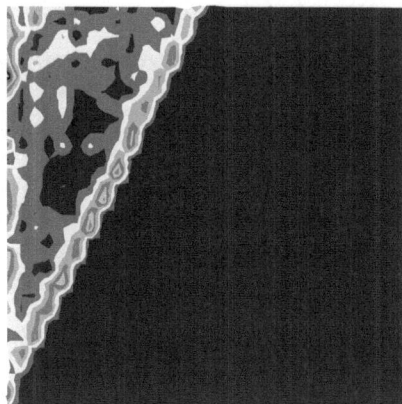

图 5-14　剪应变图

2) 路基后缘为陡峻的稳定岩体,且岩坡坡角 $\theta < 45° + \varphi/2$

假设挡墙坐落在基岩上,因此路基底边界为固定边界,右边界 X 方向位移受到限制,如图 5-15 所示建立模型,岩坡坡角 θ 取 30°,路基挡墙 beam 单元位于模型的左侧。图中有两种材料,上部为路基填土,下部为坚硬岩石。由图 5-16 和图 5-17 可以看出滑动面的位置,与理论分析一致。

3) 路基稳定与后缘地质体无关

整个路基填土性质一样,土体完全饱和,为减小边界效应,取水平距离为 30m,

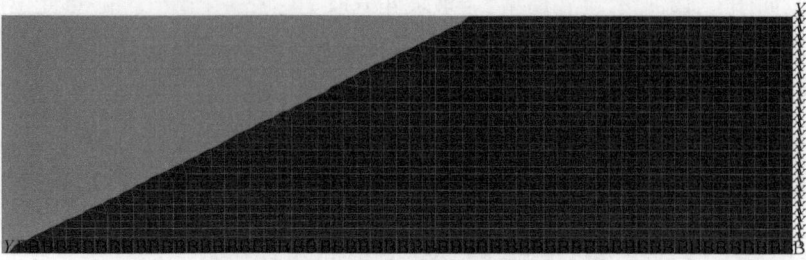

图 5-15　计算模型和边界条件

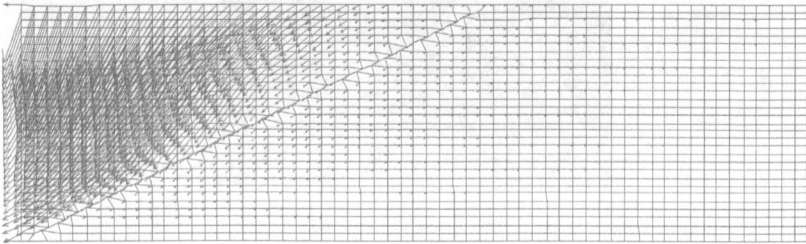

图 5-16　位移矢量图

图 5-17　剪应变图

竖直距离为 18m，假设挡墙埋深 2m，如图 5-18 所示建立模型，路基挡墙 beam 单元位于模型的左侧。由图 5-19 和图 5-20 可知，路基的稳定性不受后缘地质条件影响。

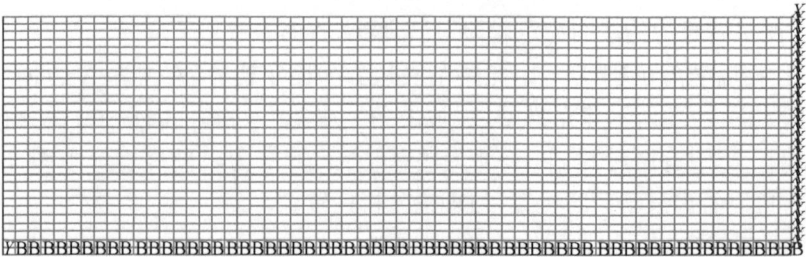

图 5-18　计算模型和边界条件

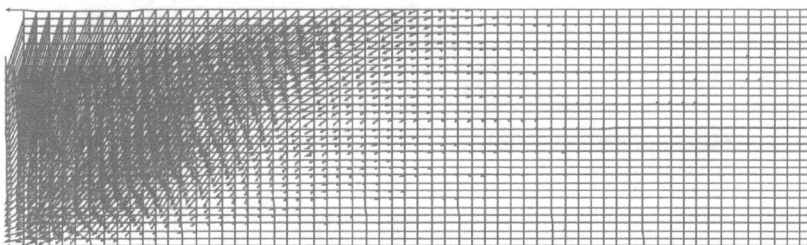

图 5-19　位移矢量图

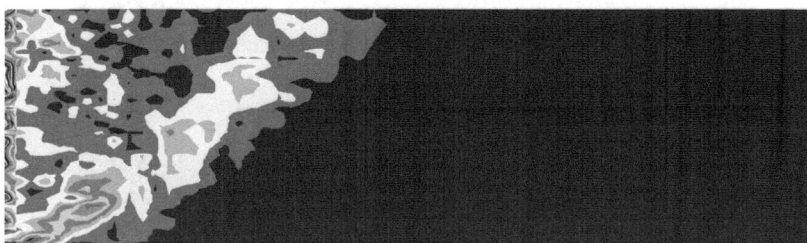

图 5-20　剪应变图

4）路基无防护结构物

路基边坡为自然边坡，无防护，假设按 1∶1.5 放坡，模型土体性质按表 5-1 取值。水位位于地表面，水流从坡面排出。图 5-21 所示为该路基类型的计算模型和边界条件。根据 FLAC 内渗流模块分析得到的渗流场如图 5-22 所示，从图 5-23 所示分析中得到的剪应变图可以明显看出滑动面。

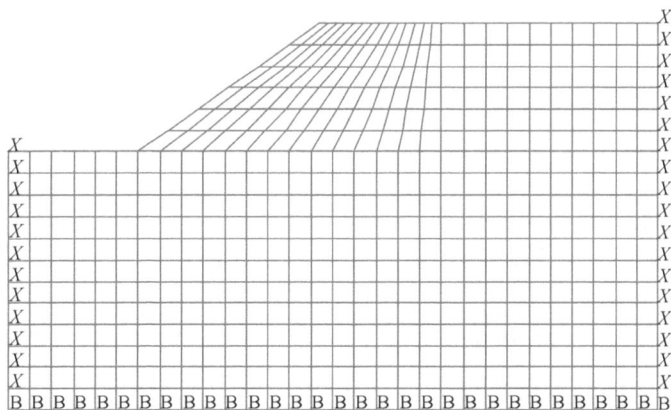

图 5-21　计算模型和边界条件

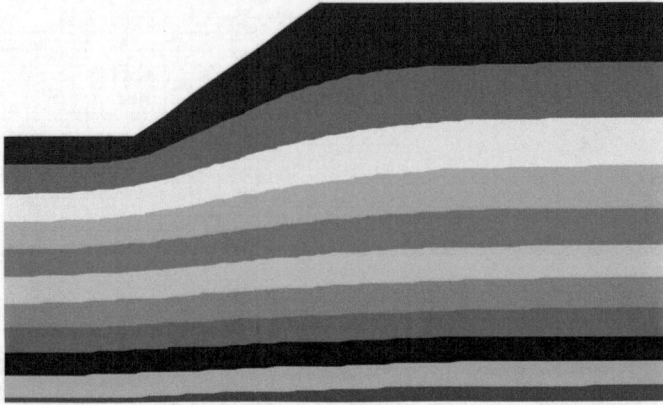

图 5-22 孔隙水压力分布

图 5-23 滑动面位置

5.6 小 结

土石混合路基是沿河路基的主要类型之一,本章分析地下水、地表水流对该类路基稳定性的影响,讨论路基稳定性的分析方法,得出一些有益结论和认识,具体如下所述:

(1) 地下水的动态变化和渗流状态的变化影响路基岩土体的物理力学性质,影响路基岩土体内的孔隙水应力、有效应力的大小和分布,因而也影响路基岩土体和路基挡墙的稳定性。在地下水水位上升变化或下降变化的过程中,均同时存在对路基岩土体和路基挡墙稳定性有利和不利的因素,在沿河路基稳定性研究中应客观、全面考虑这些因素,以确保路基稳定性评价方法的合理性。

（2）河流水流对沿河路基稳定性存在影响的原因可归结为两个方面：一是沿河路基的修筑改变河谷形态，进而改变河流的水文特征；二是沿河路基的修筑影响或限制河曲的自然变迁过程。

（3）山区河流水流对沿河路基稳定性的影响主要表现为河水对路基的冲刷作用，而冲刷作用的强弱除与河流的水文条件密切相关外，主要受河流与路线的位置关系和路基岩土体的性质等因素控制。

（4）在研究沿河路基失稳机理和路基挡墙土压力计算方法的基础上，讨论沿河路基的稳定性评价方法。对沿河路基的稳定性分别从局部和整体两个方面进行分析。局部稳定性分析主要从挡土墙的抗滑、抗倾覆、基底应力、偏心距计算及挡土墙基础冲刷深度等方面进行。

（5）沿河路基整体稳定性分析是路基稳定性评价的主要内容，本章介绍了两种分析方法：一是基于传统的分析方法（特别是传统的条分法），并考虑沿河路基的特点，对沿河土石混合路基的整体稳定性进行分析研究；二是针对传统竖向条分法的不足，提出倾斜条分法，并对这种方法进行简要介绍。

（6）利用 FLAC 程序和强度折减法原理，对土石混合沿河路基的稳定性进行数值分析，针对传统分析方法的四种路基类型，分别给出算例。

参 考 文 献

[1] 夏邦栋. 普通地质学. 北京：地质出版社，1984.

[2] 崔冠英. 水利工程地质. 3 版. 北京：中国水利水电出版社，2000.

[3] 窦明键. 公路工程地质. 3 版. 北京：人民交通出版社，2003.

[4] 梁光模，程尊兰，吴积善. 沿河公路路基防护技术及水力计算. 成都：四川科学技术出版社，2004.

[5] 田伟平，李惠萍，高冬光. 沿河路基冲刷机理与冲刷深度. 长安大学学报（自然科学版），2002,22(4)：39—42.

[6] 高冬光，张义青，田伟平，等. 沿河公路水毁防护. 西安公路交通大学学报，1998,18(4B)：206—213.

[7] 顾慰慈. 渗流计算原理及应用. 北京：中国建材工业出版社，2000.

[8] 毛昶熙. 渗流计算分析与控制. 2 版. 北京：中国水利水电出版社，2003.

[9] 毛昶熙. 堤防渗流与防冲. 北京：中国水利水电出版社，2003.

[10] 中华人民共和国建设部. GB 50007—2011　建筑地基基础设计规范. 北京：中国建筑工业出版社，2012.

[11] 刘波，韩彦辉. FLAC 原理、实例与应用指南. 北京：人民交通出版社，2005.

[12] 吴海平，张元凯. FLAC 模拟在滑坡的前期稳定性分析及防护后评价中的应用. 公路交通技术，2006,(6)：14—17.

[13] 连镇营,韩国城,孔宪京. 强度折减有限元法研究开挖边坡的稳定性. 岩土工程学报,2001,23(4):407—411.

[14] 赵尚毅,郑颖人,时卫民,等. 用有限元强度折减法求边坡稳定安全系数. 岩土工程学报,2002,24(3):343—346.

[15] 赵尚毅,郑颖人,邓卫东. 用有限元强度折减法进行节理岩质边坡稳定性分析. 岩石力学与工程学报,2003,22(2):254—260.

[16] 栾茂田,武亚军,年廷凯. 强度折减有限元法中边坡失稳的塑性区判据及其应用. 防灾减灾工程学报,2003,23(3):1—8.

第6章 节理化岩质沿河路基稳定性研究

6.1 概　　述

节理化岩质路基的范畴包括坐落在节理化岩体上的路基、路基边坡为节理化岩体，以及失稳破坏与节理化岩体相关的路基。节理化岩质路基在水流冲刷和水位变化条件下，岸坡内孔隙水压力和渗透压力会引起节理面岩土材料的水理性、时效性和力学性质发生变化进而失稳破坏，路基边坡节理化岩体在坡面方位及节理组合下容易产生岩崩和滑坡。同时，由于节理化岩体中具有天然应力、地下水，以及发育有各种结构面，所以其不仅具有弹性、脆性、塑性和流变性，而且还具有非线性、非连续性、非均质和各向异性等特点。节理化岩体的破坏除了与岩块本身的物理力学性质相关外，更主要的是与节理化岩体中多种结构面的物理力学性质及其空间组合关系、级序等具有重要的相关性，并且岩体结构面的空间位置及组合关系还决定岩质边坡或路基边坡的失稳破坏模式。国内外众多水利工程、矿山工程及交通工程实践已经证明结构面对于与岩体相关的工程稳定性的重要性。

岩体被各级结构面切割，结构面之间以某种关系组合在一起，形成岩体特定的结构，这就是所谓的岩体结构。岩体结构包括结构面和结构体两个要素。岩体的力学性质取决于岩体的结构特性，岩体的破坏模式也受控于岩体的结构模式。因此，对不同的岩体结构类型进行分类和研究，是研究节理化岩质路基工程地质问题及其稳定性问题的有效方法。

鉴于节理化岩质路基所具有的上述特点，本章基于工程地质学、数学和力学的分析方法，对节理化岩质路基的稳定性进行综合分析和研究。

6.1.1 节理化岩体结构特征

节理化岩体的结构特征取决于结构面和结构体两个要素，其中结构面的特征包括规模、形态、物质组成、延伸性、密集程度、张开度和充填胶结特征等；结构体特征包括形状、块度和产状等。结构体形状极为复杂，常见的有柱状、板状、楔形体状及菱形体等；在强烈破碎部位还有片状、鳞片状、碎块状及碎屑状等[1]，如图 6-1 所示。

结构体的形状与其稳定性直接相关。例如，板状结构体比柱状、菱形状结构体更容易滑动,而楔形结构体的稳定性比锥形结构体的差。当然,对绝大多数岩体特别是节理化岩体而言,决定其稳定性及失稳破坏形式的主要因素是结构面及其特征,因此,结构体的稳定性尚需要结合结构面的产状及其与受力状态、临空面之间的关系来分析。不同的结构体通过不同的结构面组合到一起,便形成不同的岩体结构。为了简要地反映节理化岩体中结构面和结构体的成因、特征及其排列组合关系,将岩体结构划分为整体状结构、块状结构、层状结构、碎裂状结构及散体状结构五大类[2],见表 6-1。

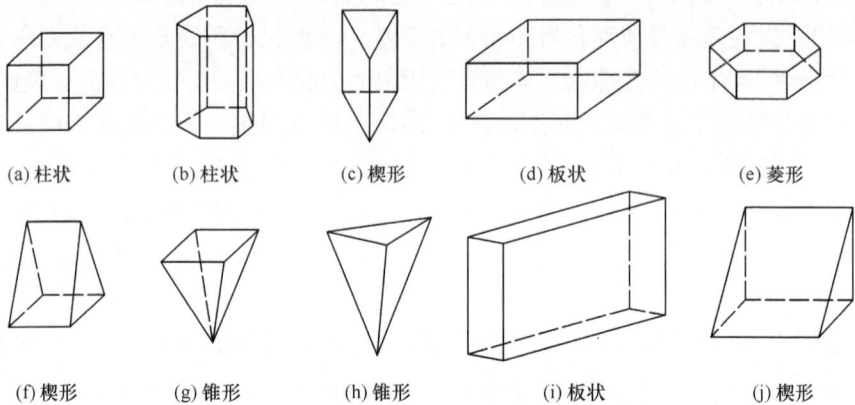

(a) 柱状　　(b) 柱状　　(c) 楔形　　(d) 板状　　(e) 菱形

(f) 楔形　　(g) 锥形　　(h) 锥形　　(i) 板状　　(j) 楔形

图 6-1　结构体形状典型类型示意图[1]

表 6-1　岩体结构类型分类[2]

岩体结构类型	岩体地质类型	主要结构体形状	结构面发育情况	岩土工程特征
整体状结构	均质,巨块状岩浆岩、变质岩、巨厚层沉积岩、正变质岩	巨块状	以原生构造节理为主,多呈闭合型,裂隙结构面间距大于 1.5m,一般不超过 1~2 组,无危险结构面组成的落石掉块	整体性强度高,岩体稳定,可视为均质弹性各向同性体
块状结构	厚层状沉积岩、正变质岩、块状岩浆岩、变质岩	块状柱状	只有少量贯穿性较好的节理裂隙,裂隙结构面间距 0.7~1.5m。一般为 2~3 组,有少量分离体	整体强度较高,结构面互相牵制,岩体基本稳定,接近弹性各向同性体
层状结构	多韵律的薄层及中厚层状沉积岩、副变质岩	层状板状透镜体	有层理、片理、节理,常有层间错动面	接近均一的各向异性体,其变形及强度特征受层面及岩层组合控制,可视为弹塑性体,稳定性较差

岩体结构类型	岩体地质类型	主要结构体形状	结构面发育情况	岩土工程特征
碎裂状结构	构造影响严重的破碎岩层	碎块状	断层、断层破碎带、片理、层理及层间结构面较发育，裂隙结构面间距 0.25～0.5m，一般在 3 组以上，由许多分离体形成	完整性破坏较大，整体强度很低，并受断裂等软弱结构面控制，多呈弹塑性介质，稳定性很差
散体状结构	构造影响剧烈的断层破碎带，强风化带，全风化带	碎屑状颗粒状	断层破碎带交叉，构造及风化裂隙密集，结构面及组合错综复杂，并多充填黏性土，形成许多大小不一的分离岩块	完整性遭到极大破坏，稳定性极差，岩体属性接近松散体介质

6.1.2　节理化岩体的失稳模式

影响节理化岩体变形破坏的因素主要有岩性、岩体结构、水的作用、风化作用、地震、天然应力、地形地貌及人为因素等。其中岩性和岩体结构分别是决定节理化岩体稳定性的物质基础和破坏的控制因素，但水的作用也是引起岩质边坡破坏不可忽视的重要影响因素，尤其是对处于动态变化的地下水和地表水环境中的节理化岩质沿河路基。例如，水的渗入会弱化结构面的强度、水在裂隙内流动形成渗流场进而对岩体产生动水压力和静水压力等。

对于岩质边坡的破坏类型和失稳模式，不同的学者根据不同的分类原则进行划分。例如，按照滑动面的形态特征不同来分类，Hoek 和 Bray[3]将岩质边坡破坏类型分为圆弧破坏、平面破坏、楔体破坏和倾覆破坏；Kutter 和 Faichurst[4]则将其分为非线性破坏、平面破坏和多线性破坏。根据岩体变形破坏的力学机制，斜坡变形可以概括为以下几种基本地质力学模式：蠕滑-拉裂、滑移-压致拉裂、弯曲-拉裂、塑流-拉裂和滑移-弯曲[5]。

根据滑动面的形态、数目、组合特征及破坏的力学机理，并参照 Hoek 和 Bray 的分类方法，岩质边坡破坏划分为平面滑动、楔形体滑动、圆弧形滑动及倾倒破坏，见表 6-2。表中前三类以剪切破坏为主，常表现为滑坡形式；倾倒破坏为拉断破坏，常以岩崩或崩塌形式发生。

表 6-2　岩体边坡破坏类型[6]

类型	亚类	示意图		主要特征
平面滑动	单平面滑动			一个滑动面,常见于倾斜层状岩体边坡中
	同向双平面滑动		滑动面方向与边坡面方向基本一致,并存在走向与边坡垂直或近垂直的切割面,滑动面的倾角小于边坡角且大于其摩擦角	一个滑动面和一个近垂直的张裂缝,常见于倾斜层状岩体边坡中
	多平面阶梯状滑动			两个倾向相同的滑动面,下面一个为主滑动
				3个或3个以上滑动面,常可分为两组,其中一组为主滑动面
楔形状滑动	—		两个倾向相反的滑动面,其交线倾向于坡向相同,倾角小于坡角且大于滑动面的摩擦角,常见于坚硬块状岩体边坡中	—
圆弧形滑动	—		滑动面近似圆弧形,常见于强烈破碎、剧风化岩体边坡中	—

类型	亚类	示意图	主要特征	
倾倒破坏	—	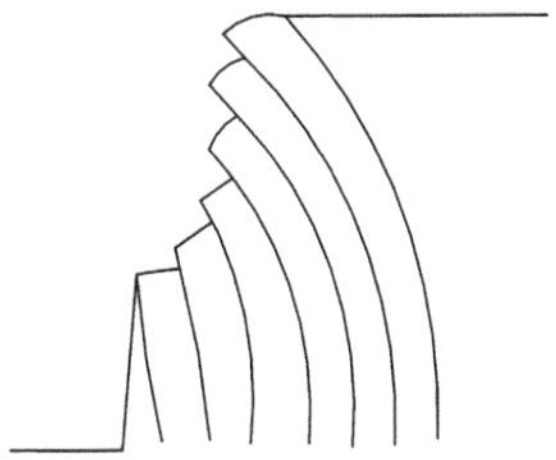	岩体被结构面切割成一系列倾向与坡向相反陡立柱状或板柱体。当为软岩时,岩柱向坡面产生弯曲;为硬岩时,岩柱被横向结构面切割成块体,并向坡面倾倒	—

6.2　节理化岩体结构面的抗剪强度

6.2.1　结构面强度性质

如前所述,节理化岩体的力学性能与结构面的性质密切相关;同理,结构面的强度性质对岩体的稳定性具有重要影响。

结构面的强度包括抗拉强度和抗剪强度,其中抗拉强度由于岩体结构面的赋存状态通常很小,所以工程应用中一般认为节理化岩体是不抗拉的。大量的试验研究表明,结构面抗剪强度的影响因素是非常复杂且多变的。因此,结构面的抗剪强度特性也很复杂,其指标也较分散。

1) 平直无充填结构面

平直无充填结构面的特点是面平直、光滑,只具有微弱的风化蚀变,其抗剪强度由式(6-1)决定:

$$\tau = c_j + \sigma \tan\varphi_j \tag{6-1}$$

式中,φ_j、c_j 分别为结构面的内摩擦角和黏聚力。从式(6-1)可以看出,平直无充填结构面的抗剪强度主要来源于结构面的微咬合作用和胶结作用。

2) 粗糙无充填结构面

粗糙无充填结构面相对于平直结构面的特点是具有明显的粗糙起伏度,这是影响结构面抗剪强度的一个重要因素,并且不规则结构面的抗剪强度还与结构面的壁面强度有着紧密的联系。

当结构面起伏近于规则的锯齿状且法向应力较低时,结构面的抗剪强度可用 Patton 提出的公式确定,即式(2-5);当法向应力较大时,由式(2-6)确定。

如果结构面的起伏形态不规则,则可用式(2-7)、式(2-8)分别确定结构面在不同法向应力状态下的抗剪强度。

3）充填的软弱结构面

具有充填物的软弱结构面包括泥化夹层和各种类型的夹泥层,其形成多与水的作用和各类滑错作用有关。该类结构面的力学性质常与充填物的物质成分、结构,以及充填程度和厚度等因素密切相关。同时,水对该类结构面强度的影响也是最为显著的,其影响程度也视充填物的物理性质而定。在大部分坚硬岩石,以及许多砂质土和砾石中,水不会显著改变黏结和摩擦性能;但许多黏土、页岩、泥岩及类似岩石由于含水量的改变,其岩体强度也将发生显著变化。

表 6-3 为不同充填夹层的抗剪强度指标值,表中数据说明此类结构面的抗剪强度随充填物黏粒含量增加而降低,随粗碎屑含量增多而增大的规律。而结构面充填物的此种强度特性规律与招商局重庆交通科研设计院有限公司所做的土石混合料大型室内直剪试验[7]结果相符合。

表 6-3　不同夹层物质成分的结构面抗剪强度[1]

夹层成分	抗剪强度系数	
	摩擦系数 f	黏聚力 c/kPa
泥化夹层和夹泥层	0.15～0.25	5～20
碎屑夹泥层	0.3～0.4	20～40
碎屑夹层	0.5～0.6	0～100
含铁锰质角砾碎屑夹层	0.6～0.85	30～150

同时,充填物厚度对结构面抗剪强度的影响也较大,如图 6-2 所示。当充填物较薄时,随着厚度的增加,摩擦系数迅速降低,而黏聚力迅速升高,到达某一峰值后随即逐渐降低。当充填物厚度达到某一厚度时,摩擦系数和黏聚力都趋于某一稳定值,而此时结构面的强度主要取决于充填夹层的强度。

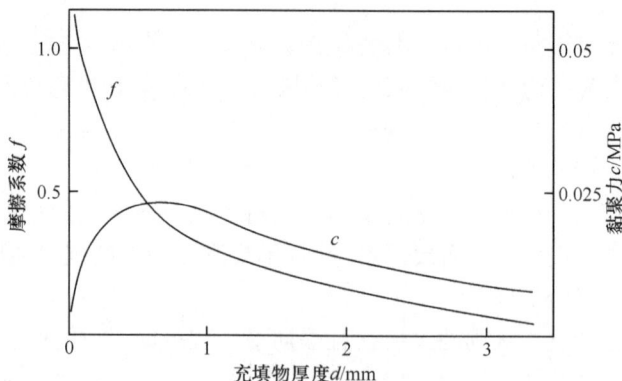

图 6-2　充填物厚度与抗剪强度关系[1]

结构面的充填程度可用充填物厚度 d 与结构面的平均起伏差 h 之比(d/h)，即充填度来表示。一般情况下，充填度越小，结构面的抗剪强度越高；反之，结构面的抗剪强度随充填度的增加而减小。

因此，当充填物厚度及充填度达到某一临界值后，结构面的抗剪强度最低且取决于充填物强度。在这种情况下，可将充填物的抗剪强度视为结构面的抗剪强度，而不必再考虑结构面粗糙起伏度的影响。

6.2.2　水对结构面强度的影响

地表水或地下水对节理化岩体结构面强度的影响除了对岩块和结构面的腐蚀、长期的力学作用外，更主要的是弱化结构面充填物的强度进而弱化结构面和岩体的强度。

当平直无充填结构面充水时，考虑水压力对该类型结构面抗剪强度的影响，只需要将式(6-1)中的正应力减去孔隙水压力变为有效应力($\sigma-u$)，摩擦角取相应的有效内摩擦角。

水体对结构面充填物强度的弱化包括：①当充填物含有较多的膨胀性黏土类矿物时，浸水后膨胀受到抑制，则会产生很高的膨胀力，从而减小有效应力，进而使结构面强度降低；②由土的抗剪强度理论可知，结构面充填物的抗剪强度随充填物含水率的增高而降低；③水体浸入结构面致使充填物饱和后，使充填物和结构面壁面浸湿，减小充填物和结构面之间的抗剪强度。

6.3　节理化岩质沿河路基失稳的动力学分析

在众多的岩质边坡或节理化岩质路基中，由于岩体结构的复杂性和多样性，以及赋存环境的不一致，使得边坡或路基的破坏失稳模式多种多样。为搞清楚边坡或路基的破坏模式，需要研究和分析岩质边坡滑动面、切割面和临空面之间的关系。

6.3.1　几何边界条件

几何边界条件是指构成可能滑动岩体的各种边界面及其组合关系。滑动面、切割面和临空面是边坡岩体滑动破坏必备的几何边界条件。几何边界条件分析针对边坡岩体稳定而言是定性分析，如果不存在岩体滑动的几何边界条件，则边坡是稳定的；如果存在岩体滑动的几何边界条件，则说明边坡有可能发生滑动破坏，可进而初步判断边坡的滑动方向及稳定坡角。几何边界条件分析的目的在于初步查明岩质边坡或路基可能的破坏类型，然后针对不同的类型采用相应的分析方法。

几何边界条件分析，主要通过野外地质勘察测量、现场观测等手段取得现场岩体的基础地质资料,建立几何边界地质模型用于分析潜在的内外部影响因素,对岩质边坡或路基的稳定性进行初步的定性评价,并对边坡可能的失稳模式作出判断。

　　几何边界条件的分析可通过赤平极射投影、实体比例投影等图解法或三角几何分析法进行。这里以赤平极射投影为例进行说明。

6.3.2　赤平极射投影基本原理简述

1) 赤平极射投影

　　赤平极射投影是表示物体的几何要素或点、线、面的空间方向及相互间的角距关系的一种平面投影。它以投影球的球心作为比较物体几何要素方向和角距的原点,并以通过球心的水平面作为投影平面,也称为赤道平面。通过投影平面中心直线并与投影球面的交点称为球极,位于投影平面上部的为北极,下部的为南极,如图 6-3(a)所示,其中圆 NESW 即为赤道平面。

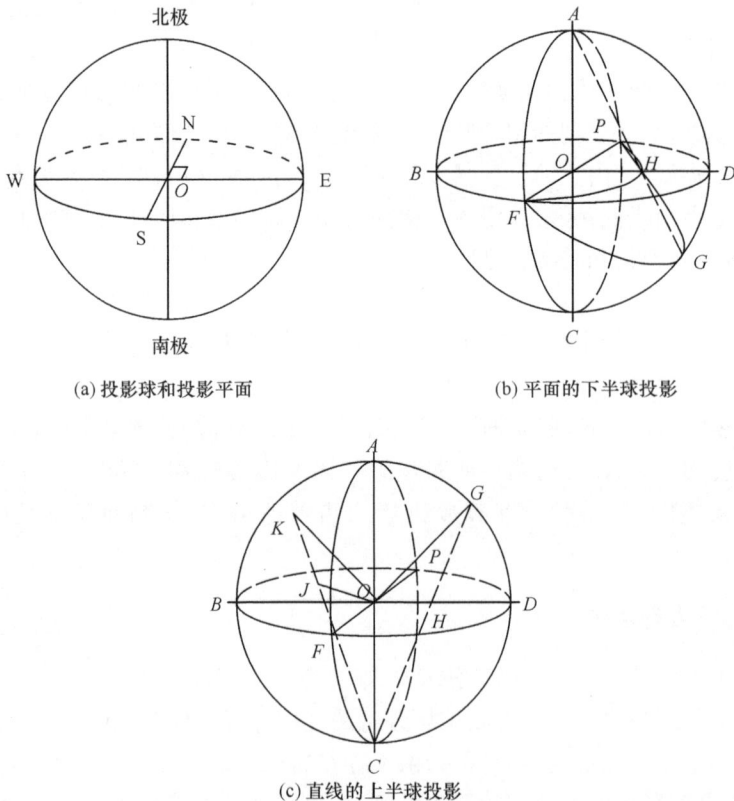

(a) 投影球和投影平面　　　　　　　　　(b) 平面的下半球投影

(c) 直线的上半球投影

图 6-3　赤平极射投影原理

作赤平极射投影图时,将物体的几何要素置于球心,由球心发射射线将所有的点、直线及平面自球心开始投影到球面上,即得到点线面的球面投影。但球面上点、直线、平面的几何要素既不易观测,也不易表示。因此再以南极或北极作为发射点,将点、直线、平面的球面投影再投影至赤道平面上,即为赤平极射投影图。

工程应用中常用结构面的倾向和倾角,即产状来表示结构面的空间形态。采用赤平极射投影,可以合理地在一个平面上同时显示结构面的产状,也可以确定两个结构面交线的空间形态,以进一步对边坡的失稳模式作出判断。

赤平极射投影将结构面的空间几何信息表示在平面上[图 6-3(b)、(c)],其特点是:只反映物体线、面产状和角距的关系,而不涉及它们的具体位置、几何大小和距离远近。

工程中常用的是上半球投影,如图 6-3(c)所示(本书采用上半球投影进行分析),将结构面的倾向和倾角用一个大圆或一个极点唯一地表示,这种做法可以非常直观地反映岩体中结构面的分布情况,同时利用该投影方法也可将工程开挖面、工程作用力,以及岩体的滑移方向、滑动力和抗滑力表示出来。

2) 投影网

投影网是按照赤平极射投影原理,为了便于应用,能够迅速作图、判读平面和直线的空间方向以及它们之间的角距关系而预先绘制好的。

投影方法有等角投影法和等面积投影法,因此相应的投影图也有等角投影网和等面积投影网。等角投影网是应用最广的一种投影图,工程应用中常用的是吴氏网,该投影网的优点是直接方便,但将球面上不同点投影到赤道平面上后,其相应位置发生了变化。等面积投影网恰好弥补该缺陷,常用的为施密特网。

3) 结构面的统计分析

用赤平极射投影表示结构面,能同时表示结构面的倾向、倾角及走向等几何要素,如图 6-4 所示。图中 1、2、3 分别是产状为 $137°\angle53°$、$6°\angle45°$、$86°\angle34°$ 结构面的赤平极射投影图。

对结构面实测资料进行统计分析时,通常以正东方向为 X 轴正向,正北方向为 Y 轴正向,如果采用上半球投影方式,那么岩体中某一倾向为 α、倾角为 β 的结构面的极点,在该坐标系中的 X、Y 坐标值为

$$\begin{cases} X = R\sin\beta\sin\alpha \\ Y = R\sin\beta\cos\alpha \end{cases} \quad (6-2)$$

式中,R 为赤道平面大圆的半径。如果采用下半球投影,则式(6-2)前应加负号,以便与上半球投影相区别。利用式(6-2),将现场实测得到的每条

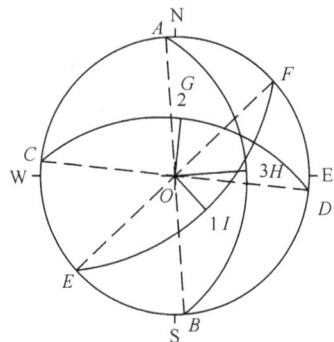

图 6-4　结构面赤平极射投影图

AB、CD、EF 表示结构面的走向;OG、OH、OI 表示结构面的倾向;弧 AB、弧 CD、弧 EF 表示结构面的倾角

结构面极点绘制在赤道投影图上得到极点散点图,如图 6-5(a)所示。在图 6-5(a)的基础上可统计出极点密度,并据此绘制出实测结构面的等密度图,如图 6-5(b)所示。

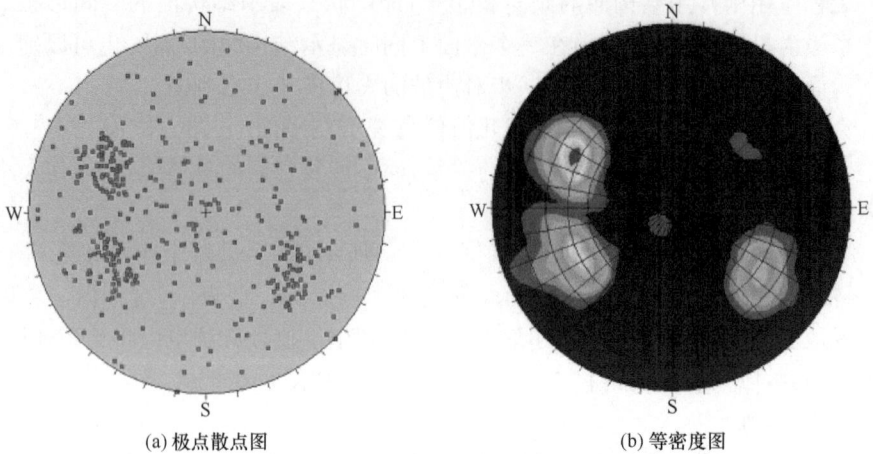

(a) 极点散点图 (b) 等密度图

图 6-5 结构面的统计分析

对于某一确定的岩质边坡,现场实测的结构面产状由于受自然地质过程、工程扰动等的影响而显得不一致,但边坡岩体的稳定性总是受一组或几组结构面控制。因此,作结构面统计分析的目的在于从现场调查的结构面中确定工程区域岩体的优势结构面以进一步分析岩质边坡或路基的破坏失稳模式。对于某一工程区域,其结构面的统计数目至少要大于 100 条以上。通常结构面量测的条数越多,等值线集中区越突出,优势结构面的取向也就越明显。

4) 节理化岩体失稳模式判断方法

确定边坡的优势结构面后,结合边坡的临空面能对边坡的失稳模式作出判断。该方法可以帮助地质及工程技术人员对边坡的稳定性做出快速、定性的判断。图 6-6 所示说明边坡失稳的三种模式与相应结构面赤平极射投影图的对应关系。图中斜线部分和点状充填部分为实测结构面的极点等密度分布区。

6.3.3 节理化岩体结构与稳定性评价

1) 滑动方向判断和分析

对层状结构边坡或单滑面边坡,特别是顺向坡,结构面以上岩土体在自重力的作用下可能发生滑动,促使滑动作用力是滑体自重在滑动面倾向方向上的滑动分力,因此层状结构边坡的滑动方向是最容易判断的,即滑动面的倾向方向即边坡的滑移方向。

(a) 平面破坏

(b) 楔形状破坏

(c) 倾倒破坏

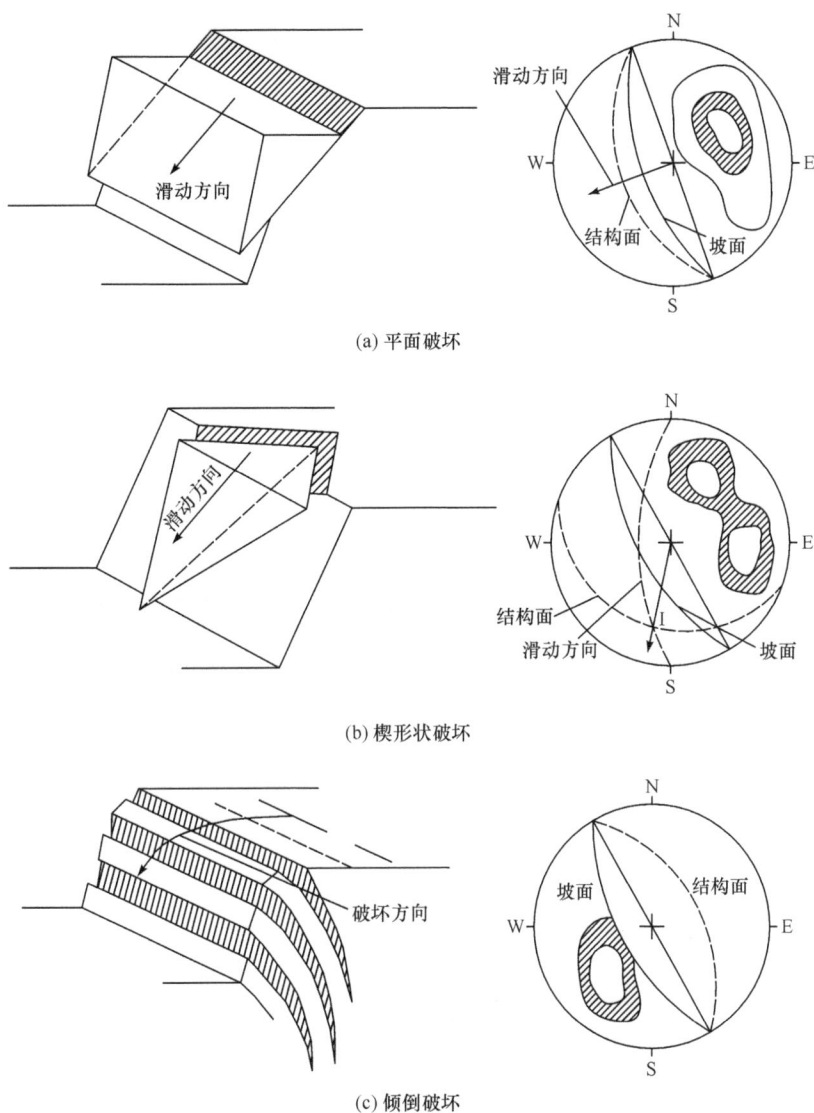

图 6-6　节理化岩质边坡失稳模式及其赤平极射投影

　　当边坡岩体受两组结构面切割而呈楔形体滑动时,在重力作用下的滑移一般由两组结构面组合交线的倾斜方向来控制。但由于组合交线与结构面倾向线位置不同而具有以下三种形式[8]。

　　(1)当两结构面组合交线 OI 位于两结构面倾向线 OA、OB 之间时,OI 线的倾斜方向即为楔形体的滑移方向,此时 J_1 和 J_2 皆为滑动面,如图 6-7(a)所示。

(a) OI为滑移方向(J_1和J_2为滑动面)

(b) OI为滑移方向(J_2为主滑面)

(c) OA为滑移方向(J_1为主滑面)

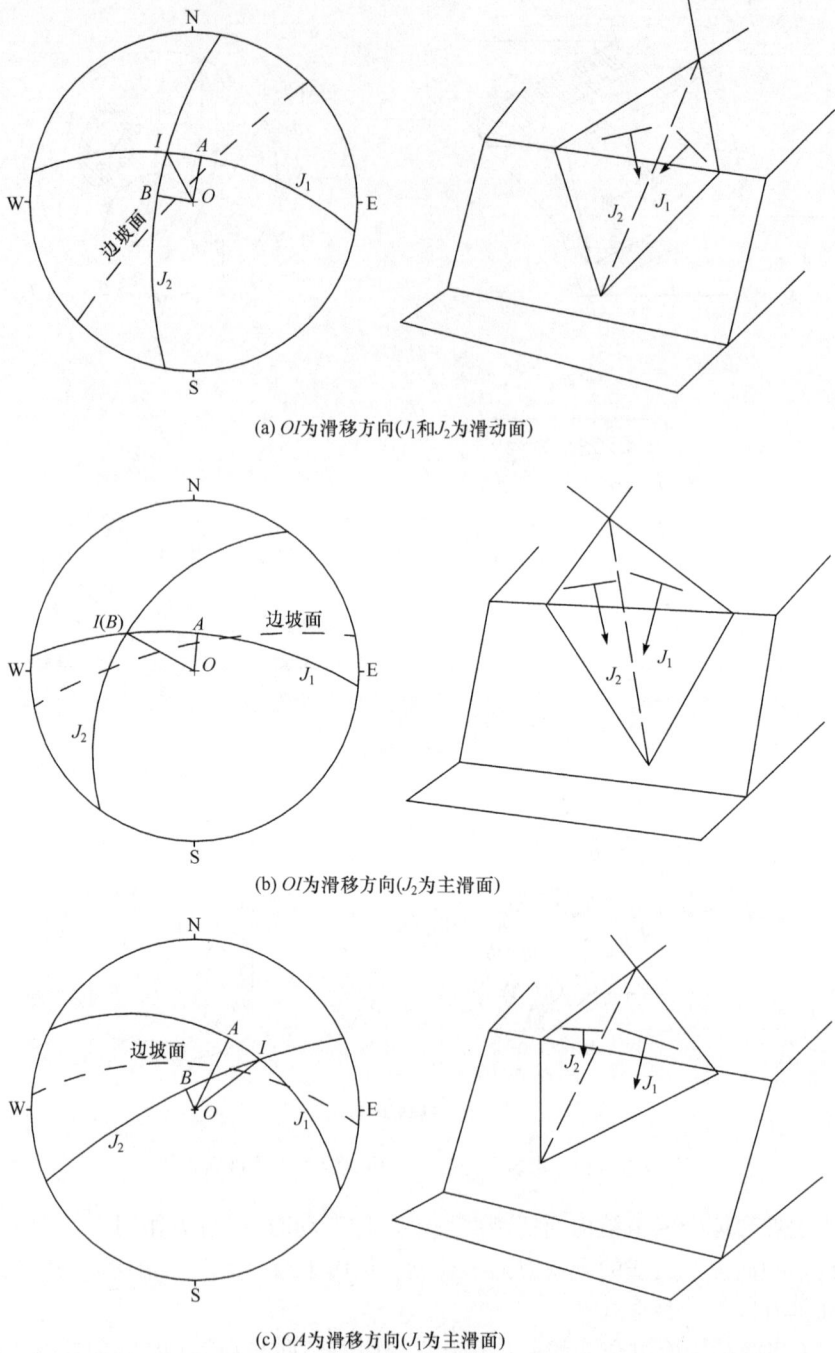

图 6-7　楔形体滑移方向分析[8]

（2）当两结构面组合交线 OI 与某一结构面（如 J_2）的倾向线重合，此时 OI 的倾斜方向仍为楔形体的滑移方向,但这时 J_2 为主滑面,J_1 为次滑面,如图 6-7(b)所示。

(3)当两结构面组合交线 OI 位于结构面倾向线 OA、OB 的一侧时(如 J_1),如图 6-7(c)所示,则 OA、OB 和 OI 三者中间那条倾向线为楔形体的滑移方向,即图 6-7(c)中 J_1 的倾向线 OA 的倾斜方向为楔形体的滑移方向,此时 J_1 为主要滑动面,而 J_2 仅起侧向切割面的作用。

2)滑动可能性与稳定坡角的初步判断

利用赤平极射投影对边坡或路基岩体结构进行分析,可以判断边坡岩体产生失稳的可能性及确定不同地质条件下边坡的稳定坡角,为边坡或路基的设计和治理提供力学分析计算的基础。由于碎裂结构、散体结构边坡的失稳破坏特征与土质边坡相似,其稳定性分析方法同第 5 章所述,不再赘述,这里仅对层状结构边坡和两条结构面切割而成的双滑面边坡进行阐述。

(1)层状结构边坡。利用层状结构边坡的坡角和岩层倾角之间的相互关系,作其赤平极射投影图,如图 6-8 所示。

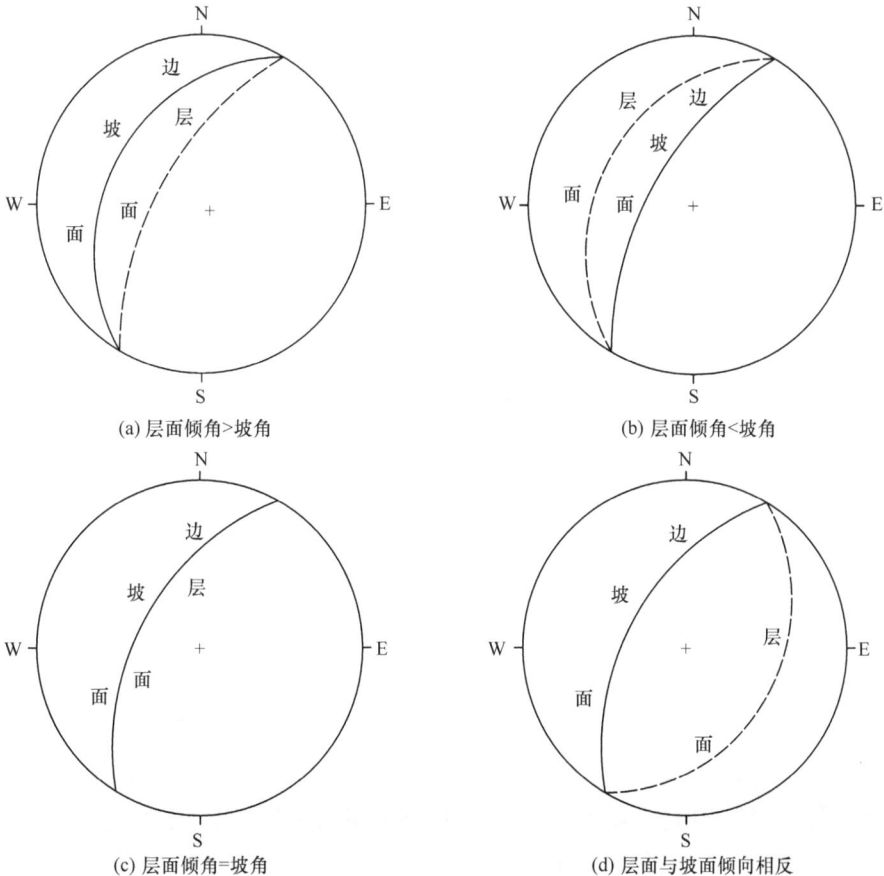

(a) 层面倾角>坡角

(b) 层面倾角<坡角

(c) 层面倾角=坡角

(d) 层面与坡面倾向相反

图 6-8 层状结构边坡稳定条件分析

　　图 6-8(a)表示坡面与岩层倾向相同,且层面倾角大于坡角,边坡处于稳定状态。

　　图 6-8(b)表示坡面与岩层倾向相同,但层面倾角小于坡角,边坡此时处于不稳定状态。

　　图 6-8(c)表示坡面和层面的倾向及倾角皆相同,边坡处于基本稳定状态。

　　图 6-8(d)所示为最稳定状态,此时坡向和层面倾角是相反的,也就是常说的反向坡,无论层面是陡还是缓,边坡都处于最稳定状态,但在某些情况下,该边坡岩体结构类型却容易发生倾倒破坏。

　　上述分析仅为层状结构边坡或路基稳定条件的简要定性分析,实际工程中岩体裂隙发育要复杂得多,需结合现场调查和岩体结构变形的观点来进行综合判断[1]。

　　对于岩层倾向和坡向一致的层状结构边坡来说,边坡的稳定坡角可以利用层面倾角来进行确定。但自然界和工程建设现场,大量的边坡坡向与岩层倾向具有一定交角,即切向坡状态,如图 6-9(a)所示。层面 OAI 与最小剪断面 OBI 组成不稳定体 $OAIB$,则 β 为将 $OAIB$ 挖除后的坡角,也即边坡的稳定坡角,此时的稳定坡角 β 仍可根据图 6-9(a)所示各面的几何关系运用赤平极射投影,从岩体结构出发进而分析确定。假设岩层层面产状为 $10°\angle50°$,坡向为 $40°$,则通过赤平极射投影图解可求得该边坡的稳定坡角,如图 6-9(b)所示。

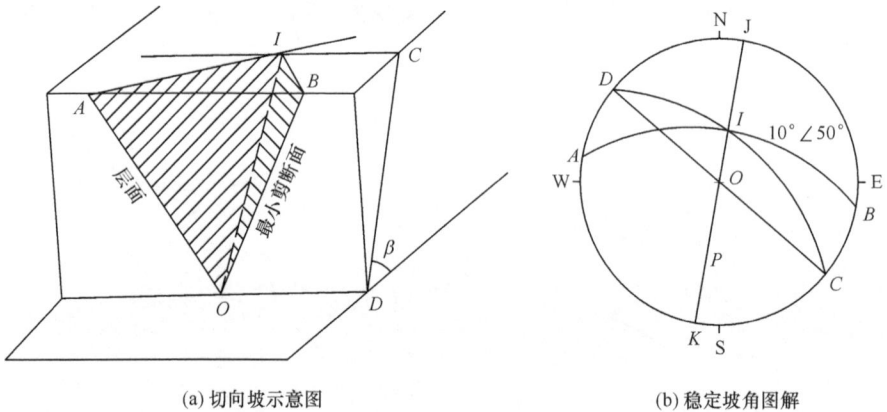

(a) 切向坡示意图　　　　　　　　　　　　(b) 稳定坡角图解

图 6-9　切向坡稳定坡角图解法

　　图解切向坡稳定坡角采取以下步骤进行:①作岩层层面和边坡走向的赤平极射投影,即图 6-9(b)中的 AIB 和 DC;②过层面极点 P 作一直立平面的赤平投影,即直径 JK,交弧 AB 于 I 点,该直立平面即最小剪断面;③以 CD 为走向线,过 I 点作一大圆 CID,即稳定坡面的投影,通过读图即知该稳定坡角的数值[8]。

　　通过图解法求得的稳定坡角较保守,尤其是在边坡不高或边坡走向与层面走向交角较大的情况下。现在针对赤平极射投影的图解法,国内外分别开发了 DIPS 和

YCW 软件,在已知有关信息的情况下可直接求得稳定坡角,省去作图的工作。

(2) 双滑面边坡。图 6-10 所示为由两条结构面切割而成的双滑面边坡稳定条件的分析,视结构面交线与边坡的自然坡面、开挖坡面的相对关系,可分为五种情况:不稳定条件、较不稳定条件、基本稳定条件、稳定条件和最稳定条件。

如图 6-10(a)所示,当结构面 J_1、J_2 投影交点 I 位于开挖边坡 S_c、自然坡面 S_n 投影大圆之间时,即结构面组合交线 OI 的倾角比开挖坡角缓但比自然坡面倾角陡。当组合交线在开挖坡面和自然坡面皆有出露时,边坡处于不稳定状态,图 6-10(a)中剖面阴影部分即为不稳定体。但在某些结构面组合条件下,当结构面交线在坡顶面的出露点离开挖坡面很远,使交线不能在开挖坡面出露时,坡体处于较稳定状态。

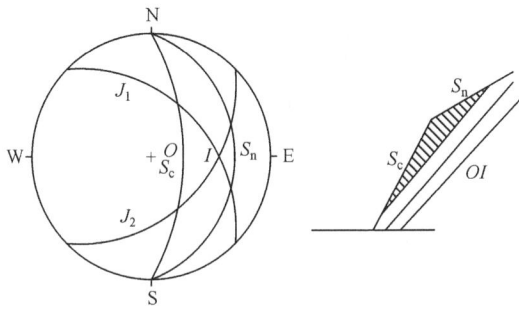

(a) 不稳定条件

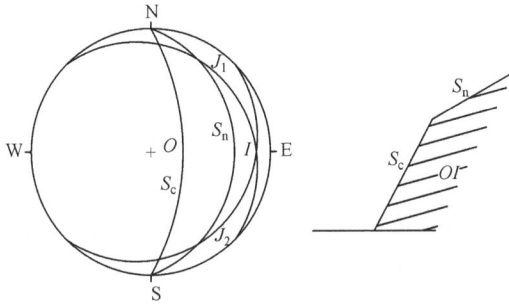

(b) 较不稳定条件

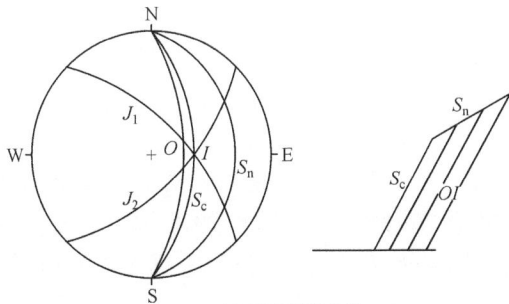

(c) 基本稳定条件

(d) 稳定条件

(e) 最稳定条件

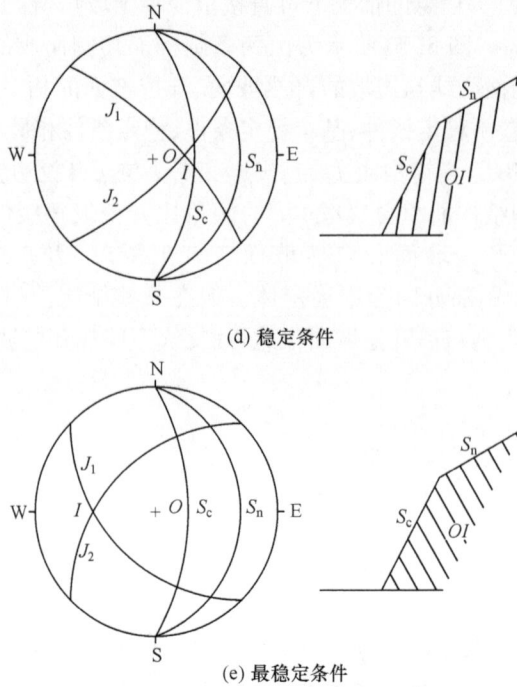

图 6-10　双滑面稳定条件分析

当 J_1、J_2 的组合交线 OI 位于自然坡面 S_n 投影大圆外侧时[图 6-10(b)],即交线倾角比自然坡面要缓时,组合交线在自然坡面没有出露点。此时在坡顶面没有沿坡面走向的切割面的情况下,边坡处于较稳定状态。但如果坡顶发育有沿坡面走向的切割面,则边坡易产生滑动失稳。

当组合交线 OI 的倾角比自然坡面倾角陡,但与开挖坡面的倾角一致时[图 6-10(c)],边坡处于基本稳定状态,此时的开挖坡角即为根据岩体结构分析推断出的稳定坡角。

如图 6-10(d)所示,两结构面的交线 OI 的倾角较开挖面倾角陡时,此时边坡处于稳定状态。

当 J_1、J_2 的组合交线投影点 I 位于开挖坡面投影大圆 S_c 的对侧时[图 6-10(e)],也即组合交线 OI 倾向坡内时,边坡处于最稳定状态。

根据上述分析可以看出,根据结构面投影大圆交点与坡面投影大圆的位置来对边坡稳定性作出初步判断;同时,这也是在多组结构面切割条件下,初步判定不同结构面各种不同组合状态时边坡稳定条件的基础。

对双滑面岩质边坡稳定坡角的判定,仍可根据图 6-9 所示原理进行图解。假设 J_1 的产状为 $60°\angle 60°$、J_2 的产状为 $340°\angle 50°$、坡向为 $40°$[8],则图解如下:

①分别绘制 J_1、J_2 赤平投影,两投影大圆交于 I 点,
如图 6-11 所示;②作坡向的走向线 FG;③以 FG 为
走向线且过 I 点作投影大圆,直接测读该投影大圆
的倾角为 52°,也即稳定坡角为 52°。

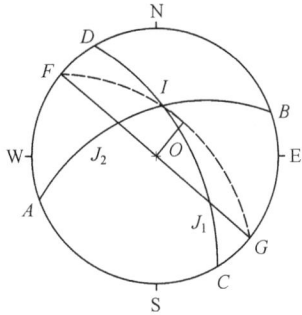

　　同理,图解而得到的稳定坡角是偏于安全的,因
为未考虑结构面的抗剪强度,即假定结构面的强度
参数 c、φ 值很小,将滑动面以上的岩体都当成不稳
定体对待。当滑动面的倾角比较大时,这种误差所
引起的问题不大;但当滑动面的倾角越缓时,这种分
析就显得越不合理。同时,这种分析仅基于岩体结
构这个单一条件,而实际边坡的破坏失稳总是诸多

图 6-11　双滑面边坡
稳定坡角图解

因素综合作用的结果,且这些因素的综合作用是非常复杂的。因而边坡稳定条件
的岩体结构分析只能为岩质边坡的稳定性研究提供一个初步和基础的概念[3]。

　　3) 摩阻抗力和摩擦圆

　　利用赤平极射投影和实体比例投影方法对块体作稳定性图解分析时,将作用
于块体上的各种作用力和结构面的抗剪强度等纳入一个统一的赤平极射投影图
中,在统一的投影体系中对块体稳定性用图解方法作出分析和评价。该方法在
CAD 绘图和有关程序(DIPS[9]、YCW[10])的帮助下,可以达到相当精确的程度,对
于一般工程应用,其精确度是可以满足的。

　　为了利用赤平极射投影进行块体滑移稳定分析,现以最简单的块体平面滑动
形式引入摩阻抗力概念,如图 6-12 所示,并假定该滑动面倾向南。

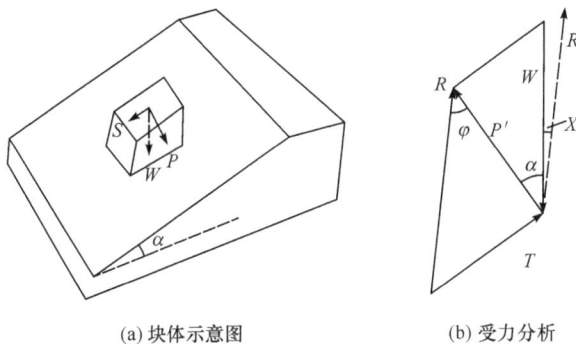

(a) 块体示意图　　　　　　　(b) 受力分析

图 6-12　块体平面滑动示意图[8]

　　假设图 6-12(a)中滑动面的 $c=0$,内摩擦角为 φ,即当块体处于极限平衡状态
时,其抗滑力 T 仅由摩擦引起。由图 6-12(b)可知,摩阻抗力 R 是由块体重力 W
产生的法向力 P 的反作用力 P' 和抗滑力 T 的合力,其方向相对于 P' 成一角度 φ。

如果将 W 定义为促使块体下滑的驱动力,摩阻抗力 R 为反滑移驱动力,则可根据 W、R、P 之间的夹角或它们与滑动方向的夹角大小作出岩块稳定性的初步判断:当 W 与滑动方向的夹角大于 R 与滑动方向的夹角时,块体是稳定的;反之则产生失稳滑动。

通过图 6-12(b)还可以得出一个重要结论:摩抗阻力 R 与重力 W 之间的夹角 X 与滑动面倾角 α 的代数和必等于滑动面的摩擦角 φ(当 R 的倾向与滑动面一致时 X 取正值,反之 X 为负),即有式(6-3):

$$\varphi = \alpha + X \tag{6-3}$$

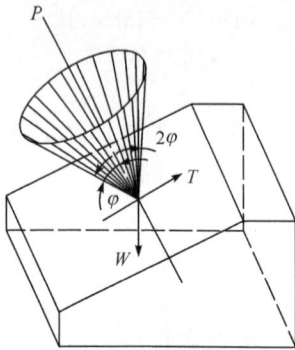

图 6-13　摩擦圆锥[8]

通过以上分析可以看出,如果以 P 为旋转轴,将 R 绕其旋转一周,就可以得到一个以法向力 P 为旋转轴顶角(为 2φ)的圆锥,即摩擦圆锥,如图 6-13 所示。

摩擦圆锥的表面规定摩抗阻力的全部可能方向,其物理意义为块体处于极限平衡状态下,也即当多种作用(重力、工程作用力、水压或扬压力等)合成滑移驱动力的作用方向与滑动面法线的交角小于 φ 时,则无论滑移驱动力的方向如何,块体都是稳定的。

利用赤平极射投影原理,将图 6-12 和图 6-13 中的重力、法向力、滑动面及摩擦圆锥绘制于赤平极射投影图中(图 6-14),则可通过下面两种方法来判断块体的稳定性。

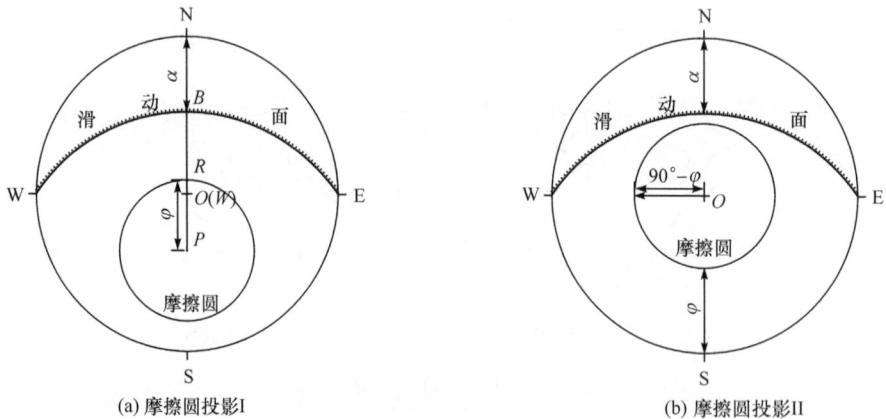

(a) 摩擦圆投影 I　　　　　　　　　(b) 摩擦圆投影 II

图 6-14　摩擦圆锥及滑动面的赤平极射投影

(1) 如图 6-14(a)所示,P 为滑动面的极点,OR 为滑动方向摩抗阻力的投影,则块体稳定性由块体重力投影 W 与摩擦圆位置而定:当 W 位于摩擦圆内,此时块体是稳定的;当 W 位于摩擦圆上($\varphi=\alpha$),则块体处于极限平衡状;当 W 位于摩擦圆外,块体将产生失稳滑动。

(2) 除上面的判断方法外,还可根据摩擦圆的另外一种方式进行判定,如图 6-14(b)所示,摩擦圆的圆心为基圆圆心 O,其半径为($90°-\varphi$),则可以用摩擦圆与滑动面的投影大圆是否相交来判定块体的稳定性:如果两圆不相交,则说明滑动面上的块体是稳定的;如果相切,则块体处于极限平衡;如果两圆相交,则说明块体将失稳滑动。

图 6-14(a)是根据图 6-12 所作的赤平极射投影,因此图中 W 点为重力的投影点,同时也位于基圆的圆心 O 点。但在实际工程应用中,W 不仅代表重力,而且是作用在块体上众多作用力的合成滑移驱动力。因此,图 6-14 所示的原理在用于复杂力系下块体稳定性分析时仍是适用的。图 6-14(a)、(b)的不同点在于摩擦圆的作图方法不同。由于图 6-14(b)的摩擦圆心位于赤道大圆圆心,易于作图,因此在实际工程应用中图 6-14(b)所示方法应用得较广泛,如 DIPS 和 YCW 都采用该方法进行分析。

6.4　节理化岩质沿河路基极限平衡分析

节理化岩体稳定的分析计算方法很多,但从原理上讲可以分为两大类:一是将岩体和由结构面切割构成的可能不稳定块体都视为弹(塑)性体,而对于结构面,则用 Goodman 单元来描述,按数值计算方法(常用有限单元法、有限差分法或离散元等方法实现)编成计算程序后,用计算机来计算分析岩体的变形和应力分布状态;二是将岩体和可能不稳定块体都视为刚性体,两者之间的分界面则看成是无厚度的并服从于莫尔理论的平面,用极限平衡理论的方法来计算分析可能不稳定块体的极限稳定条件,这类分析计算方法即为极限平衡法,它应用最早,至今仍广为采用。单就边坡稳定性计算而言,块体极限平衡法被普遍认为是比较简便且效果较好的一种方法。

6.4.1　单平面滑动

图 6-15 所示为一垂直于边坡走向的单滑面边坡或路基剖面,将单平面问题简化为平面应变问题,取其单位厚度为 1m(下同),计算时假定滑动面的强度服从 Mohr-Coulomb 判据。

设该边坡坡角为 α、坡顶面为水平面、坡高为 H,则 BTI 为可能滑动体;BI 为潜在滑动面,其倾角为 β、长度为 L、黏聚力为 c_j、摩擦角为 ϕ_j。当仅考虑重力作用下该边坡的稳定性时,设其重力为 G,如图 6-15(a)所示,滑动面的法向分量为 $G\cos\beta$,沿滑动面分量为 $G\sin\beta$。滑动面上的抗滑力为

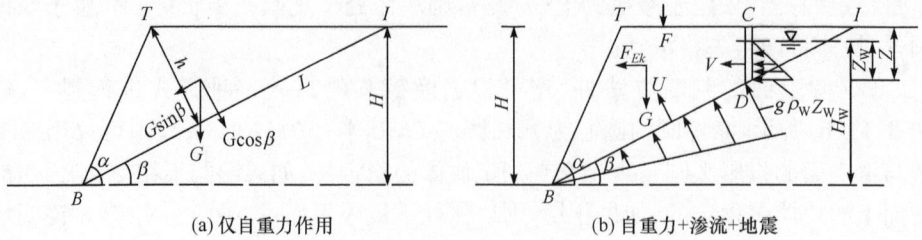

(a) 仅自重力作用　　　　　　　　　　　　(b) 自重力+渗流+地震

图 6-15　单平面滑动稳定性计算图

$$F_s = G\cos\beta\tan\phi_j + c_jL \tag{6-4}$$

根据稳定性系数的定义,则单平面滑动仅考虑重力作用下的稳定性系数 η 为

$$\eta = \frac{G\cos\beta\tan\phi_j + c_jL}{G\sin\beta} \tag{6-5}$$

根据图 6-15(a)的几何关系,坡面 BT 长度为 $H/\sin\alpha$,则滑动块体截面三角形 BTI 的高为 $\overline{BT} \cdot \sin(\alpha-\beta)$,即

$$h = \frac{H}{\sin\alpha}\sin(\alpha-\beta) \tag{6-6}$$

滑动面长度 L 为

$$L = \frac{H}{\sin\beta} \tag{6-7}$$

BTI 的面积为 $0.5hL$,则该滑动块体 BTI 的重力可由式(6-8)确定:

$$G = \frac{1}{2}hL\rho g = \frac{\rho gH^2\sin(\alpha-\beta)}{2\sin\alpha\sin\beta} \tag{6-8}$$

将式(6-7)、式(6-8)代入式(6-5),整理后有

$$\eta = \frac{\tan\phi_j}{\tan\beta} + \frac{2c_j\sin\alpha}{\rho gH\sin\beta\sin(\alpha-\beta)} \tag{6-9}$$

式中,ρ 为块体的密度;g 为重力加速度。

在多数情况下,当已知式(6-9)中各参数后,需要对边坡的临界坡高作出判断,即令 $\eta=1$,则式(6-9)变为

$$\frac{\rho g\sin\beta\sin(\alpha-\beta)}{2c_j\sin\alpha} = \frac{\tan\beta}{\tan\beta-\tan\phi_j} \tag{6-10}$$

经过进一步变形整理,其临界坡高可由式(6-11)计算:

$$H_{cr} = \frac{2c_j\sin\alpha\cos\phi_j}{\rho g\sin(\alpha-\beta)\sin(\beta-\phi_j)} \tag{6-11}$$

式(6-11)对于边坡治理设计中确定坡高和坡角是非常有用的。

如果坡顶发育一张裂隙,假设地表水体可通过此裂隙渗入坡体内部及滑动面并在坡脚 B 点处出露,此时地下水将对滑动块体产生指向边坡临空面的静水压力

V 及浮托力沿滑动面法向的静水压力分量 U；同时在坡顶或路面施加外部作用力 F（因为 F 的作用方向与重力方向相同，因此在计算中将 $G+F$ 统一替代为 G' 表示），如图 6-15(b) 所示。设坡顶张裂隙中水柱高度为 Z_w，则指向临空面的静水压力 V 为

$$V=\frac{1}{2}\rho_w g Z_w^2 \qquad (6\text{-}12)$$

静水压力 U 为

$$U=\frac{1}{2}\rho_w g Z_w \frac{H_w-Z_w}{\sin\beta} \qquad (6\text{-}13)$$

式中，ρ_w 为水的密度。

由于静水压力 V、U 的存在，使得滑动块体的受力状态发生变化，并且由于坡顶延展至滑动面张裂隙的存在，发生滑动的块体变为图 6-15(b) 所示的 $BTCD$ 部分，该部分自重力结合式 (6-8) 与图 6-15(b) 不难求出，则作用在 $BTCD$ 块体上的抗滑力为

$$F_s=(G'\cos\beta-U-V\sin\beta)\tan\phi_j+c_j\overline{BD} \qquad (6\text{-}14)$$

下滑驱动力为

$$F_r=G'\sin\beta+V\cos\beta \qquad (6\text{-}15)$$

则边坡的稳定性系数计算式如下：

$$\eta=\frac{(G'\cos\beta-U-V\sin\beta)\tan\phi_j+c_j\overline{BD}}{G'\sin\beta+V\cos\beta} \qquad (6\text{-}16)$$

值得注意的是，式 (6-15) 和式 (6-16) 中 G' 并不代表重力，而是作用在 $BTCD$ 块体上的重力 G 与顶部外力 F 之和，具体表达式如下：

$$G'=\frac{\rho g[H^2\sin(\alpha-\beta)-Z^2\sin\alpha\cos\beta]}{2\sin\alpha\sin\beta}+F \qquad (6\text{-}17)$$

式中，Z 为张裂隙深度。

BD 段滑动面的长度为

$$\overline{BD}=\frac{H_w-Z_w}{\sin\beta} \qquad (6\text{-}18)$$

如果考虑地震作用对边坡稳定性的影响，则地震所产生的总水平地震作用标准值采用式 (6-19) 计算：

$$F_{Ek}=G\alpha \qquad (6\text{-}19)$$

式中，G 为滑动块体自重；α 为水平地震影响系数，其值可以查表 6-4[11] 得到，表中括号中数值分别用于设计基本地震加速度为 $0.15g$ 和 $0.30g$ 的地区。

表 6-4　水平地震影响系数最大值

地震影响	6 度	7 度	8 度	9 度
多遇地震	0.04	0.08(0.12)	0.16(0.24)	0.32
罕遇地震	—	0.50(0.72)	0.90(1.20)	1.40

6.4.2　同向双平面滑动

岩体的同向双平面滑动存在两种情形：一是滑动体为刚性体，不发育结构面，此时采用力平衡图解法计算稳定性系数；二是滑动块体内发育有结构面并将滑动块体切割为若干小的块体，此时应分块计算边坡的稳定性系数。

1) 滑动体为刚体

如图 6-16(a)所示，块体 $BTFD$ 为滑动块体，并假定其为刚性体，FD、DB 为其同倾向滑动面，并在滑动面转折处将滑动体沿竖直假想面分为 I、II 两个块体进行分析，两个块体的重量分别为 G_1、G_2。设 FD 的长度为 L_1、倾角为 β_1，DB 的长度为 L_2、倾角为 β_2，两者的强度参数分别为 c_1、ϕ_1、c_2、ϕ_2。假定 F_1 为块体 I 对块体 II 的作用力，则 F_2 为其反作用力，F_1 与 F_2 作用方向的倾角为 θ（F_1 与 F_2 为块体 $BTFD$ 的内力且 θ 值的大小可通过经验方法或模拟试验确定）。滑动面 FD 以下岩体对块体 I 的反作用力 R_1 可以根据式(6-20)计算：

$$R_1 = G_1 \cos\beta_1 \sqrt{1 + \tan^2\phi_1} \tag{6-20}$$

根据块体 I 的受力分析作其力平衡多边形，如图 6-16(b)所示，则可以求得 F_2 的大小和方向。如果滑动前仅受岩体重力作用，则不难分析块体 II 的抗滑力和下滑驱动力，因此块体 II 的稳定性系数 η_2 为

$$\eta_2 = \frac{G_2 \cos\beta_2 \tan\phi_2 + F_2 \sin(\theta - \beta_2) \tan\phi_2 + c_2 L_2}{G_2 \sin\beta_2 + F_2 \cos(\theta - \beta_2)} \tag{6-21}$$

式(6-21)是在假定块体 I 处于极限平衡状态下推导的。仔细观察式(6-21)，如果 η_2 等于 1，则块体 $BTFD$ 的稳定性系数 η 也为 1；但如果 η_2 不为 1，则只能推知 $\eta \neq 1$。但事实上由于滑动体为刚性体，必有 $\eta = \eta_1 = \eta_2$，则块体 $BTFD$ 的稳定性系数 η 可以通过假定块体 I 的稳定性系数 η_1 多次试算并利用力平衡多边形分析确定。

为了求得 η 的值，假定一系列的 η_{11}，η_{12}，$\cdots$，η_{1i}，然后将这些 η_{1i} 分别去除滑动面的强度参数 c_1 和 $\tan\phi_1$，即有

$$\begin{cases} \dfrac{\tan\phi_1}{\eta_{11}} = \tan\phi_{11} \\[2mm] \dfrac{\tan\phi_1}{\eta_{12}} = \tan\phi_{12} \\[2mm] \qquad \vdots \\[2mm] \dfrac{\tan\phi_1}{\eta_{1i}} = \tan\phi_{1i} \end{cases} \tag{6-22}$$

(a) 滑动体受力状态　　　　　　(b) 力平衡多边形

(c) $\eta_1 - \eta_2$ 曲线

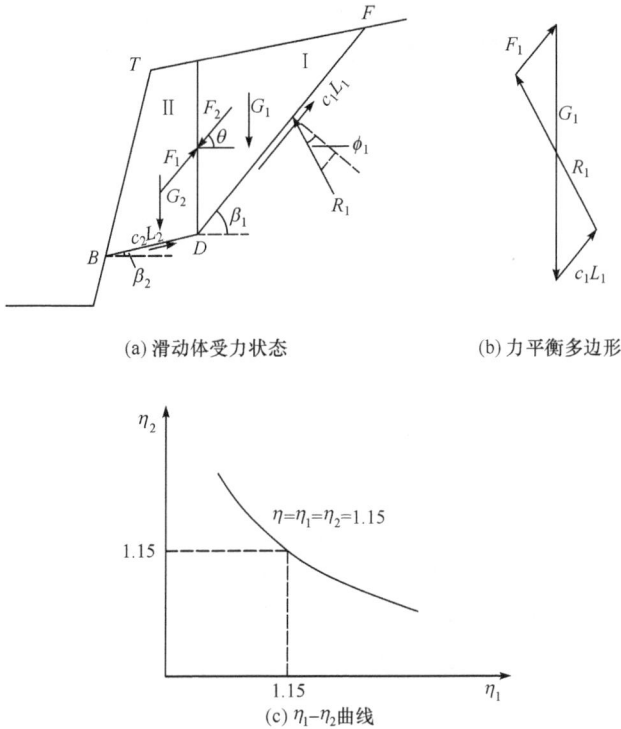

图 6-16　同向双平面滑动稳定性的力平衡分析

$$\begin{cases} \dfrac{c_1}{\eta_{11}} = c_{11} \\[2mm] \dfrac{c_1}{\eta_{12}} = c_{12} \\[1mm] \qquad \vdots \\[1mm] \dfrac{c_1}{\eta_{1i}} = c_{1i} \end{cases} \qquad (6\text{-}23)$$

　　将式(6-22)求得的 $\tan\phi_i$ 代入式(6-20),可得到相应的 R_{1i} 系列,然后根据 R_{1i}、G_1 和 $c_{1i}L_1$ 作力平衡多边形,可得到相应的系列 F_{2i},将 F_{2i} 代入式(6-21),即得到与 η_{1i} 系列相对应的 $\eta_{21}, \eta_{22}, \cdots, \eta_{2i}$,利用一一对应的 η_{1i} 和 η_{2i} 绘制两者的关系曲线,如图 6-16(c)所示。最后根据滑动体为刚性体的性质,即 $\eta = \eta_1 = \eta_2$,不难求出整个滑动体的稳定系数。

　　2) 滑动体内存在结构面

　　如图 6-17(a)所示,$BTFD$ 为滑动块体,DT 为滑动体内发育的结构面并将 $BTFD$ 切割为Ⅰ、Ⅱ两块体。因此,在块体失稳滑动过程中,$BTFD$ 除了沿滑动面

BDF 滑动外,块体自身还将沿结构面 DT 产生相互错动。鉴于上述原因,不能将 $BTFD$ 视为刚性体进行稳定性分析,也即应对块体 I、II 分别进行稳定性计算。

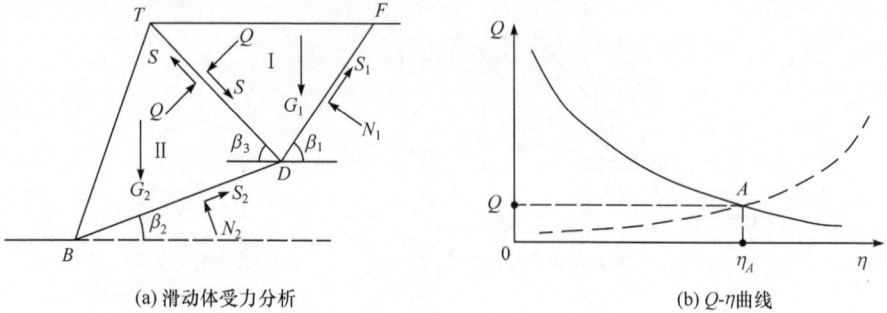

(a) 滑动体受力分析　　　　　　　　　　　(b) Q-η曲线

图 6-17　滑动体存在结构面的稳定分析

设滑动面 FD、DB 和结构面 DT 的强度参数、倾角分别为 c_1、c_2、c_3,ϕ_1、ϕ_2、ϕ_3,以及 β_1、β_2、β_3,长度分别为 l_1、l_2、l_3。G_1 和 G_2 分别为块体 I、II 的竖向力(包括岩体自重、各种工程作用力及荷载)。S_1、S_2、N_1、N_2 分别为滑动面块体作用于 FD、DB 的切向力和法向力,而 S、Q 为块体 I、II 相互作用的切向力和法向力。

为了分析整个滑动体 $BTFD$ 的稳定性,作如下假定:

(1) 块体 I、II 沿各自滑动面处于极限平衡状态。

(2) 块体 I、II 之间的结构处于临界滑动状态。

对于 DB 面有

$$S_2 = \frac{c_2 l_2 + N_2 \tan\phi_2}{\eta} \tag{6-24}$$

同理,对 FD、DT 面有

$$S_1 = \frac{c_1 l_1 + N_1 \tan\phi_1}{\eta} \tag{6-25}$$

$$S = \frac{c_3 l_3 + Q\tan\phi_3}{\eta} \tag{6-26}$$

对滑动块体 I 作受力分析,并将其投影到 DF 及其法向方向,则有

$$\begin{cases} S_1 + Q\sin(\beta_1+\beta_3) - S\cos(\beta_1+\beta_3) - G_1\sin\beta_1 = 0 \\ N_1 + Q\cos(\beta_1+\beta_3) + S\sin(\beta_1+\beta_3) - G_1\cos\beta_1 = 0 \end{cases} \tag{6-27}$$

利用式(6-25),式(6-27)可得

$$\begin{cases} \dfrac{c_1 l_1 + N_1 \tan\phi_1}{\eta} + Q\sin(\beta_1+\beta_3) - \dfrac{c_3 l_3 + Q\tan\phi_3}{\eta}\cos(\beta_1+\beta_3) - G_1\sin\beta_1 = 0 \\[2mm] N_1 + Q\cos(\beta_1+\beta_3) + \dfrac{c_3 l_3 + Q\tan\phi_3}{\eta}\sin(\beta_1+\beta_3) - G_1\cos\beta_1 = 0 \end{cases}$$

$$\tag{6-28}$$

式(6-28)是基于滑动面 DF 建立的方程,为了分析结构面 DT 的受力状态,将式(6-28)消去 N_1,则可求得 DT 面上的力 Q:

$$Q = \frac{\eta^2 G_1 \sin\beta_1 + [c_3 l_3 \cos(\beta_1 + \beta_3) - c_1 l_1 - G_1 \tan\phi_1 \cos\beta_1]\eta + c_3 l_3 \tan\phi_1 \sin(\beta_1 + \beta_3)}{(\eta^2 - \tan\phi_1 \tan\phi_3)\sin(\beta_1 + \beta_3) - \eta(\tan\phi_1 + \tan\phi_3)\cos(\beta_1 + \beta_3)}$$

$$(6\text{-}29)$$

同理,对滑动块体 II 而言,将作用于其上的力 S、S_2、G_2、Q、N_2 分别投影到 BD 面及其法向方向,则其平衡方程为

$$\begin{cases} S_2 + S\cos(\beta_2 + \beta_3) - G_2 \sin\beta_2 - Q\sin(\beta_2 + \beta_3) = 0 \\ N_2 - G_2 \cos\beta_2 - S\sin(\beta_2 + \beta_3) - Q\cos(\beta_2 + \beta_3) = 0 \end{cases} \qquad (6\text{-}30)$$

将式(6-24)、式(6-26)代入式(6-30),有

$$\begin{cases} \dfrac{c_2 l_2 + N_2 \tan\phi_2}{\eta} + \dfrac{c_3 l_3 + Q\tan\phi_3}{\eta}\cos(\beta_2 + \beta_3) - G_2 \sin\beta_2 - Q\sin(\beta_2 + \beta_3) = 0 \\[2mm] N_2 - G_2 \cos\beta_2 - \dfrac{c_3 l_3 + Q\tan\phi_3}{\eta}\sin(\beta_2 + \beta_3) - Q\cos(\beta_2 + \beta_3) = 0 \end{cases}$$

$$(6\text{-}31)$$

为了得到 Q 的表达式,消去式(6-31)中的 N_2,得到结构面上法向力 Q 为

$$Q = \frac{[c_3 l_3 \cos(\beta_2 + \beta_3) + c_2 l_2 + G_2 \tan\phi_2 \cos\beta_2]\eta - \eta^2 G_2 \sin\beta_2 + c_3 l_3 \tan\phi_2 \sin(\beta_2 + \beta_3)}{(\eta^2 - \tan\phi_3 \tan\phi_2)\sin(\beta_2 + \beta_3) - \eta(\tan\phi_2 + \tan\phi_3)\cos(\beta_2 + \beta_3)}$$

$$(6\text{-}32)$$

由式(6-29)及式(6-32)可知,滑动块体结构面 DT 上的法向力 Q 是滑动体稳定系数 η 的函数。因此在同一坐标系中利用式(6-29)及式(6-32)绘制 Q-η 曲线,如图 6-17(b)所示,图中交点处的 Q 即为所求的结构面 DT 的实际法向力,而对应的 η 则为图 6-17(a)所示边坡滑动体的稳定性系数。

6.4.3　多平面阶梯状滑动

岩体的多平面滑动,根据其滑动面的形态可以分为两类:一般多平面滑动和阶梯状滑动。对于一般多平面滑动,可以采用图 6-16 和图 6-17 所示方法进行稳定性计算,而阶梯状滑动岩体的稳定性计算则采用下述方法进行。

如图 6-18 所示,边坡高为 H,滑动块体 BTI 的滑动面 BI(实线)为其阶梯状滑动面,由一系列滑动面和受拉面组成;坡角为 α,实际滑动面倾角为 δ,而滑动面的平均倾角为 β(图 6-18 中两条虚线的夹角);滑动块体重力为 G。设滑动面的黏聚力和内摩擦角分别为 c_j 和 ϕ_j。

阶梯状滑动的几何形态与单平面滑动比较相近,所以其计算方法也比较接近。但由于阶梯状滑动存在受拉面,因此在计算中应考虑岩体的抗拉强度对稳定性的影响。G 可以分解为平行于滑动面的分量及其法向分量,则抗滑力 F_s 为

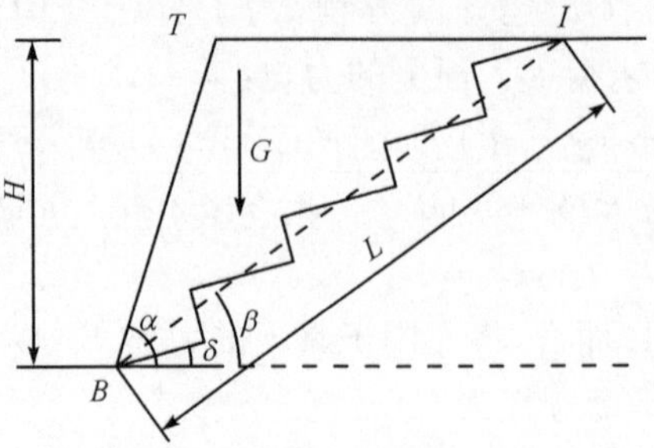

图 6-18　多平面阶梯状滑动稳定分析

$$F_s = G\cos\delta\tan\phi_j + c_j L\cos(\beta-\delta) + \sigma_t L\sin(\beta-\delta) \tag{6-33}$$

而其下滑驱动力 F_r 为

$$F_r = G\sin\delta \tag{6-34}$$

式中，σ_t 为岩体受拉面的抗拉强度。

因此，滑动体 BTI 的稳定系数表示为

$$\eta = \frac{G\cos\delta\tan\phi_j + c_j L\cos(\beta-\delta) + \sigma_t L\sin(\beta-\delta)}{G\sin\delta} \tag{6-35}$$

当不考虑岩体的抗拉强度和滑动面平均倾角时，式（6-35）与式（6-5）是一致的。所以当岩体的抗拉强度 $\sigma_t = 0$ 时，式（6-35）变为

$$\eta = \frac{G\cos\delta\tan\phi_j + c_j L\cos(\beta-\delta)}{G\sin\delta} \tag{6-36}$$

经整理，式（6-36）变为

$$\eta = \frac{\tan\phi_j}{\tan\delta} + \frac{c_j L\cos(\beta-\delta)}{G\sin\delta} \tag{6-37}$$

通过分析图 6-18 中的几何关系，可以得到滑动块体的重力 G 为

$$G = \frac{\rho g H\sin(\alpha-\beta)L}{2\sin\alpha} \tag{6-38}$$

式中，ρ 为岩体的平均密度。

将式（6-38）代入式（6-37）中，化简整理后有

$$\eta = \frac{\tan\phi_j}{\tan\delta} + \frac{2c_j\cos(\beta-\delta)\sin\alpha}{\rho g H\sin(\alpha-\beta)} \tag{6-39}$$

式（6-39）即为当 $\sigma_t = 0$ 时，滑动块体 BTI 的稳定系数计算式。如果 $\sigma_t \neq 0$，则将式（6-38）代入式（6-35），经过整理后有

$$\eta = \frac{\tan\phi_j}{\tan\delta} + \frac{[2c_j\cos(\beta-\delta) + 2\sigma_t\sin(\beta-\delta)]\sin\alpha}{\rho g H\sin(\alpha-\beta)} \tag{6-40}$$

需要注意的是，在对阶梯状滑动边坡进行稳定性系数计算时，需要明确受拉面

的状态：如果受拉面为没有完全分离的破裂面(或在可能滑动过程中将产生岩块拉断破坏面)时，边坡稳定性系数采用式(6-40)计算；当受拉面为先前存在的完全脱开的结构面时，稳定性系数按式(6-39)计算。

6.4.4 楔形体滑动

当发生滑动的软弱结构面或滑动面的走向都交切坡顶面，而分离的楔形体沿着两个这样的平面交线发生滑动，即为楔形体滑动，如图 6-19(a)所示。

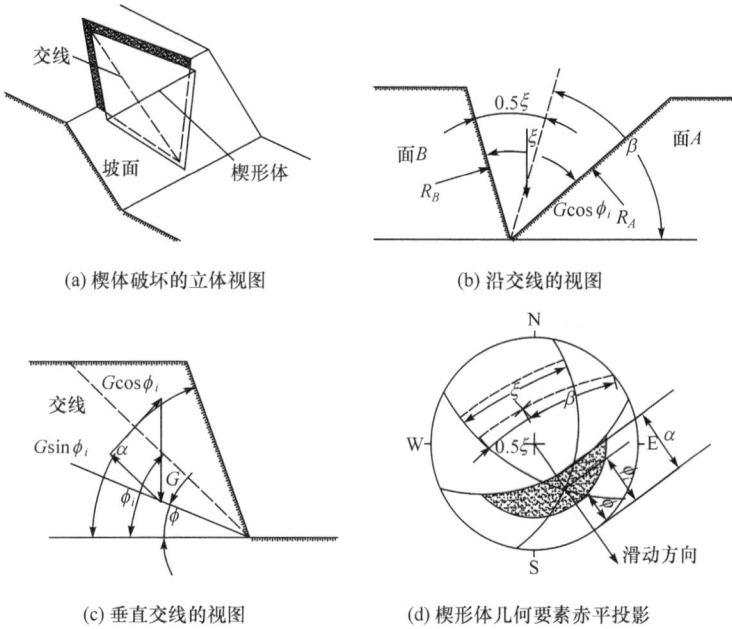

(a) 楔体破坏的立体视图 (b) 沿交线的视图

(c) 垂直交线的视图 (d) 楔形体几何要素赤平投影

图 6-19 楔体破坏的几何要素及稳定分析

假定楔形体两个滑动面的摩擦角都为 ϕ，交线的倾角为 ϕ_i，真实坡角为 α，则由前面楔形体滑动的赤平极射投影分析可知，楔形体的滑动条件由 $\alpha > \phi_i > \phi$ [图 6-19(c)]规定，则在不考虑岩体黏聚力的情况下，楔形体的稳定性系数为

$$\eta = \frac{(R_A + R_B)\tan\phi}{G\sin\phi_i} \tag{6-41}$$

式中，R_A、R_B 分别为面 A 和面 B 所提供的法向反作用力，如图 6-19(b)所示。为了求得 R_A 与 R_B 的值，在图 6-19(b)中对力作水平方向和垂直方向的分解并建立力学平衡方程，得

$$\begin{cases} R_A\sin\left(\beta - \dfrac{1}{2}\xi\right) = R_B\sin\left(\beta + \dfrac{1}{2}\xi\right) \\ R_A\cos\left(\beta - \dfrac{1}{2}\xi\right) - R_B\cos\left(\beta + \dfrac{1}{2}\xi\right) = G\cos\phi_i \end{cases} \tag{6-42}$$

用式(6-42)求解 R_A 与 R_B，并相加得

$$R_A + R_B = \frac{G\cos\phi_i\sin\beta}{\sin\frac{1}{2}\xi} \tag{6-43}$$

将式(6-43)代入式(6-41)，即有

$$\eta = \frac{\sin\beta}{\sin\frac{1}{2}\xi} \cdot \frac{\tan\phi}{\tan\phi_i} \tag{6-44}$$

式(6-44)并没有考虑滑动面的不同摩擦角、不同黏聚力和水压力等，因而是一种极为简单状态下的楔形体稳定性计算。同时，图 6-19(b)和式(6-44)中的 β、ξ 是不能通过野外测量工作直接得到的，需要在楔形体几何要素的赤平极射投影图 [图 6-19(d)]上测量得到。

如果考虑滑动面的不同黏聚力、摩擦角和水压力，并且坡顶与坡面呈一定角度倾斜，即所限定的边坡总高度是假定沿已发生滑动面交线的上下两端间的总垂直高程差，如图 6-20 所示，稳定性计算涉及楔形体几何特征量的计算，则分析方法不能沿用图 6-19 所示分析方法。

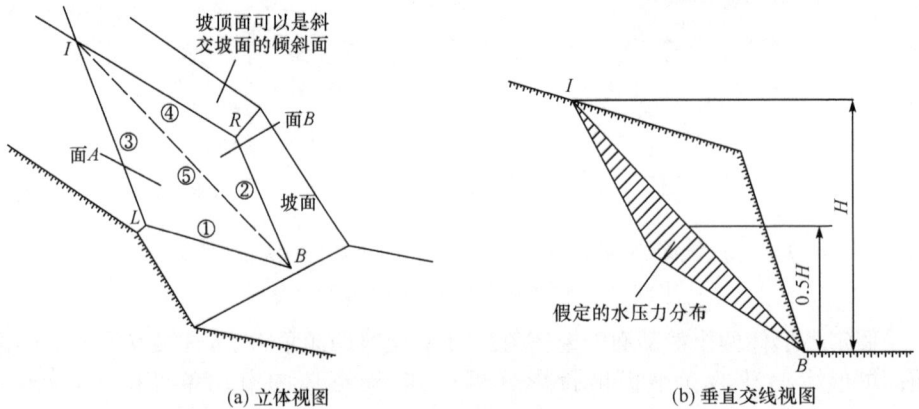

(a) 立体视图   (b) 垂直交线视图

图 6-20　考虑黏聚力和水压力对破坏面影响的楔形体稳定分析

图 6-20(a)中所示交线编号：①面 $A(BLI)$ 与坡面的交线；②面 $B(BRI)$ 与坡面的交线；③面 $A(BLI)$ 与坡顶面的交线；④面 $B(BRI)$ 与坡顶面的交线；⑤面 $A(BLI)$ 与面 $B(BRI)$ 的交线。

假设楔形体总是沿⑤号交线滑动。对水压力作如下假设：

(1) 楔形体本身是不透水的。

(2) 水沿③、④号交线流入楔顶并沿①、②号交线流出。

(3) 最大压强位于⑤号交线位置，而沿①、②、③、④号交线的压强为 0。

设面 A、面 B 的黏聚力和摩擦角分别为 c_A、c_B、ϕ_A、ϕ_B，岩体的平均容重为 γ，H 为图 6-20(b)所示的楔体总高度，则楔形体的稳定性系数可用式(6-45)[3,12]计算：

$$\eta = \frac{3c_A}{\gamma H}X + \frac{3c_B}{\gamma H}Y + \left(A - \frac{\gamma_w}{2\gamma}X\right)\tan\phi_A + \left(B - \frac{\gamma_w}{2\gamma}Y\right)\tan\phi_B \tag{6-45}$$

式中，γ_w 为水的容重；X、Y、A、B 为无量纲，依赖于楔形体的几何特征，其具体计算式如下：

$$\begin{cases} X = \dfrac{\sin\theta_{24}}{\sin\theta_{45}\cos\theta_{2 \cdot nA}} \\[2mm] Y = \dfrac{\sin\theta_{13}}{\sin\theta_{35}\cos\theta_{1 \cdot nB}} \\[2mm] A = \dfrac{\cos\phi_A - \cos\phi_B\cos\theta_{nA \cdot nB}}{\sin\phi_5 \, \sin^2\theta_{nA \cdot nB}} \\[2mm] B = \dfrac{\cos\phi_B - \cos\phi_A\cos\theta_{nA \cdot nB}}{\sin\phi_5 \, \sin^2\theta_{nA \cdot nB}} \end{cases} \tag{6-46}$$

式中，ϕ_5 为⑤号交线的倾角；θ_{ij} 为交线 i，j 之间的夹角；$\theta_{nA \cdot nB}$ 为面 $A(BLI)$ 和面 $B(BRI)$ 法线的夹角。X、Y、A、B 等几何特征参数的具体推导和计算公式可参考文献[3]的附录 I 或文献[10]，此处不再赘述；其他各角度可在楔形体几何要素基础上绘制的赤平极射投影图量测得到。

楔形体所特有的复杂几何特征(滑面可以多于两个或楔顶后缘发育一竖向拉裂面等)导致其稳定性计算方法中无论是图解解法还是解析解法都显得比较复杂和烦琐，因此现在对楔形体稳定性计算多采用计算机进行。加拿大 Rocscience 公司针对楔形体稳定性计算开发了 SWEDGE 程序[13]，该程序适用于分析岩质边坡面潜在的不稳定楔体的失稳破坏概率，并可以快速地分析锚杆对安全系数的影响，操作界面简洁，楔形体可以从三维角度直观展示出来。SWEDGE 模块可以和 DIPS 模块耦合起来，完整的 DIPS 文件可以导入 SWEDGE 模块中，两者共同进行分析。而国内则开发有适用于几何形态接近四面体、材料性质均匀的楔体稳定计算的 WEDGE 程序[10]。

6.4.5　倾倒破坏

1) 倾倒破坏的发生条件[14~17]

假定位于坡角为 β 的斜坡上的某一岩块，其高为 h、底边长为 b，如图 6-21 所示，并假定岩块的抗滑力仅由摩擦引起，即 $c=0$、$\phi\neq0$。

从图 6-21 可以看出，岩块是否发生滑动或倾倒，与坡角 β、摩擦角 ϕ 及 b/h 的值有关。经过分析

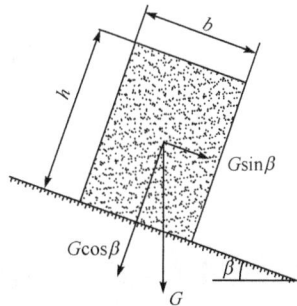

图 6-21　位于斜面上的岩块

得出如下结论：

(1) $\beta<\phi$ 及 $b/h>\tan\beta$，岩块稳定，既不滑动也不倾倒。

(2) $\beta>\phi$ 及 $b/h>\tan\beta$，岩块将滑动，但不倾倒。

(3) $\beta<\phi$ 及 $b/h<\tan\beta$，岩块将倾倒，但不滑动。

(4) $\beta>\phi$ 及 $b/h<\tan\beta$，岩块能同时发生倾倒和滑动。

2) 倾倒破坏的类型[18~21]

根据倾倒破坏的形成和发展过程，可将其细分为在陡倾结构面非常发育的硬岩边坡内出现的弯曲式倾倒、在被大间距正交节理切割的硬岩体内发生的岩块式倾倒及沿大量横节理发生的累积位移造成的岩块弯曲复合式倾倒，如图 6-22 所示[3]。

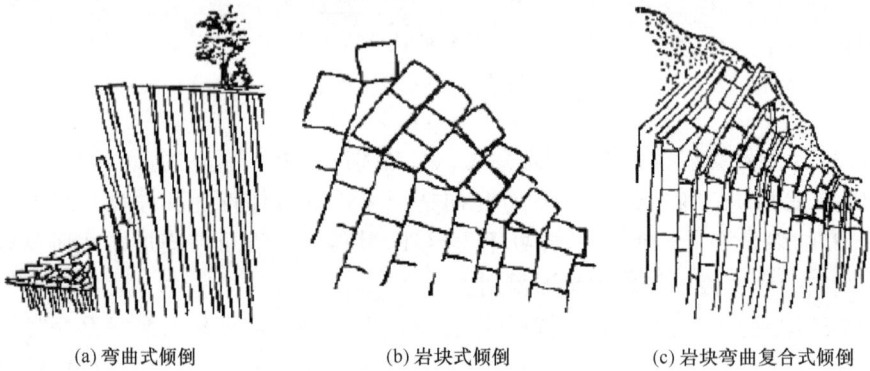

(a) 弯曲式倾倒　　　　　　　(b) 岩块式倾倒　　　　　　　(c) 岩块弯曲复合式倾倒

图 6-22　倾倒破坏类型[22]

3) 阶梯状底面倾倒的极限平衡分析[23~26]

如图 6-23 所示，组成岩体的岩层倾角为 $90°-\alpha$，开挖边坡坡角为 θ，岩体底面呈阶梯状，其平均倾角为 β，图 6-23 中的 a_1、a_2 和 b 可由式（6-47）确定。

$$\begin{cases} a_1=\Delta x\tan(\theta-\alpha) \\ a_2=\Delta x\tan\alpha \\ b=\Delta x\tan(\beta-\alpha) \end{cases} \tag{6-47}$$

式中，Δx 为每块岩块的宽度。

位于坡顶线以下第 n 块岩块的高度为

$$Y_n=n(a_1-b) \tag{6-48}$$

位于坡顶线以上第 n 块岩块的高度为

$$Y_n=Y_{n-1}-a_2-b \tag{6-49}$$

图 6-24(a)所示为一典型岩块(n)，其底面作用有力 R_n、S_n，两侧分别作用有力 P_{n-1}、Q_{n-1}、P_n 和 Q_n。当该岩块为图 6-24(b)所示的倾倒岩块时，$K_n=0$。如果岩块位于坡顶线以下，则有

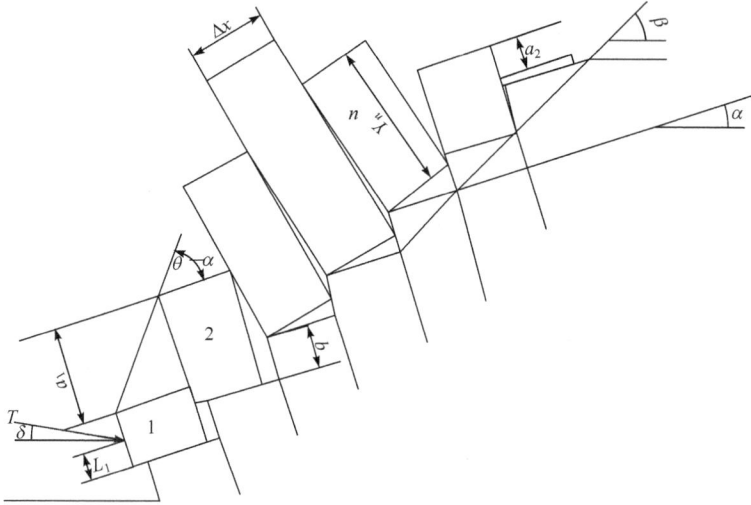

图 6-23　阶梯状底面上岩块倾倒分析模型

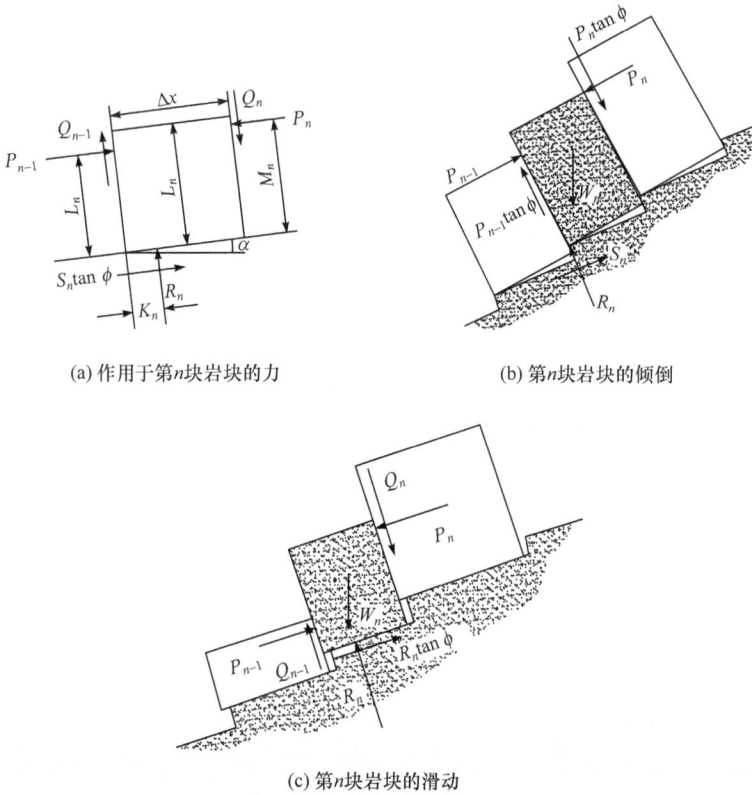

(a) 作用于第n块岩块的力

(b) 第n块岩块的倾倒

(c) 第n块岩块的滑动

图 6-24　第 n 块岩块倾倒与滑动的极限平衡条件

$$\begin{cases} M_n = Y_n \\ L_n = Y_n - a_1 \end{cases} \tag{6-50}$$

如果该岩块位于坡顶线处,则有

$$\begin{cases} M_n = Y_n - a_2 \\ L_n = Y_n - a_1 \end{cases} \tag{6-51}$$

当图 6-24(a)所示岩块位于坡顶线以下时,有

$$\begin{cases} M_n = Y_n - a_2 \\ L_n = Y_n \end{cases} \tag{6-52}$$

对于不规则的岩块排列,式(6-50)~式(6-52)中的 M_n、Y_n、L_n 可以通过图解得到。岩块侧面的摩擦力为

$$\begin{cases} Q_n = P_n \tan\phi \\ Q_{n-1} = P_{n-1} \tan\phi \end{cases} \tag{6-53}$$

则岩块底面的作用力 R_n、S_n 为

$$\begin{cases} R_n = W_n \cos\alpha + (P_n - P_{n-1}) \tan\phi \\ S_n = W_n \sin\alpha + P_n - P_{n-1} \end{cases} \tag{6-54}$$

根据第 n 块岩块的力矩平衡关系,阻止岩块倾倒的力 P_{n-1} 为

$$\begin{cases} R_n > 0 \\ P_{n-1,t} = \dfrac{P_n(M_n - \Delta x \tan\phi) + 0.5 W_n(Y_n \sin\alpha - \Delta x \cos\alpha)}{L_n} \\ |S_n| < R_n \tan\phi \end{cases} \tag{6-55}$$

如果第 n 块岩块为滑动岩块时,如图 6-24(c)所示,则其底面 R_n 和 S_n 存在如下关系:

$$S_n = R_n \tan\phi \tag{6-56}$$

但是通过图 6-24(c)可以看出,作用在岩块侧面及底面力的作用点和大小都不能确定,因此采取如图 6-24(b)所示的倾倒破坏的假设条件,即第 n 块岩块侧面的极限平衡条件成立,因此联立式(6-54)、式(6-56)即可求出阻止岩块滑动的力 P_{n-1}:

$$P_{n-1,s} = P_n - \frac{W_n(\tan\phi\cos\alpha - \sin\alpha)}{1 - \tan^2\phi} \tag{6-57}$$

式(6-55)和式(6-57)为迭代计算式,可以通过计算机编程计算,但要注意的是在计算过程中需要对每一岩块校核式(6-55)的两个限定条件。

如图 6-23 所示,假定在岩块 1 的底面以上 L_1 处安放一根锚索穿过该岩块以进行支护,锚索与水平面的夹角为 δ,则通过对块体 1 作受力分析得到防止岩块 1 倾倒的锚索张力为

$$T_t = \frac{0.5W_1(Y_1\sin\alpha - \Delta x\cos\alpha) + P_1(Y_1 - \Delta x\tan\phi)}{L_1\cos(\alpha + \delta)} \qquad (6\text{-}58)$$

而如果块体 1 为滑动破坏时,则阻止滑动的锚索张力为

$$T_s = \frac{P_1(1 - \tan^2\phi) - W_n(\tan\phi\cos\alpha - \sin\alpha)}{\tan\phi\sin(\alpha + \delta) + \cos(\alpha + \delta)} \qquad (6\text{-}59)$$

式中,Y_1、L_1、P_1 为经过迭代计算后岩块 1 的力矩和作用力,则此时作用在岩块 1 底面的法向力和切向力为

$$\begin{cases} R_1 = P_1\tan\phi + T\sin(\alpha + \delta) + W_1\cos\alpha \\ S_1 = P_1 - T\cos(\alpha + \delta) + W_1\sin\alpha \end{cases} \qquad (6\text{-}60)$$

式(6-60)中的 T 选用由式(6-58)、式(6-59)所计算的 T_t、T_s 较大值,即取决于图 6-23 中岩块 1 的破坏方式。

6.5　小　　结

　　节理化岩质路基或边坡由于库水位或山间溪、河水位涨落及降水的影响,水渗入坡体内,润湿岩体结构面,减小结构面充填物的强度或河水冲刷、淘蚀边坡坡脚,减弱支撑力,引起坡体失稳。与土石混合路基相比,节理化岩质路基由于岩体内发育有结构面,其失稳模式和稳定性分析方法要复杂很多。本章以节理化岩质路基动态失稳机理为基础,从节理化岩体的结构面空间组合特征和失稳模式入手,讨论节理化岩质路基稳定性的分析和计算方法,得到如下结论。

　　(1)水渗入节理化岩体结构面后,通过水压力降低结构面的抗剪强度。当结构面充填一定厚度的充填物夹层时,水体通过弱化充填物抗剪强度进而降低整个岩体的强度并引起破坏。

　　(2)赤平极射投影是表示物体的几何要素或点、线、面的空间方向及相互间的角距关系的一种平面投影,不仅能用于判断节理化岩质边坡或路基的失稳模式、滑动方向,而且能初步判断边坡或路基的滑动可能性和稳定坡角。

　　(3)对于节理化岩体的平面滑动和楔形体滑动等形式,可结合极限平衡分析方法和图解分析方法进行稳定性系数的计算,其主要思路为运用极限平衡理论并将水压力和地震力转化为滑动面法向和切向力分量加入滑动块体的受力状态,分别求得滑动块体的下滑驱动力和抗滑力进而求解稳定性系数。

　　(4)倾倒破坏受坡角、摩擦角及岩块的宽高比控制,采用极限平衡理论对阶梯状底面规则岩块倾倒破坏进行分析,但所得到的数学解仅能用于少数几种特殊的倾倒破坏。

　　(5)节理化岩体的稳定性分析需要建立在细致的野外调查和严谨的室内试验基础上,否则其结果不能为设计和治理提供准确依据。

参 考 文 献

[1] 孙广忠. 岩体结构力学. 北京:科学出版社,1988.

[2] 中华人民共和国建设部. GB 50021—2001　岩土工程勘察规范. 北京:中国建筑工业出版社,2009.

[3] Hoek E,Bray J W. 岩石边坡工程. 卢世宗,李成村,夏继祥,等译. 北京:冶金工业出版社,1983.

[4] Kutter H K,Faichurst C. On the fracture process in blasting. International Journal of Rock Mechanics & Mining Science & Geomechanics Abstracts,1971,8:181—202.

[5] 张倬元,王士天,王兰生,等. 工程地质分析原理. 北京:地质出版社,2005.

[6] 刘佑荣,唐辉明. 岩体力学. 武汉:中国地质大学出版社,2005.

[7] 重庆交通科研设计院. 土石混合料的物理力学性质及工程分类研究,2004.

[8] 孙玉科,古迅. 赤平极射投影在岩体工程地质力学中的应用. 北京:科学出版社.

[9] Rocscience. DIPS 5.0—Graphical and Statistical Analysis of Orientation Data Rocscience,1999.

[10] 陈祖煜,汪小刚,杨健,等. 岩质边坡稳定分析——原理·方法·程序. 北京:中国水利水电出版社,2005.

[11] 中华人民共和国建设部. GB 50011—2001　建筑抗震设计规范. 北京:中国建筑工业出版社,2010.

[12] Kentli B,Topal T. Assessment of rock slope stability for a segment of the Ankara-Pozantl motorway,Turkey. Engineering Geology,2004,74:73—90.

[13] Rocscience. Swedge 3.0—Surface Wedge Analysis Rocscience,1999.

[14] Low B K. Reliability analysis of rock wedges. Journal of Geotechnical and Geoenvironment Engineering,1997,123(6):498—505.

[15] Goodman R E. Introduction to Rock Mechanics. 2nd. New York:Wiley,1989.

[16] Goodman R E. Thirty-fifth Rankine lecture:Block theory and its application. Geotechnique,1995,45(3):383—423.

[17] Goodman R E,Kieffer D S. Behavior of rock in slope. Journal of Geotechnical and Geoenvironment Engineering,2000,126(8):675—684.

[18] Collins B D,Znidarcic D. Stability analyses of rainfall induced landslides. Journal of Geotechnical and Geoenvironment Engineering,2004,130(4):362—372.

[19] Kieffer D S. Rock slumping—A compound failure mode of jointed hard rock slopes. PhD Dissertation,Berkeley:University of California Berkeley,1998.

[20] Mauldon M,Goodman R E. Vector analysis of keyblock rotation. Journal of Geotechnical and Geoenvironment Engineering,1996,122(12):976—987.

[21] Muller L. Rock mechanics. Vienna:Springer-Verlag,1999.

[22] Hoek E,Bray J W. Rock Slope Engineering. 3rd. London:Inst of Mining and Metallurgy,1981.

[23] Fell R,Glastonbury J,Hunter G. The eight Glossop lecture:Rapid landslides:The importance of understanding mechanisms and rupture surface mechanics. Quarterly Journal of En-

gineering Geology and Hydrogeology,2007,40:9—27.

[24] Neuffer D P,Schultz R A. Mechanisms of slope failure in Valles Marieris,Mars. Quarterly Journal of Engineering Geology and Hydrogeology,2006,39:227—240.

[25] Pugh R C,Puell F. First time landslide in Keuper mudstones in Aviles,Asturias,Spain. Quarterly Journal of Engineering Geology and Hydrogeology,2006,39:241—247.

[26] Wang J J,Zhao T L,Chai H J,et al. Failure of rock slope 16. 5 years after excavation in repeated strata of sandstone and mudstone. Environmental Earth Sciences,2016,75:1458.

第7章 沿河路基防治技术研究

7.1 概　述

我国山区公路沿河路基现状不佳,不少沿河公路路段存在安全隐患。实践表明,在沿河公路的设计中,很多防护与支挡结构方案因不能满足工程要求而出现较大的调整,或者造成较大的浪费。沿河路基天然边坡经过人为开挖、加固支挡后,形成新的坡体,该坡体中的力学状态明显不同于原始的天然边坡[1]。

研究沿河路基防护技术对提高沿河路基的建设水平、降低山区沿河公路建设养护成本和确保公路畅通等都具有重要意义,这也是本书研究的出发点和落脚点。本章在前几章研究的基础上,分析影响沿河路基防护结构稳定性的因素、总结沿河路基常见防护结构的病害类型并分析病害形成机理,对石笼挡墙新型沿河路基防护结构的变形、力学性质等进行了室内试验、模型试验和数值模拟研究。

7.2　影响路基防护结构稳定性的因素

沿河路基加上防护结构后可能出现的灾害性破坏是岩土体受自然营力的影响产生很大的变形,使防护结构所受荷载超过设计许可值而失效,如表现为锚索松弛很大、桩被推断等状况,在这些情况下容易发生灾害性的路基整体失稳破坏。这种自然营力造成的沿河路基整体失稳破坏有一个孕育发展的过程,该过程包括蠕动缓滑阶段、等速滑动阶段和加速滑动阶段。产生这三个阶段的内因直接与滑带土的蠕变规律有关。

在沿河路基整体失稳破坏的形成和发展过程中存在的不平衡滑动力是造成路基过大变形甚至失稳破坏的根本原因。所谓的不平衡滑动力是指促使沿河路基不稳定土体的下滑力 F_P 与抵抗滑动的阻力 F_R 之间的差值,记为 $\Delta F = F_P - F_R$,由 ΔF 产生的沿滑面分布的剪应力称为不平衡剪应力 $\Delta \tau$。正是由于 $\Delta \tau$ 值的不同和变化才导致滑坡的动态类型和发展趋势多种多样。

促使这个不平衡剪应力产生与增加的原因主要包括两个方面:由于滑体下滑力增大导致的滑带剪应力增加;由于某些原因引起的滑带岩土体抗剪强度降低。这两个方面就是影响防护结构稳定性的内在原因。

7.2.1　引起坡体内剪应力增加的因素

地震、爆破、机械振动干扰、滑体饱水及其动静水压力都会使坡体内的剪应力增大,因而增加坡体变形量,致使作用于防护结构上的荷载增大,造成支挡加固后的坡体向不稳定方向发展,甚至达到一定程度后导致坡体滑动失稳。

对沿河路基而言,常见的促使路基坡体内剪应力增大的因素有车辆荷载作用、地下水位上升、地表水入渗、地震力作用等。

7.2.2　造成滑带岩土体强度降低的因素

有许多因素可以造成沿河路基岩土体的抗剪强度降低,如地下水与路基岩土体长期相互作用、地表水或大气降水的入渗、车辆等振动荷载的长期作用、岩土体的流变特性、风化作用等,其中水的作用最受工程技术人员关注。

1) 水的作用

按照沿河路基与河水位的位置关系,可将沿河路基分为路基地下水与河水间有直接水力联系的、路基地下水与河水间无直接水力联系的两种类型。对于前者,当河水位或地下水位较高时,路基岩土体经受地下水的浸泡和渗透,地下水对路基岩土体进行物理、化学、力学等的长期作用,使路基岩土体向松散方向发展,其抗剪强度指标随时间的延续有所下降。

对于后者,路基岩土体多处于地下水水位以上,地下水受河水动态变化的影响不大,但由于沿河路基所处地质条件非常复杂,路基岩土体很可能成为路线邻近地质体,如山体的浅层地下水(如基岩风化裂隙水)向河流排泄的必经区域。这时,路基岩土体将遭受地下水的渗透作用,其抗剪强度降低是难免的。另外,大气降水或地表水入渗,使路基岩土体由非饱和状态变为饱和状态,力学性质变差,强度指标会降低[2]。路基岩土体在遇水软化甚至泥化的过程中,强度的降低通常表现为黏聚力急剧下降。对这种软化作用反映最灵敏的地方就是坡体中的软弱结构面处,于是造成坡体抗滑能力下降,相当于对防护结构施加更大的荷载,使坡体的稳定性减弱。

2) 强度随时间的变化

路基岩土体在路线竣工后的很长时间内处于缓慢变形,即流变过程中,使得其抗剪强度随时间而逐渐降低并趋于稳定值,即为其长期强度。长期强度是坡体产生加速变形和破坏发展的阈值,对路基边坡失稳破坏的发生、发展起决定性作用,当坡体软弱结构面上的剪应力小于长期强度时,坡体处于蠕变缓滑阶段;当等于长期强度时,坡体处于等速滑动阶段;当大于长期强度时,坡体处于加速滑动阶段。因而长期强度可作为边坡破坏时间预报的一个重要强度标准。在强度逐渐衰减的过程中,坡体中潜在滑面的抗滑能力逐渐下降,这相当于对防护结构施加更大的荷载,不利于坡体稳定。

此外,由于坡体中软弱结构面处的岩土体一般都表现为应变软化的性质,即当剪切变形达到一定值以后,岩土体的抗剪强度便随着变形的发展而逐渐减小,以致最终达到残余强度之值。所以,当加固支挡后坡体软弱结构面处的变形积累到一定程度后,其抗剪强度就会随着变形而逐渐降低,抗剪能力减弱,从而增加了作用于防护结构上的荷载(坡体压力)。

总之,对于修建防护结构处理后的坡体,由于自然营力、人为扰动及坡体材料自身的特殊力学属性等原因,会使坡体逐渐出现坡体内剪应力增大而软弱结构面等处抗剪强度降低的现象,导致坡体变形增加,作用于防护结构的荷载增大。

7.3 常见防护结构及其病害分析

7.3.1 常见防护结构特点

根据大量的现场调查和分析表明,山区沿河路基设计和施工具有以下特点:

(1) 公路线形常沿河谷布置。

(2) 地质条件复杂。

(3) 地形条件复杂,沟谷数量众多。

(4) 高大支挡结构使用频繁。

(5) 建筑材料缺乏。

(6) 对环境保护与水土保持要求较高。

7.3.2 常见防护结构分类

路基设计和公路养护都必须采用适当的防护设施,达到路基稳定性、强度和刚度的各项标准,确保公路正常使用。

路基防护以"预防为主、防治结合"为原则,冲刷防护遵循"顺应水势、因势利导"的原则。路基防护与当地地形、地貌和生态环境相配合,力求做到使公路工程与当地环境成为一个和谐的整体。路基防护按其部位和功能分为坡面防护和冲刷防护两类[3]。

1) 坡面防护

坡面防护是指为防止路基一侧(或两侧)坡面的暴雨淋洗和洪水冲刷,以及岩石风化、崩塌、脱落等坡面破坏而采取的防护措施。常用的有植物防护(植草、铺草皮、植树等)和灰浆防护(抹面、捶面、喷浆喷锚、勾缝、灌浆等)。

2) 冲刷防护

沿河路基、河滩路基、桥头引道等临水面边坡的防护,桥梁墩台及其调治构造物的防护等都属于冲刷防护。水毁防治主要是探讨冲刷防护的问题。冲刷防护根据防护型式的水流结构和机理又分为直接防护和间接防护两类。

(1) 直接防护。直接防护是从直接加固坡脚或基础,提高其抗冲刷的能力出发,而修建的附着在边坡坡面、坡脚及其基础上的工程设施,包括护坡(护面墙)、挡土墙、护坦式基础、抛石、混凝土预制板、土工织物、石笼、梢料等。

(2) 间接防护。护岸丁坝、丁坝群、桥梁导流堤等建筑物均属间接防护。它们伸入河道,改变水流状态,使水流偏离被防护的岸线(路基)或将冲刷段变为淤积段,以达到防护目的。但是,它们侵占河道,对天然水流改变较大,对上、下游或对岸有一定影响。相应地它们也受到水流的强烈冲刷,但即使丁坝坝头等部位被冲毁,也不致立即危及路基安全,以达到路基防护的目的[4]。

另外,上述两类防护工程再配合生物防护,如河滩、沿岸植树造林、植草护坡以及其他生态环境保护措施等[5],都将收到积极的防护效果和环境效果,应予以提倡。

7.3.3　防护结构常见破坏方式

沿河路基防护结构的类型众多,破坏方式各异,由于篇幅限制,不可能对所有的破坏方式进行描述。本节以重力式挡墙为主,说明其用作沿河路基防护结构时,容易出现的变形、破坏方式。

1) 倾覆破坏

倾覆破坏主要表现为挡土墙整体倾覆失稳,与相邻挡土墙产生位移,且位移呈上大下小的楔形,如图 7-1、图 7-2 所示。原因分析如下所述:

(1) 墙背填土未分层压实或填土含水量过大,没有达到设计要求的密实度。

(2) 挡墙地基不均匀或地基超挖后用素土回填又未夯实,或淤泥、软土等不良土质没有清除干净等,导致地基承载能力下降,使受力最大处前墙趾下沉,挡墙随之前倾。

(3) 墙身断面设计不合理。例如,墙趾较短、力臂小、抗倾覆能力差;或墙背倾斜过大,形成较大的土压力。

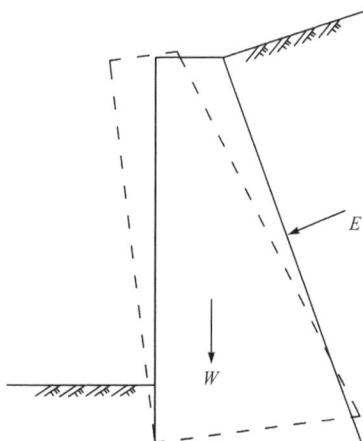

图 7-1　挡墙倾覆破坏

(4) 排水不良或采用含量过大的黏土回填,引起静水压力和膨胀压力增大。

图 7-2　某沿河路基挡墙倾覆破坏

2) 整体破坏

整体破坏主要表现为在砌体产生较大的裂缝,整体倾斜或下沉,严重时砌体发生墙身断裂或倒塌,如图 7-3 所示。原因分析如下所述:

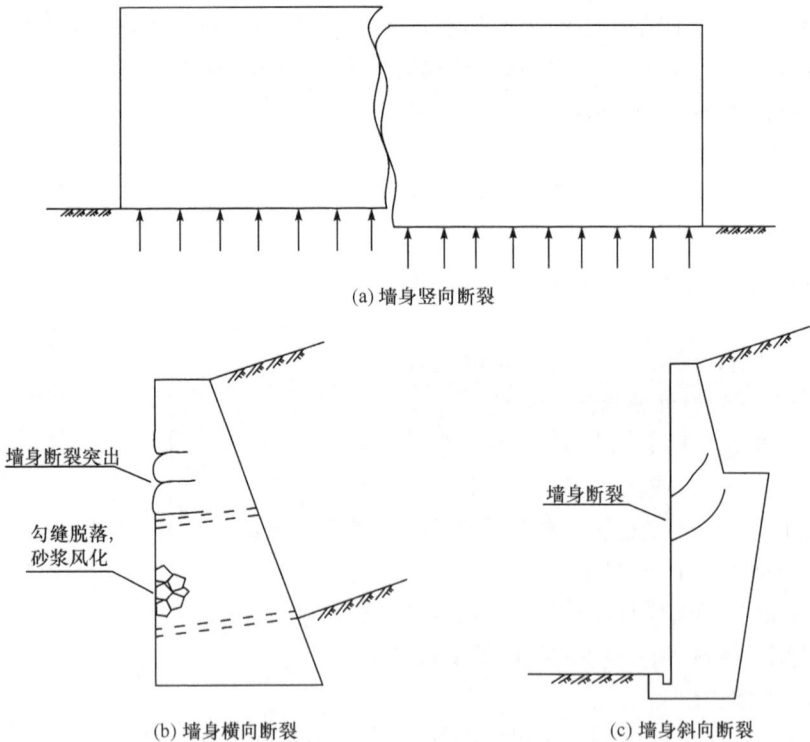

(a) 墙身竖向断裂

墙身断裂突出

勾缝脱落,
砂浆风化

(b) 墙身横向断裂

墙身断裂

(c) 墙身斜向断裂

图 7-3　整体断裂破坏

（1）地基处理不当。例如,淤泥、软土、浮土等没清理干净;地基超挖后用素土回填又未压实;地基土质不均匀,又未按规定设置沉降缝,或地基应力超限。

（2）砌筑质量低下。例如,砂浆填筑不饱满,捣固不密实;砂浆标号不够;采用强度低的风化石砌筑;块石竖向没有错缝,形成通缝;小石块过分集中等,以上情况都会影响砌体质量。

（3）沉降缝不垂直,或者块石间相互交叉重叠,甚至不设沉降缝导致地基不均匀下降时,挡墙相互牵制拉裂。

（4）挡墙一次砌筑高度过高或砌筑砂浆强度未达到要求时,过早进行墙后填土,导致砌体断裂或倒塌。

（5）墙身断面过小,拉应力超限或基础底面过小,应力超限导致挡墙破坏。

3）基础冲刷淘空

基础冲刷淘空是公路水毁的一种主要形式,且危害较大。处于暴雨集中、雨水冲刷严重或沿河、冲沟地段的挡土墙,常因雨水急速局部冲刷基础,使底部材料被形成的涡流冲蚀、卷起带走,随着冲刷深度和范围的增大,导致基础脱空,如果不及时处理,则会进一步导致结构物失稳破坏,如图 7-4 和图 7-5 所示。

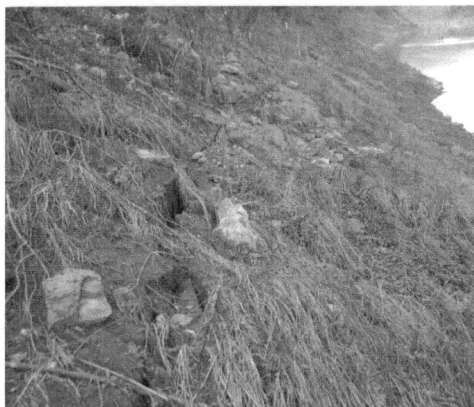

图 7-4　河水冲刷引起岸坡变形开裂

4）滑移破坏

滑移破坏主要表现为防护结构整体外移,如图 7-6 所示,与相邻支挡结构物产生错位,且上、下位移大致相等。原因分析如下所述:

（1）基底未到岩层或密实土基,且未做反向倾角,使基底摩擦系数没有达到设计要求。

图 7-5　库水位变化引起路基天然边坡裂缝

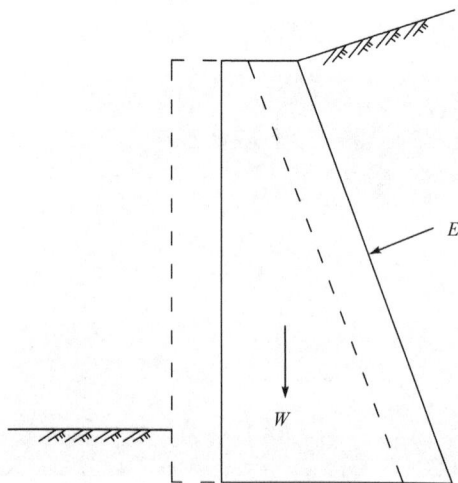

图 7-6　滑移破坏

（2）基础两侧填土没有同时回填，被动土压力减少，导致滑移。

（3）墙背回填土采用推土机或挖掘机回填时，没有按要求做到分层建筑，分层压实；而是将大量土方推向墙背或堆靠在墙背上，由于推土机引起的主动土压力和未压实土主动土压力增加形成很大的水平推力而导致挡墙外移。

（4）采用淤泥或过湿土回填，降低填土的摩擦力，增加土压力，如果挡墙排水不畅，还会引起静水压力和膨胀压力。

（5）墙身断面不足，自重不够，基础埋深不够，被动土压力减少。

5) 泄水孔堵塞

泄水孔堵塞主要表现在挡墙背后填土潮湿,含水量大,但泄水管却长期流不出水,形同虚设;水从周围块石缝隙渗出,表面有明显渗水痕迹。挡墙中设置合理的泄水孔,有利于排除墙背填土积水,降低孔隙水压力,维持其稳定性。但由于施工质量问题,如反滤层设置不合理,或泄水孔结构施工不符合设计要求等。在使用过程中随水流的作用,可能使泄水孔的排水通道被细颗粒材料堵塞,从而形成墙背填土积水,容易导致冻胀、湿陷、滑塌等严重病害的产生。原因分析如下所述:

(1) 墙背未设反滤层,泄水管直接与填土接触,填土进入泄水孔。

(2) 泄水孔进水口处反滤材料被堵塞,路基填土进入反滤层。

(3) 反滤层设置位置不当,起不到排水作用。

(4) 泄水孔被杂物堵塞或竹管泄水孔本身未贯通。

(5) 泄水孔横坡度不够。

6) 勾缝砂浆脱落

勾缝砂浆脱落的主要表现:砂浆勾缝在雨水表面径流作用下,砂浆被冲刷散失,水泥混凝土预制块或片(块)石砌缝外露,勾缝砂浆出现裂缝,随后起壳成块状或条状脱落。勾缝脱落是砌体挡土墙比较普遍的一种病害。原因分析如下所述:

(1) 勾缝前砌体没有洒水湿润,勾缝后砂浆中水分被干燥的块石吸收,导致砂浆因水化反应不充分而使强度下降,碎裂脱落。

(2) 砂浆配比不准,强度不够,在外力的作用下,碎裂脱落;或水泥含量过大,收缩裂缝增多,造成碎裂脱落。

(3) 块石砌筑时,砂浆填缝不饱满,空隙太大,块石松动,造成表面勾缝砂浆脱落。

(4) 砂浆勾缝养护不充分,造成收缩裂缝或强度降低,导致砂浆松缩脱落,无法流出来。

7) 墙背填土沉降变形

挡墙背填土发生沉降变形是一种比较普遍的严重病害。由于填料选择不当,加之施工压实不足,在墙背排水不利情况下,地表径流汇集、雨水下渗,在潜蚀作用下引起沉陷变形。当墙体泄水孔畅通时,土颗粒将随下渗水流移动,被水流带走,逐渐形成陷穴,使墙背脱空,影响行车舒适性和安全性;当泄水孔被堵塞时,墙背将积水,填土含水量增大,强度大大减弱,土压力增大,极易使墙背填土发生沉陷变形,甚至使土体发生溜坍、滑坡,导致挡土墙失稳和破坏。

8) 沉降缝、伸缩缝破损变形

沉降缝、伸缩缝破损变形主要是指缝在施工中未按要求完全封闭、设计中设置位置不合理或设置数量不足,从而在自然因素和人为因素作用下,导致缝被颗粒材料填充,变形量不足而被挤裂或拉开。

7.3.4 防护结构病害成因机制

山区公路沿河路基防护结构产生病害的原因主要有以下几个方面:

(1) 基础承载力不足。挡墙的破坏主要表现为滑移、倾覆等,其中大部分是基础埋置过浅、地基承载力不足或偏心距过大等原因造成的。趾部下沉、冲刷和淘蚀易造成挡土墙过度倾斜以致倾覆,基底抗滑和剪切强度不足易造成过度滑动。

(2) 排水不畅。由于排水不良,使墙背填土和地基土的含水量增加,从而加大土体的湿密度,降低抗剪强度和地基承载力,并产生附加的静水压力、土体的膨胀压力。这些变化都加大了墙背所受的主动土压力,使墙身失稳。

(3) 地质情况勘察不清楚。滑坡地段或地形较陡时,在建公路拓宽时对边坡下部进行了一定开挖,增大了临空面坡度,利于滑坡形成。虽然在建公路具有反压作用,但填筑较松散,临空面仍具有一定的活动空间。有些支挡结构基础落在滑坡体或坡积体上,也容易使支挡结构失稳。

(4) 水的作用。河(库)水位的周期性变化都将引起地下水位的变化,改变支挡结构地基岩土的性质,在建公路使雨期潜流水位上升,增加受地下水位涨落影响的范围,抗剪强度被降低的黏性土及受动水压力影响的范围随之增加。另外,潜流水的淘蚀范围也有一定增加,潜流水是土滑坡被诱发的重要因素。

(5) 设计、施工不完善。断面过小、设计参数选择不当、砌石挤浆不够密实、墙体断面达不到设计要求、回填土不符合要求、压实不足等都会造成墙身剪切破坏、外凸变形、勾缝脱落、石块松动等病害。

(6) 养护不及时。病害发生初期,如果不认真检查,很难及时发现,也就不能及时进行养护、修补;或者发现后未能准确找出真正病害原因,而采用不正确的处置方法,贻误时机,导致严重病害的产生。例如,勾缝脱落、表面破损等如果能及时给予维修,将会避免更严重的病害发生。

7.4 路基病害防治技术概要

沿河路基的防治必须从研究其水流结构及相应的冲淤变形出发。例如,沿河路基水毁最多的是河湾凹岸冲刷,而它是由弯道螺旋流引起的,则应从研究螺旋流的发生、发展和消失出发,寻找河湾冲刷的范围、深度等规律;引起丁坝冲刷的原因是流体边界层的分离和不断产生的随机的漩涡体系,漩涡高速旋转的动能和漩涡中心的负压强把床面泥沙挟带到下游。丁坝对下游河岸的防护长度也是由漩涡扩散到下游所能够挟带泥沙的距离来决定的。这些问题都必须从寻求漩涡发生、发展及其对泥沙运动的影响规律来解决。路基防治只能从研究其水流和冲刷机理出发,采取相应对策,才能治本。

7.4.1　弯道凹岸最大冲刷深度计算

山区的各类河流都是由无数的河湾和直段组成的。河湾是河流平面形态的一般现象,直段则是两河湾之间的过渡段。山区河流受两岸地形限制,属于强制性河湾。除弯曲性河流外,山前区、半山区变迁性河段,虽然河道基本顺直,但是河槽平面形态也是由弯曲的主流、股流、汊流和串沟组成。每年水情的洪枯变化、河床冲淤变形都与弯道水流作用和泥沙冲淤变化有关[6]。

进入弯道后,水流受离心力和重力作用,逐渐形成螺旋流,引起沿程各断面流速和流向的急剧变化。由于水具有黏滞力和紊流水团混掺的动量变换,水流内部不同深度之间、水流和床面之间存在切应力。切应力随流速梯度增大而增大。切应力推动床面泥沙运动,当床面切应力大于床面泥沙起动的临界切应力时,泥沙就开始运动。流速梯度越大,切应力越大,泥沙运动越剧烈。床面上输沙不平衡,产生冲淤变形[7]。

沿河路基的防治设计中河湾冲刷深度的数值预测是关键问题,其决定着防护结构的埋置深度。国内外有关专家在这方面进行大量现场调研和室内模型试验,并进行量纲分析和多元回归分析,得到下列计算公式[8,9]:

$$\frac{h_{\max}}{h}=1.48\left(\frac{B}{R_C}\right)^{0.24}\left(\frac{B}{h}\right)^{0.17}\left(\frac{h}{d}\right)^{0.05}$$

或

$$h_{\max}=1.48\left(\frac{B}{R_C}\right)^{0.24}\left(\frac{B}{h}\right)^{0.17}\left(\frac{h}{d}\right)^{0.05}h \tag{7-1}$$

式中,$h_{\max}$为弯道凹岸最大冲刷处水深,m;h为弯道进口或上游直段平均水深,m,如果难以取值,近似取弯道段平均水深;B为弯道进口或上游直段水面宽度,m;R_C为弯道中心半径,m;d为河床质平均粒径,m。

凹岸边坡的坡度对冲刷程度也有影响,试验得知相同水力条件下竖直边坡凹岸冲刷深度较大,而边坡坡度较平坦时,冲刷稍有减小。这是因为具有较平坦边坡度时,只形成一个断面环流,而竖直边坡由于竖直边壁与底面垂直,形成次生环流,加强凹岸冲刷的结果。试验分析得到凹岸冲刷边坡折减系数C_m,即

$$C_m=e^{-0.16m} \tag{7-2}$$

式中,m为边坡系数,即边坡1:m。

弯道凹岸最大冲刷处水深为

$$h_{\max}=1.48\left(\frac{B}{R_C}\right)^{0.24}\left(\frac{B}{h}\right)^{0.17}\left(\frac{h}{d}\right)^{0.05}hC_{\mathrm{m}} \tag{7-3}$$

7.4.2 沿河路基的防护对策

沿河路基防护设计的一般步骤为:通过洪水调查和洪水分析计算,研究洪水情势和有关数据;通过现场勘测了解所在河段的类型及河床变形、地质构造等特点;有针对性地采取相应的工程、生物及管理方面的对策。切忌套用已有工程设计、盲目加大工程尺寸和凭经验办事。否则,必将发生重复水毁,造成极大的浪费[10]。

沿河路基防治的一般处理对策见表 7-1。

表 7-1　主要沿河路基水毁类型的一般处理对策

沿河路基水毁类型	防护和处理对策
河水凹岸冲刷	分析凹岸冲刷的具体情况、位置、范围、深度和河段分类;峡谷河段采用挡土墙、护坡、配合护坦基础防护;山区开阔河段、变迁性河段可采用护坡、挡土墙护坦基础;配合浸水丁坝群。材料、工艺采用浆砌、石笼、预制混凝土板块及土工织物等
河道压缩冲刷	冲刷原因与桥梁一般冲刷相同,冲刷深度按桥梁一般冲刷计算;应注意是否还有对岸挑流等其他形式水流的作用;一般应以边坡直接防护(挡土墙、护坡)配合护坦基础为宜,不宜应用丁坝再挤压水流;但是,也有应用短、密、低的漫水丁坝群防护成功的实例
路面淹没,急速退水冲刷	因路基过分压缩水流,水位升高或设计水位确定过低,适当提高路基设计高程;完善路面排水系统;加强硬路肩防护
黄土路基冲刷	黄土湿陷性对水的浸泡、淋洗特别敏感,必须设置完善的排水系统,对雨水远接远送,并做必要的防护工程
路基上边坡(挖方)的坡面坍塌和滑坡	坡面防护(植物防护、砌石、喷浆等);完善地表水和地下水系统;坡脚修挡土墙等
泥石流对路基的冲刷、堵塞和覆盖	路线避开或绕行,慎用涵洞;排导、拦截;水土保持等

只有根据不同的河流地形特征、平面特征、地质特征,因地制宜地采取防护措施,才能有效地对沿河路基进行防护。经过国内外许多专家的工程实际经验,总结出沿河路基一般防护分析和对策,如图 7-7 所示。

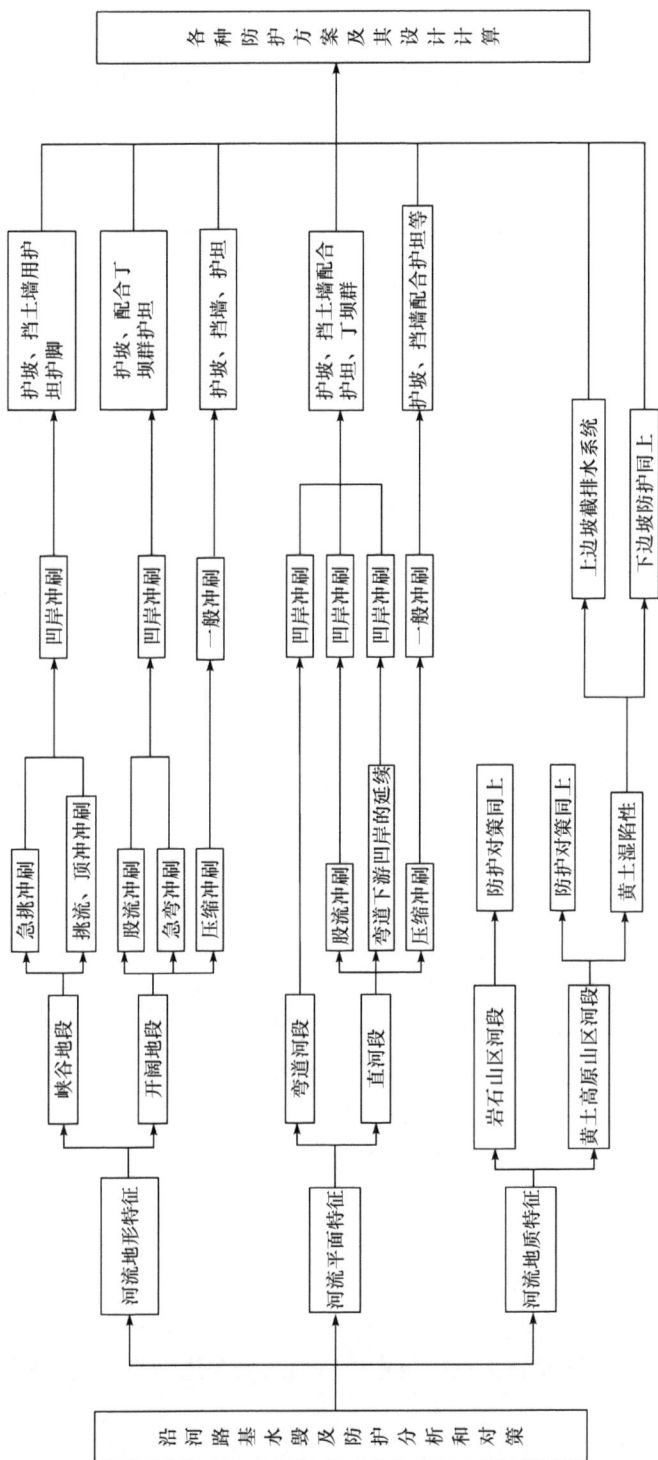

图 7-7 沿河路基一般防护分析和对策

7.5　石笼防护结构的开发与应用

我国护岸工程技术仍处于不断发展与探索的过程中。在护岸工程形式上,由传统的守点工程(包括矶头、丁坝)改进为平顺型护岸,并逐步为工程实践广泛地采用。护岸材料也多种多样,由传统的抛石、柴排发展到采用混凝土铰链排和模袋混凝土等新材料。国外也有很多新型护岸技术出现,如美国衣阿华水利研究所提出的潜没式导流板[11,12],西欧采用的大型护坡软体排[13]、混凝土连锁护面块、尼龙加筋网垫[14]等技术都曾得到一定程度的成功应用。目前,生态型护岸已成为新技术的发展方向,然而生态防护技术与工程防护技术的有机结合方面仍有不少值得深入研究的课题。

随着防护结构的发展,支挡结构和部分支挡结构已逐渐由刚性支挡向柔性支挡过渡,如加筋土挡墙、锚定板挡墙等。历史上就有采用木石笼等形式进行岸堤防护的,后来基于生态工程和就地取材的思想出现了铁丝石笼挡墙等特殊支挡结构型式。由于石笼挡墙具有贴地性好、对地基要求低等优点,特别适合于山区高等级公路沿河路基的防护工程。

石笼挡土墙是工程防护和生态防护相结合的路基防护结构,植物可以利用石笼内填石空隙生长,也可以通过预埋藤蔓枝条等达到绿化效果,与自然和谐统一。其主要优点为:①透排水良好;②柔性结构,贴地性佳;③耐久性好;④运输储存方便;⑤就地取材,施工方便。

很多山区高等级公路的支挡结构物设计中均存在地基承载力较低,以及设置高大挡墙使得结构生硬等缺点,而使用石笼挡墙可以有效避免对地基的深开挖,同时可以就地取材,从而节省圬工的数量,达到节省投资的目的。

石笼挡土墙在国外应用较多,已经成为国外生态工程中的重要组成部分,成功应用的实例较多。例如,澳洲新南威尔士的 Wollongong 市附近,靠近 Ousley 山的 95 号公路的格宾石笼挡土墙,用来防止滑坡体;意大利的 Cuneo 省保护 Neive-Alba 铁路的挡土墙。目前,国内已经有很多生产石笼的厂家,具备生产高强度、抗腐蚀石笼结构的能力,并且已经较好地解决石笼的防腐蚀问题。常见的石笼结构形状如图 7-8 所示。

石笼挡墙(图 7-9)在国内主要用于河道岸坡防护,如长江荆江起始段防护工程、奉节宝塔坪滑坡处治工程的涉河段落也采用部分石笼挡墙结构形式,并取得良好的使用效果。石笼挡墙在国内沿河路基防护结构中的应用仍处于尝试阶段,对其工程适宜性、设计方法及施工控制技术等方面还需要进一步研究,以达到推广应用的目的。

由于石笼结构同常规刚性圬工砌体的受力和变形特点不同,其设计方法和设

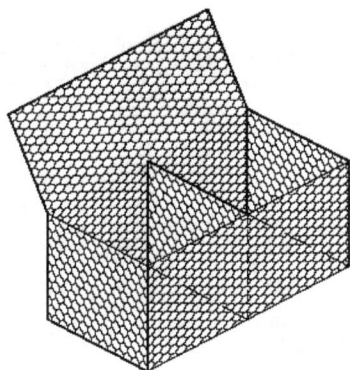

图 7-8 石笼结构示意图

图 7-9 石笼挡墙断面示意图

计理论还缺乏相应的研究,与大面积的推广和应用还存在一定差距[15]。因此,本节对其变形和稳定性,以及设计计算方法等问题进行研究。

7.5.1 石笼挡墙稳定与变形特性

1) 单体石笼的力学特征

采用室内大型压缩试验和剪切试验来研究石笼单体的特性,试验设备为招商局重庆交通科研设计院有限公司自制的大型土工多功能力学试验仪,如图 7-10 所示,所能容纳最大试样尺寸为 100cm×100cm×80cm。

(1) 直剪试验。剪切试验中使用的石笼尺寸为 0.5m×0.5m×0.4m,将石笼放入剪切盒中,封顶后在石笼顶部施加恒定垂直荷载,在水平推力作用下,石笼及其中填石作为整体完成变形直至破坏的过程。在试验过程中,由数据显示仪记录水平向荷载和剪切位移值。水平位移传感器测量剪切位移。在直剪试验中,取 5% 石笼水平向应变时的应力值为峰值强度,进行三组直剪试验,试验结果如图 7-11 所示。

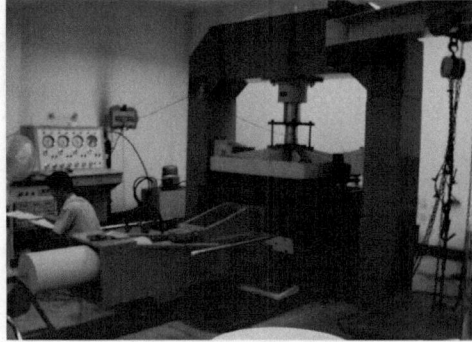

图 7-10　大型土工多功能试验仪

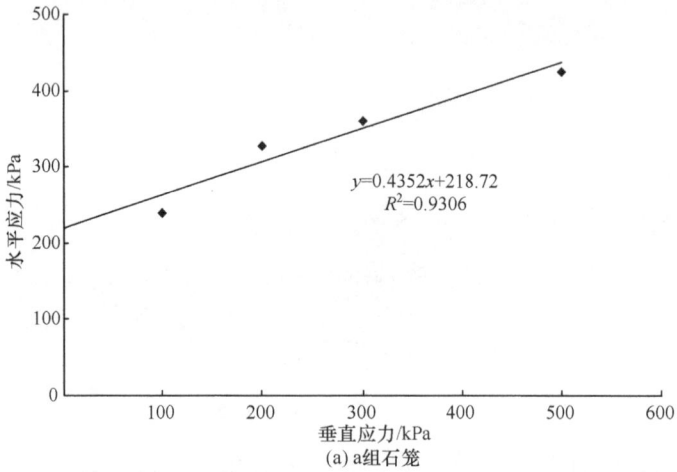

$y=0.4352x+218.72$
$R^2=0.9306$

(a) a组石笼

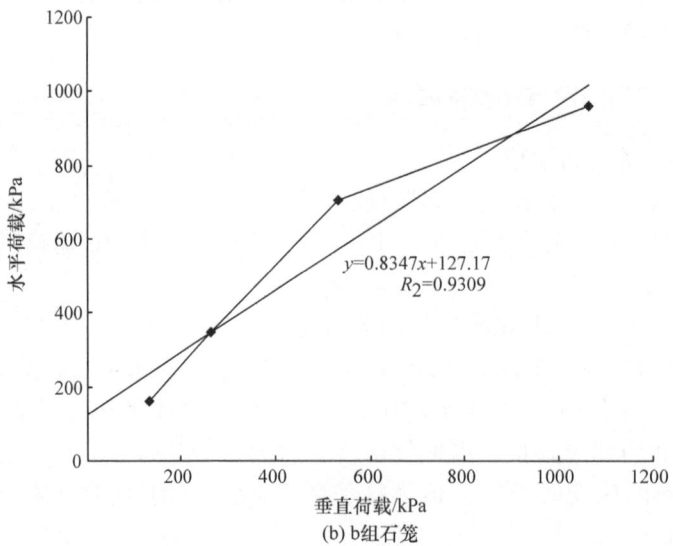

$y=0.8347x+127.17$
$R_2=0.9309$

(b) b组石笼

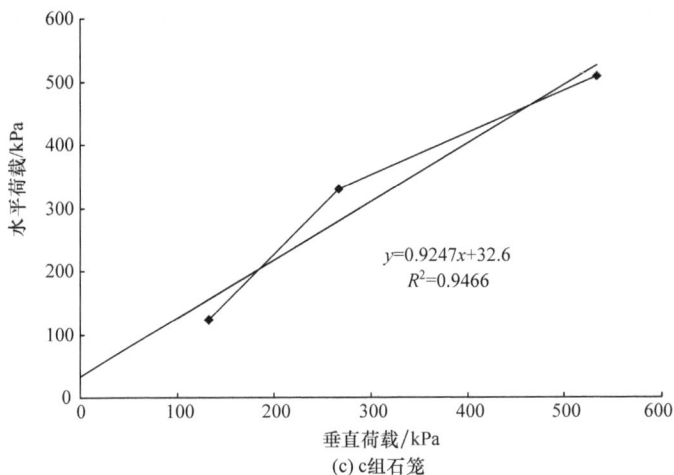

图 7-11　直剪试验结果

图 7-11 中 a 组、b 组、c 组石笼的空隙率依次为 25.8％、35.6％、43.8％；a 组、b 组、c 组试验用石笼的抗剪强度参数 c 依次减小，分别为 218.72kPa、127.17kPa、32.6kPa；内摩擦角 φ 依次增大，分别为 23.5°、39.8°、42.7°。c、φ 值与石笼的空隙率有密切关系，空隙率越小，c 值越大，φ 值越小。c 值为 32.6～218.72kPa，主要由铁丝的限制作用产生，空隙率越小，填石越紧密，铁丝对填石的限制作用越大，因此 c 值也越大；φ 值为 23.5°～42.7°，主要由填石之间的相互作用产生，空隙率越大，φ 值越大，变化幅度不大。

（2）压缩试验。压缩试验用石笼尺寸为 0.5m×0.5m×0.5m，将编织好的石笼放在平板上，向其中装入石料，过程同剪切试验，做无侧限压缩试验。

填石结束封顶至压缩之前，在石笼 1/3、2/3 高度处分别量测石笼的周长，通过计算得出石笼的鼓胀率。鼓胀率的计算公式为

$$T = \frac{\sum l' - \sum l_0}{\sum l_0} \times 100\% \tag{7-4}$$

式中，T 为鼓胀率，％；l_0 为加压前各个边长，cm；l' 为加压后各个边长，cm。

试验结果表明，单体石笼上部、下部的鼓胀变形明显小于中部，石笼的鼓胀主要发生在中间部位，从测量到的 1/3、2/3 高度的周长数据可知，两个位置在压缩前后其周长值很接近，因此在表 7-2 中列出两个高度处的平均值。

表 7-2　石笼的鼓胀变形记录

空隙率/%	压缩前周长/cm	压缩后周长/cm	压缩量/cm	鼓胀率/%
25.9	217	291	74	34.1
30.3	214	255	41	19.2
31.1	216	250	34	15.7
41.5	198	265	67	33.8

由表 7-2 所示数据整理出石笼的空隙率与鼓胀率之间的关系曲线如图 7-12 所示。可得如下结论：①石笼填装时，存在一个最佳空隙率，可使鼓胀率达到最小，在试验条件下，将石笼的空隙率（最佳空隙率）控制在 30％左右是比较合适的，相对应的鼓胀率约为 15％；②空隙率与鼓胀率之间有密切的函数关系，可用二次抛物线拟和。

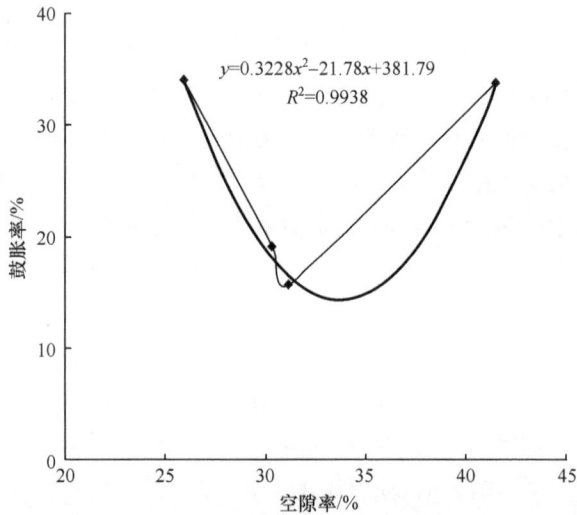

$$y=0.3228x^2-21.78x+381.79$$
$$R^2=0.9938$$

图 7-12　鼓胀率与空隙率的关系曲线

除在 1/3、2/3 高度位置处量测石笼的周长以评价石笼在压缩作用下的鼓胀率外，还在 1/3、2/3 高度处的 4 个侧面量测石笼距试验仪器内壁的距离，即在压缩前后分别量测石笼上同一点到某一固定点的距离，每个侧面有 2 个观测点，从而得到各个侧面鼓胀的具体值。结果表明，中部变形比较大，鼓胀率最大达到了 55.9％，再次验证在压缩作用下石笼的变形主要出现在中部。

在压力作用下，易于崩出石料的部位为相邻边的连接处，石笼网出现破裂现象，石块崩出，从而发生石笼网箱的整体破坏。在压缩过程中，起约束石笼变形作用的拉筋承受较大的拉力，一般在拉筋的中间位置发生断裂，石笼单体的鼓胀变形主要发生在中部。

图 7-13 所示为石笼在压缩作用下典型的应力应变关系曲线,可分为三个阶段,从图中可以看出,初始阶段石笼应变很小,然后开始逐渐增大,之后因石料被压碎、鼓胀率增大引起铁丝发挥抗拉作用,应变开始变大;第二阶段为应变显著增大阶段,应变呈跳跃式的增大,在应变增大的过程中,出现应变变化较为平缓的现象,这是因为当石料的破碎达到一定程度时,石笼再受压力,主要是石料骨架起抵抗作用,但这种作用是有限的,在压力作用下,更多的石料被压碎,同时铁丝网破坏后,填石受限制作用减小,从而产生更大的应变;最终阶段应变值基本达到稳定,上一阶段发生断裂的铁丝产生的裂缝已使相当数量的碎块石脱离石笼,堆积在外侧形成了对填石继续脱离的限制,完整性尚存的铁丝对变形的继续发展起了主要作用,石笼仍能保持整体性。可见,在压缩过程中,先是填石间的摩擦嵌挤起主要抵抗变形的作用,接着铁丝发挥其抗拉强度,最后主要是铁丝的抗拉强度起作用。

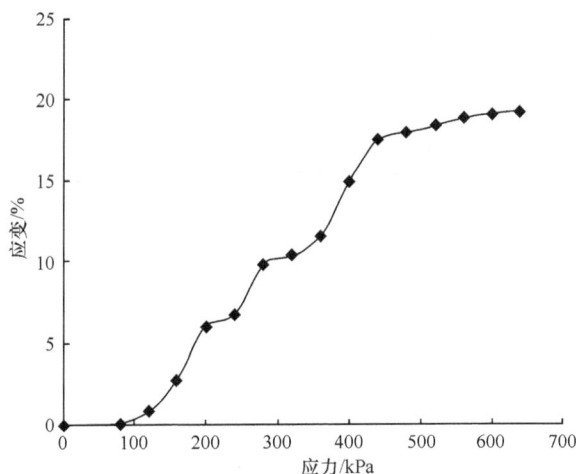

图 7-13　压缩作用下的应力应变关系

2) 石笼挡土墙二维地质力学模型试验研究

(1) 试验模型的设计及制作。

试验采用招商局重庆交通科研设计院有限公司自制的二维物理模型试验系统,试验仪尺寸为 0.3m×3.2m×2.0m。两侧用有机玻璃板加工字钢约束,限制模型的侧向变形,便于沉降观测。二维地质力学试验系统主要包括反力框架、加载系统、稳定系统、数据监测系统等。

按墙背形式的不同采用了两种模型:墙背阶梯式和墙背直立式,如图 7-14所示。

石笼挡土墙模型试验采用的石笼尺寸均为 30cm×30cm×30cm,墙背阶梯式挡土墙使用 6 个石笼,共 5 层,从下往上每层依次向内缩进 6cm,从而形成的坡比

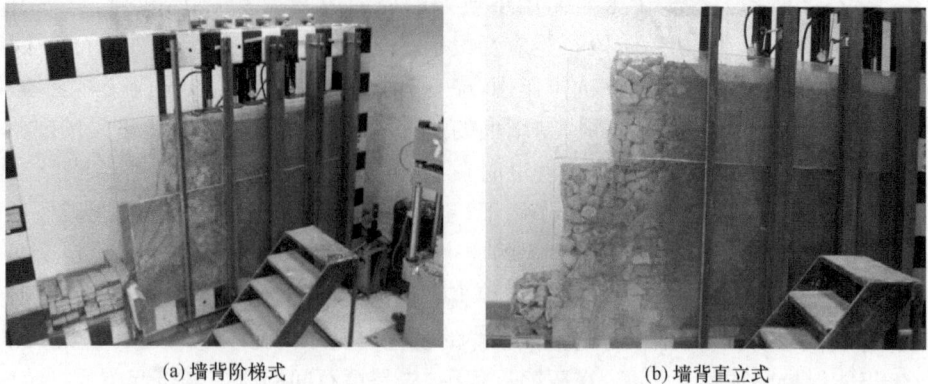

(a) 墙背阶梯式　　　　　　　　　　　　(b) 墙背直立式

图 7-14　两种形式的石笼挡土墙模型

为 1：0.2；墙背直立式挡土墙使用 9 个石笼，共 5 层，墙面也呈阶梯状。墙背阶梯式模型的尺寸（长×宽×高）为 214cm×30cm×150cm，墙背直立式模型的尺寸（长×宽×高）为 180cm×30cm×150cm。

墙后填土压实度按 93% 控制，埋设压力传感器测量土压力，同时记录挡墙各层墙面的侧向变形，填土表面设置百分表量测沉降，通过沉降观测控制竖向荷载施加速率。

（2）试验结果分析。

① 墙体侧向变形。

在墙背阶梯式挡土墙模型中，取第 4 层（最上层）第 2 排 4 个节点的侧向位移的变化来说明挡土墙侧向位移经历的过程，如图 7-15(a)所示。随着填土高度的增加，侧向位移基本经历了急剧增大→平缓稳定的过程，节点最大位移值为 6.0cm。石笼挡土墙填筑结束后，在上部压力作用下，这些抵抗变形的因素所起的能力有限，石料间的接触关系要经过重新调整以达到更紧密的状态，而当这种状态完成后再增大荷载，侧向变形值随时间的变化很微小，这说明挡土墙的侧向变形主要发生在填土完成后较短一段时间内，之后基本达到稳定。初始阶段，节点位移值为负，有内缩变形，这是节点所在位置碎块石不够密实并处于逐步调整位置的过程中，当这个过程结束后，位移均为正值，表现为外鼓变形。

在墙背直立式挡土墙模型中，同样取最上层石笼第 2 排 4 个节点的侧向位移值，如图 7-15(b)所示，与墙背阶梯式挡土墙模型不同，墙背直立式挡土墙模型随填土高度的增加，侧向位移曲线虽然中间出现转折，但一直是以较大斜率增大的。墙背直立式挡土墙模型节点的最大位移值为 2.9cm，比墙背阶梯式模型的小。相比于墙背阶梯式挡土墙模型，墙背直立式挡土墙模型石笼间的连接更加牢固，填石间因土压力作用发生的调整很小，这样在图 7-15(b)所示中就没有发生位移值为负的情况，即没有内缩。

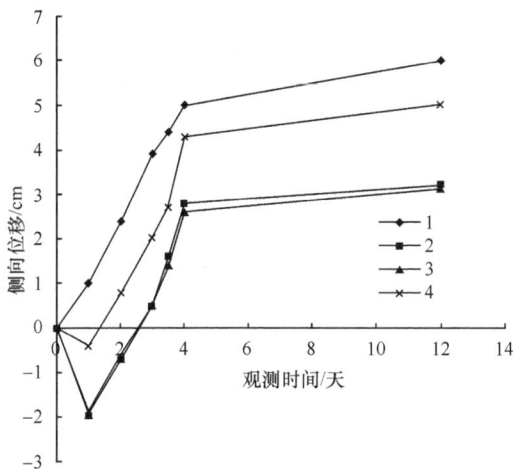

(a) 墙背阶梯式

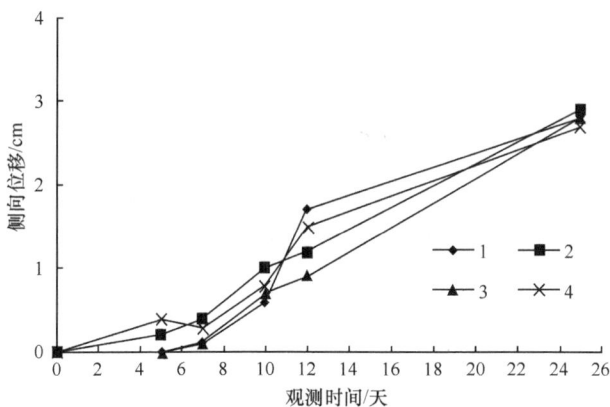

(b) 墙背直立式

图 7-15　第 4 层第 2 排 4 个节点侧向位移

在墙背阶梯挡土墙模型中,第 4 层第 4 排测点的侧向位移随观测时间,即填土高度的变化曲线如图 7-16(a)所示,取节点 1 代表每排的位移值。从图 7-16(a)中可以看出,上部的位移比下部的位移大;在每排的节点侧向位移中都出现暂时减小的现象,下部的第 3、4 排尤为明显,石笼为柔性结构,因每处的填石密实度不易达到统一,而且填石的位置在不断调整,从而导致发生这种现象;下部也是因为与下层石笼间的连接较紧密,使向外的变形受限,并在一段时间内出现内缩,随着下层石笼上部的外移,本层下部的位移将得到恢复并继续增大,从图 7-16(a)中可以看出,位移值减小只是暂时的。

墙背直立式挡土墙模型相应层的侧向位移随时间增加的关系如图 7-16(b)所示,填土高度不大时,位移增加较少,但到一定高度,侧向位移值急剧增加,随后减

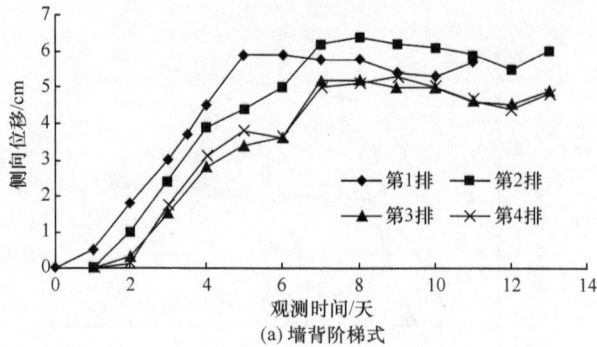

(a) 墙背阶梯式

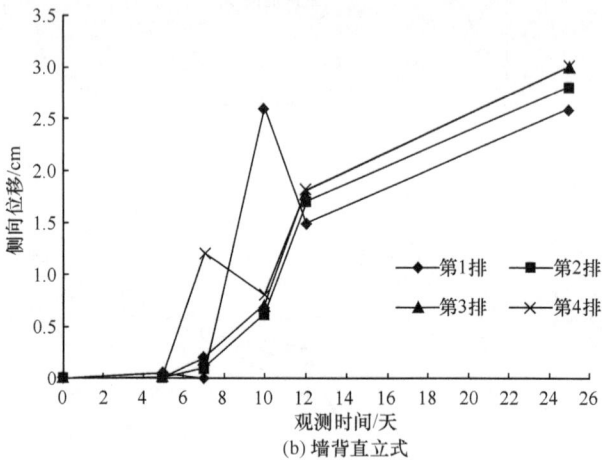

(b) 墙背直立式

图 7-16　第 4 层第 4 排测点的侧向位移

小,继续填土则位移得到恢复,达到的最大位移值小于墙背阶梯式挡土墙模型相应值。墙背直立式挡土墙的位移受填土高度增加的影响较大。

墙背阶梯式挡土墙模型中,测量石笼墙面的水平位移时,在每层石笼网丝的铰接处设置测量点,每层石笼 4 排测点。在加压结束后,统计水平位移值,绘出与挡墙高度的关系图,如图 7-17(a)所示,这里选取每层第 2 排第 1 节点的数值代表每层石笼的位移值(用其他节点位移值做代表得到的结果类似)。由前所述,石笼挡土墙分 4 层,由图 7-17(a)可以看出,石笼挡土墙在压力作用下的水平位移,上部比下部大。在填土表面加压过程中,上部石笼距离加压作用位点的距离较近,受到的挤压作用较大,这就导致出现上部石笼水平位移比下部石笼大的情况。

墙背直立式挡土墙模型测量侧向位移的方式同墙背阶梯式挡土墙模型,由图 7-17(b)可知,上部的位移比下部的大,但最上面两测点的位移值相同,往下则减小剧烈。

(a) 墙背阶梯式

(b) 墙背直立式

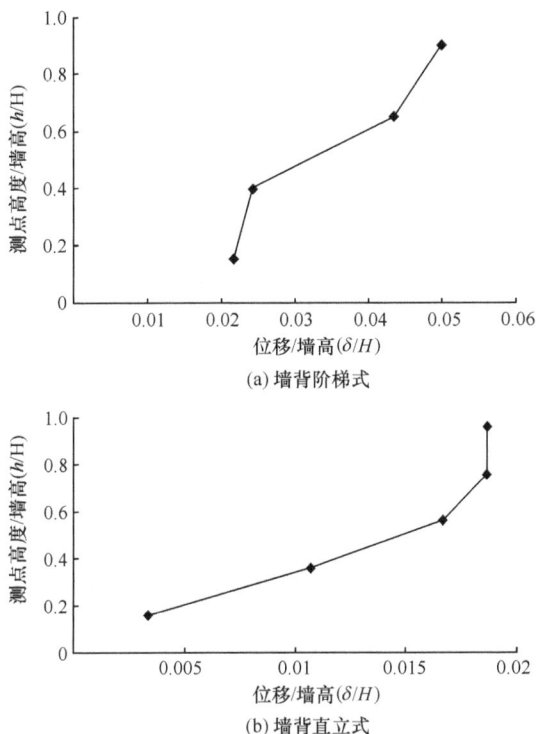

图 7-17　墙面最终的水平位移示意图

　　图 7-18 为不同填土高度时两种模型各层石笼的侧向位移曲线,图中用水平线划分出各层石笼的界限,每层中均用第 2 排第 1 节点的位移值代表当层的位移。

　　墙背阶梯式模型中,不同填土高度,均是上层石笼的位移比下层石笼的大,如图 7-18(a)所示,第 4 层石笼的位移变化始终受填土高度增加的影响较大;第 3 层石笼的位移在填土高度增加到 6m 后,增加值已变小,说明此时第 3 层石笼的位移变化已趋于稳定;第 1、2 层石笼的位移变化情况相似,填土高度为 2m 时,石笼中的填石经历了主要的位置调整阶段,位移值出现负值,这样就产生了除最上层第 4 层外,其余第 3、2、1 层都向内缩的现象,填土高度再增加时,位移值均为正值。在填土高度增加到 4m 后,位移的增加趋于平稳,说明第 4 层的位移变化已达到稳定。由此可得,墙背阶梯式挡土墙上部位移受填土高度增加的影响较大,而下部较小,在填土高度较小时即达到稳定。

　　墙背直立式模型中,不同填土高度,均是上层石笼的位移比下层石笼大,见图 7-18(b),第 4、5 层位移增加的幅度相同,为所有层中的最大值;第 3 层位于挡土墙的中部,其位移随填土高度的增加而增大,但幅度比第 4、5 层略小,达到的最大值略小;第 2 层的位移填土起始阶段增加较快,当高度为 8m 后,增加值已较小,说明已经达到稳定;第 1 层石笼的位移随填土高度的增加变化最小,最早达到稳定。

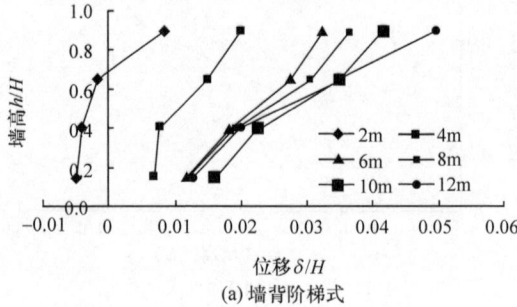

(a) 墙背阶梯式

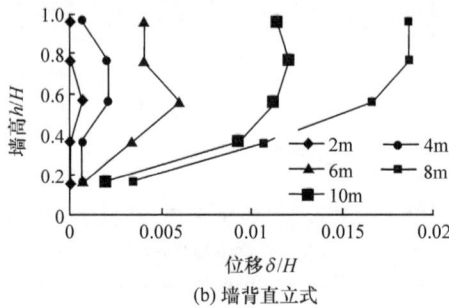

(b) 墙背直立式

图 7-18 不同填土高度时两种模型各层石笼的侧向位移曲线

两种形式的挡土墙,均是上部石笼受填土高度的影响较大,下部石笼则能在填土过程中较早达到稳定,墙背阶梯式模型的侧向位移值较大。

② 水平应力。

在全部加压结束后,整理压力传感器测得的应变值,对应各个传感器的标定曲线,得出填土中相应深度的侧向土压力值,如图 7-19 所示。

由图 7-19 可知,墙背阶梯式挡土墙在上两层深度范围内的土压力值小于理论土压力值,随着深度的增加,土压力值激增,原因为墙背阶梯式挡土墙上、下位移不一致,下部挤压墙后土体;而墙背直立式挡土墙土压力值始终大于理论土压力值,在第 4 层土压力激增,在第 5 层得到恢复,在压力作用下挡土墙后仰土压力由静止转为被动。

通过两种形式的二维石笼挡土墙模型试验,可以得到以下结论:

(1)墙背阶梯式挡土墙的若干节点在土压力作用下暂时出现内缩,但随着填土高度的增加,这种现象将逐渐转变为外鼓,而墙背直立式挡土墙的节点位移一直是增加的;节点位移最大值以墙背直立式较小。

(2)同一层石笼在不同高度上,上部的位移比下部的位移大,因填石密实度不

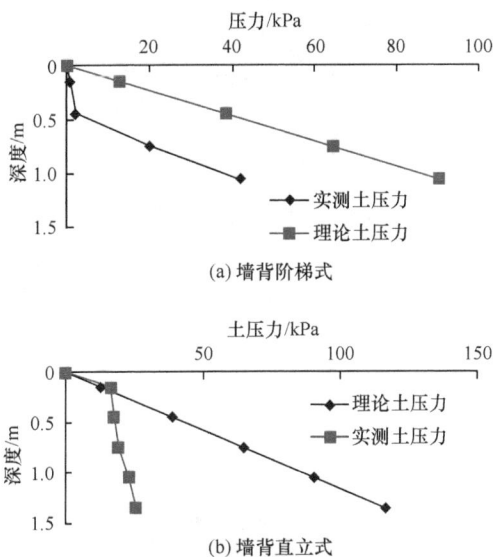

图 7-19　侧向土压力

均、位置调整等原因,侧向位移有暂时减小的现象。

(3) 两种形式的挡土墙均是上部石笼受填土高度的影响较大,下部石笼则能在填土过程中较早达到稳定,墙背阶梯式模型的侧向位移值较大。

(4) 两种形式的挡土墙实测土压力值均远小于理论土压力值,这是柔性挡土墙的优点。它能对土压力产生一定的卸荷作用。

7.5.2　石笼挡土墙设计计算方法

1) 石笼挡土墙颗粒离散元数值分析

采用二维颗粒流离散元程序 PFC2D 构建两种结构形式的石笼挡土墙,即墙背阶梯式挡土墙和墙背直立式挡土墙。根据所在层的结构形式,每层石笼的宽度不同,高度均为 1m,挡土墙整体高度均为 9m。在 PFC 建模中,对组成石笼的颗粒赋予平行连接、接触连接、石笼内填石、基础、墙后填土等的颗粒分别赋予不同的参数,模拟在荷载作用下石笼挡土墙的侧向变形和土压力的分布、填土与挡土墙接触关系以及挡土墙整体的颗粒接触等性质[16,17]。

在室内模型试验中建立墙背阶梯式和墙背直立式两种结构形式的挡土墙,对其在荷载作用下的力学特性进行研究。本章为了便于与试验结果进行对比,按照同样的结构形式构建两种与模型试验尺寸相同的石笼挡土墙模型,即墙背阶梯式挡土墙和墙背直立式挡土墙,如图 7-20 所示。

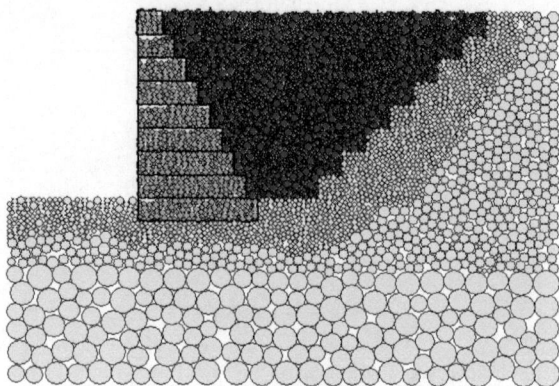

(a) 墙背阶梯式

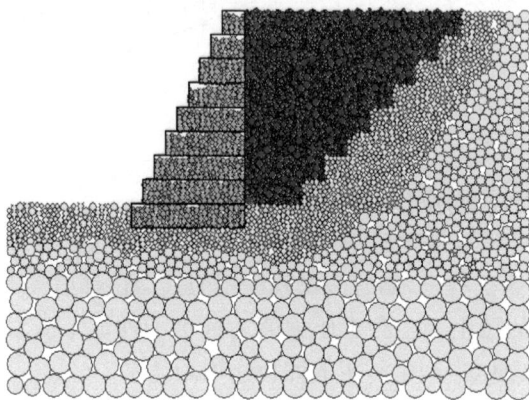

(b) 墙背直立式

图 7-20　两种挡土墙模型

　　在回填过程中,土体充分压实,对石笼产生冲击,同时填石对石笼的挤压,石笼发生变形,如图 7-21 所示,墙背水平向的变形最大,墙背竖向变形次之,墙面变形最小。这种变形与填石、填土颗粒以及组成石笼颗粒的大小、特性是有关系的。石笼属柔性结构物,相对来讲,其刚度较填石小,填石过程中的石料滚动、移动很容易使石笼发生变形,且石料的运动效果多为使填石集合体更加密集,因此石笼的这种变形不能得到恢复;石笼刚度较填土颗粒大,但填土在压路机压力及顶面荷载作用下,将力作用于石笼,也使石笼发生水平向变形。由于这些原因,石笼铁丝变形一般与填石、填土颗粒的外形轮廓相同,因外部颗粒大小不同,对石笼的挤压作用不同,石笼各个部位的变形也随之不同。外部颗粒越大,对石笼的挤压作用越大,石笼相应位置的变形也越大,填石颗粒与填土颗粒接触处,石笼受到较大的挤压力,伸缩空间小,拉伸变形较小。

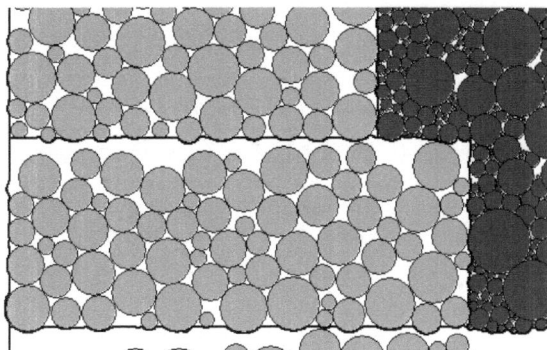

图 7-21 铁丝的变形

图 7-22 为加压后组成挡土墙的填石、石笼颗粒间的接触图,石笼颗粒间的接触构成了接触的主要部分,是主要的抵抗作用力的部分;填石间的接触紧密,但在上部的石笼,填石与石笼间的接触较少,原因是填石在填筑过程中发生沉降。

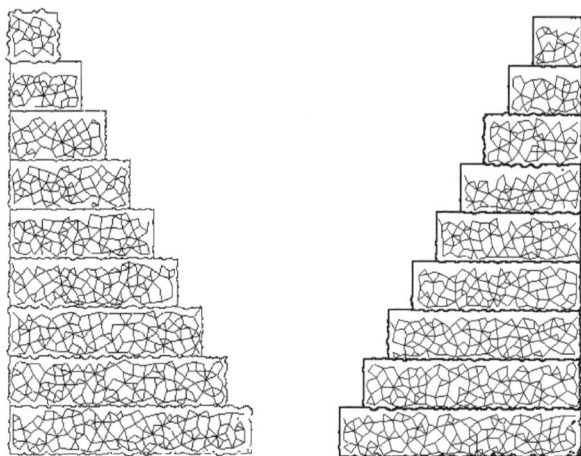

图 7-22 颗粒接触图

(1) 石笼挡土墙的水平位移。图 7-23 为加压后石笼挡土墙的水平位移。无论是阶梯式还是直立式,挡土墙的位移都是上部比下部大;在相同的高度,阶梯式石笼挡土墙的位移比直立式石笼挡土墙的位移大,这与室内试验观测到的位移趋势是一致的。

(2) 土中应力。在两种模型墙背紧贴石笼处设置测量圆以测量相应深度的土压力,数据整理结果如图 7-24 所示。

图 7-24(a)为阶梯式挡土墙紧贴墙背的测量圆中测得的水平土压力及竖直土压力,侧向土压力系数为 0.69。在较浅处,距离荷载颗粒的位置较近,受到的冲击

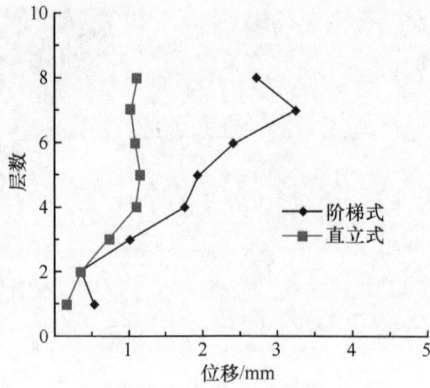

图 7-23 挡土墙水平位移

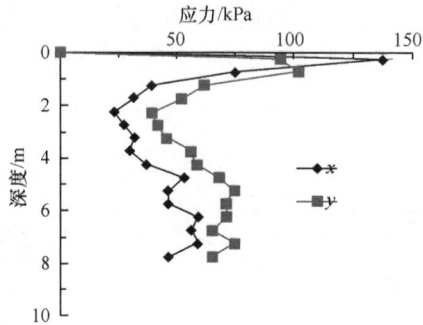

(a) 墙背阶梯式

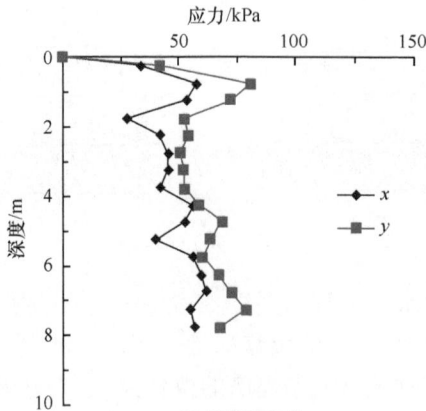

(b) 墙背直立式

图 7-24 挡土墙墙背土压力

作用较大,造成竖向和侧向应力值都很大,随着深度的加深,受荷载颗粒作用的影响也相应减小,应力值得到恢复,竖向和侧向应力值曲线的线性增强。

图 7-24(b)为直立式挡土墙紧贴墙背的测量圆中测得的水平土压力及竖直土压力,侧向土压力系数为 0.80。曲线变化的情形与阶梯式挡土墙的类似[18]。

使用二维颗粒流离散元程序建立两种结构形式的石笼挡土墙模型,分别为墙背阶梯式和墙背直立式。对模型进行受力研究,数据趋势与第 2 章室内模型试验相似,同时也对室内试验中不易观测的项目进行研究,得到以下结论。

(1)挡土墙整体无明显变形;墙背水平向的变形最大,墙背竖向变形次之,墙面变形最小;石笼网丝的接触是挡土墙接触的主要部分,对挡土墙发挥作用最大,填石间的接触较为紧密,但在上部的石笼,填石与石笼间的接触较少。

(2)无论是阶梯式还是直立式,挡土墙的位移都是上部位移比下部位移大;在相同的高度,阶梯式石笼挡土墙的位移比直立式石笼挡土墙的位移大,与室内试验观测得到的位移趋势一致[19]。

(3)土中应力值的测量中,阶梯式侧向土压力系数为 0.69,直立式侧向土压力系数为 0.80,除上部填土中有异常外,其余数据构成的曲线与室内试验的类似。

2)冲刷计算

石笼挡墙冲刷计算可按照蒋焕章[8]推导的挡水墙局部冲刷公式来计算,即

当 $V_0 < V_c$ 时:

$$h_b = \left[1.87 \left(1 + \frac{1}{n} \right) \frac{n_0}{1 + n_0} \left(\frac{h}{K_s} \right)^{1/n_0} - 1 \right] K_\theta K_m h \tag{7-5}$$

当 $V_0 > V_c$ 时:

$$h_b = \left[2.70 \left(1 + \frac{1}{n} \right) \frac{n_0}{1 + n_0} \left(\frac{h}{K_s} \right)^{1/n_0} - 1 \right] K_\theta K_m h \tag{7-6}$$

式中,V_0 为墙前的水流流速,m/s;V_c 为泥沙的起动流速,m/s;n 为垂线流速的分布指数,当 $V_0 < V_c$ 时,可采用 $n = n_0(V_c/V_0)$,当 $V_0 > V_c$ 时,可采用 $n = n_0(V_0/V_c)$,缺乏 V_0 的实测资料时,对沙质河床可取 $n = 40$,对卵质河床可取 $n = 20$;$K_\theta = (\theta/90°)^{0.35}(2 - \theta/90°)^{0.13}$;$K_m = e^{-0.35m}$。

V_c 可按式(7-7)计算:

$$V_c = V_{bc'} \frac{n_0}{1 + n_0} \left(\frac{h}{K_s} \right)^{1/n_0} \quad n_0 = 5 \left(\frac{h}{K_s} \right)^{0.06} \tag{7-7}$$

式中,K_s 为泥沙起动速率 $V_{bc'}$ 的计算高度。当泥沙中值粒径 $d_{50} \leqslant 0.7mm$ 时,$K_3 = 0.0007m$;当 $d_{50} > 0.7mm$ 时,$K_s = d_{50}$。$V_{bc'} = 1.44V_{bc}$,V_{bc} 按窦国仁提出的公式计算并取 $d = d_{50}$,简化为

$$V_{bc} = 1.09 \left[16.187d_{50} + \frac{0.19(2.09h + 2.56)}{10^6 d_{50}} \right]^{1/2} \tag{7-8}$$

3)稳定性计算

对于石笼挡土墙而言,需要验算其倾覆稳定性和滑移稳定性,以及地基承载力

情况,同时还可以计算石笼挡土墙所受内力,当它作为沿河路基的防护结构时,具体计算方法可按照前述浸水挡土墙的计算方法,并使用条分法计算其整体稳定性。

7.6 小 结

本章结合现场调查、前人研究成果及沿河路基防护结构特点分析,从沿河路基防护结构的常见类型、常见病害类型及其形成机理、防护结构的设计原则等方面研究沿河路基的防护技术,对新型沿河路基防护结构石笼结构的力学特性和设计计算方法进行较全面地研究,得到如下结论。

(1)影响沿河路基及其防护结构稳定性的因素可归纳为两个方面,即引起坡体内剪应力增加的因素和造成滑带岩土体强度降低的因素。

(2)沿河路基防护结构的类型众多,破坏方式各异,就常用的重力式挡墙路基防护结构而言,常见的病害类型包括倾覆破坏、整体破坏、基础冲刷淘空、滑移破坏、泄水孔堵塞、勾缝砂浆脱落、墙背填土沉陷变形、沉降缝和伸缩缝破损变形等。

(3)引起路基防护结构破坏的原因是多方面的,常见的有基础承载力不足、排水不畅、地质情况勘察不清楚、水的作用、设计施工不完善、养护不及时等。

(4)沿河路基防护要根据不同的河流地形特征、平面特征、地质特征,因地制宜地采取防护措施,才能有效地对沿河路基进行防护。

(5)对沿河路基的新型防护结构形式石笼挡墙支挡结构进行室内试验、模型试验和数值模拟等研究,并在此基础上探讨石笼挡墙的设计计算与稳定性分析方法。

参 考 文 献

[1] 鄢宏庆,宋从军,周德培. 支挡结构的长期稳定性分析方法探讨. 公路,2004,8:255—258.

[2] 谢定义. 非饱和土土力学. 北京:高等教育出版社,2015.

[3] 中华人民共和国交通运输部. JTG D30—2015 公路路基设计规范. 北京:人民交通出版社,2004.

[4] 赵桂昌,等. 沿河公路路基水毁特点及其工程防护措施. 山东交通学院学报,2004,12(4):15—18.

[5] 高冬光,张义青,田伟平,等. 沿河公路水毁防护. 西安公路交通大学学报,1998,18(4B):83—90.

[6] 田伟平,李惠萍,高冬光. 沿河路基冲刷机理与冲刷深度. 长安大学学报(自然科学版),2002,22(4):39—42.

[7] 牛思胜. 沿河公路路基冲刷深度的计算. 公路,2004,(8):72—76.

[8] 蒋焕章. 公路水毁防治技术. 北京:人民交通出版社,1993.

[9] 周美林,肖政,蒋昌波. 沿河公路丁坝群水毁防治平面二维水流数值模拟研究. 水运工程,

2007,(8):17—20.

[10] 高冬光. 公路与桥梁水毁防治. 北京:人民交通出版社,2002.

[11] Odgaard A J,Kennedy J F. River-Bend bank protection by submerged vanes. Journal of Hydraulic Engineering,1983,109(8):1161—1173.

[12] Odgaard A J,Mosconi C E. Streambank protection by submerged vanes. Journal of Hydraulic Engineering,1987,113(4):520—536.

[13] Schiereck G J. Introduction to bed,bank,shore protection. Civil Engineering & Geosciences,1996:195—198.

[14] Hemphill R W,Bramley M E. Protection of River and Canal Banks. London:Butterworth,1989.

[15] 重庆交通科研设计院. 交通建设科技项目——山区公路特殊支挡结构研究,2004.

[16] 周健,廖雄华,池永,等. 土的室内平面应变试验的颗粒流模拟. 同济大学学报,2002,30(9):1044—1050.

[17] 曾庆有,周健. 不同墙体位移方式下被动土压力的颗粒流模拟. 岩土力学,2005,26(增):43—47.

[18] 孔祥臣,陈谦应,贾学明. 土石混合料振动击实试验的 PFC2D 模拟研究. 重庆交通学院学报,2005,24(1):61—67.

[19] 孟云伟,柴贺军. 隧道破碎带开挖支护的数值模拟研究//2006 年中国交通土建工程学术交流会,成都,2006.

第8章 石笼挡土墙沿河路基防护结构的工程应用

针对沿河路基支挡结构普遍存在地基承载力较低、普通支挡结构地基开挖困难，以及抗冲刷能力差等特点，结合前期科研成果，本书提出两种生态型石笼支挡结构：一种为重力式石笼支挡结构；另一种为加筋土石笼护面支挡结构。这两种结构都有对地基承载力要求低、透水性好、可以有效排水等特点。同时，植被能够通过石笼孔隙生长，也可以通过事先预埋藤蔓性植物枝条于石笼孔隙中，达到保护生态的效果。下面结合两个示范工程情况进行详细阐述。

8.1 城口至岚皋二级公路石笼护面加筋土路堤

省道 202 线重庆城口至陕西岚皋二级公路小河口至穿心店段改建工程沿线地段地质情况复杂，地质条件差，多数挡墙设计高度大，路基坡度较陡，存在地基承载力不足、挡墙及路基稳定情况差等问题。示范工程 K4＋440～K4＋485 段路面设计高程为 810.796～811.689m，线路填方高度为 7.00～9.00m，地势起伏不大，该段路基在两岔河岸边，原设计使用衡重式挡墙，但是在基础开挖过程中出现见不到基岩、地基承载力不能满足的问题，经现场勘察和对路基进行计算分析，该路基设计采用石笼护面加筋土挡墙的方式。

8.1.1 气象、自然气候

本项目路段路线所在区域属中纬度亚热带暖湿东南季风气候区，气候温和湿润、雨量充沛。年平均气温 17.0℃，1 月平均气温 5.4℃，7 月平均气温 26.1℃，极端最高气温 40.9℃，最低气温－4.4℃；多年平均降水量 1283.1mm，其中 5～9 月降水量占全年降水量的 70％以上，最大降水量为 221mm/天。

8.1.2 地形地貌

拟建工程区属于中低山剥蚀河谷地貌，地形起伏大。河谷呈"U"形。两岸高陡，自然坡度 25°～45°。右岸有现有城岚公路通过，自然植被茂密，多为灌木林，少部分为旱地，局部基岩出露。

8.1.3　地层结构

场区内的地层:①第四系坡残积层(Q_4^{el+dl}),黏质黏土,褐红色、灰红色,主要分布在河谷两岸坡中下部的旱地中。②第四系全新统冲洪积层(Q_4^{al+pl}),卵石土、漂石土,杂色,潮湿,卵石约占 70%,砂粒约占 20%,圆砾约占 10%,石质成分以杂砂岩、板岩为主,漂石土一般直径为 50~100cm,最大粒径可达 500cm,本层厚 0.5~2.00m,主要分布于河床之中。③元古代震旦系代安河组(Z_d),含粉砂质板岩,灰色至深灰色,显著鳞片变晶结构,薄至厚层板状构造,层理发育,岩层倾角 60°,石质较硬。

8.1.4　水文条件

地表水为龙潭河,由大气降水及上游河水补给,河水排泄较通畅,对路堤和岸坡有一定冲刷。

区内地下水以基岩裂隙水为主,第四系土层孔隙水次之,土层孔隙水以接受大气降水为主,在两岸均以粉质黏土为主,其含水性弱,河床中卵石土孔隙大,透水性好,且位于河水位之下,以受河水补给为主,含水极丰富,场区地下水主要受河水制约。

8.1.5　设计原则

示范工程的设计原则如下所述:

(1) 安全、可靠。以充分保证公路施工及运营过程中的安全为原则。

(2) 与自然环境协调。遵循与周围环境协调的原则,设计方案考虑尽量减少施工对周围环境的扰动和破坏。

(3) 经济、合理。在保证安全的基础上尽量节约投资,可以采用就地取材、简便易行、易于控制的方法。

(4) 施工工期短。试验工段的实施情况直接影响公路的按期完成和顺利通车,设计方案考虑尽量缩短施工周期。

8.1.6　设计参数

石笼加筋土挡墙设计参数:填土容重 $\gamma=20.5$kN/m³;填土的综合内摩擦角 $\varphi'=30°$;砂卵石填料的内摩擦角 $\varphi'=35°$,黏聚力为 15kPa。

8.1.7　示范工段设计

该段地基为全新统冲洪积层(Q_4^{al+pl})及粉砂质板岩。该段沿用城岚公路的改建工程,原设计路基防护结构为衡重式挡墙基坑,开挖后发现由于河流冲积覆盖砂砾层较厚,开挖5m多深仍不见基岩面,造成挡墙下基困难。由于该段原有路堤被河水长期冲刷,设计人员在充分考察现场情况后,经过认真的力学分析,考虑设计采用抗冲刷性好的石笼加筋土挡墙的路基方式。石笼加筋土挡墙为柔性支挡结构,能适应较大的变形而保证稳定,适用于该段地基承载力较低的情况。石笼的孔隙和台阶采用填土植草绿化方式,从而达到与沿线自然环境形成一体,产生良好生态效应的目的。石笼挡墙采用高强度外包PVC铁丝石笼网,网内材料就地取材,采用抗风化能力较强的块石材料,进行人工堆码。石笼网采用工厂机器编制、批量生产、现场组合的生产工艺。人工堆码要求整齐、平顺。

对地基进行碾压密实,下铺一层防冲刷的石笼护垫,再在上面修筑石笼挡墙。石笼墙面的宽度为1m,每个石笼高0.5m,每级向内错台0.1m,从而形成1∶0.1的坡面,石笼墙背使用编制袋装砂卵石作为反滤层,为增强路基自稳性,填土内铺设土工格栅,筋带的长度为上层7m、下层5m。为防止冲刷,设置石笼护垫,石笼垫垫身厚1m、宽3.5m,垫趾厚1.5m、宽1.0m(图8-1)。

工程数量为石笼面积3352.5m²、填石体积447.5m³、填方2480m³、土工格栅4052m²。

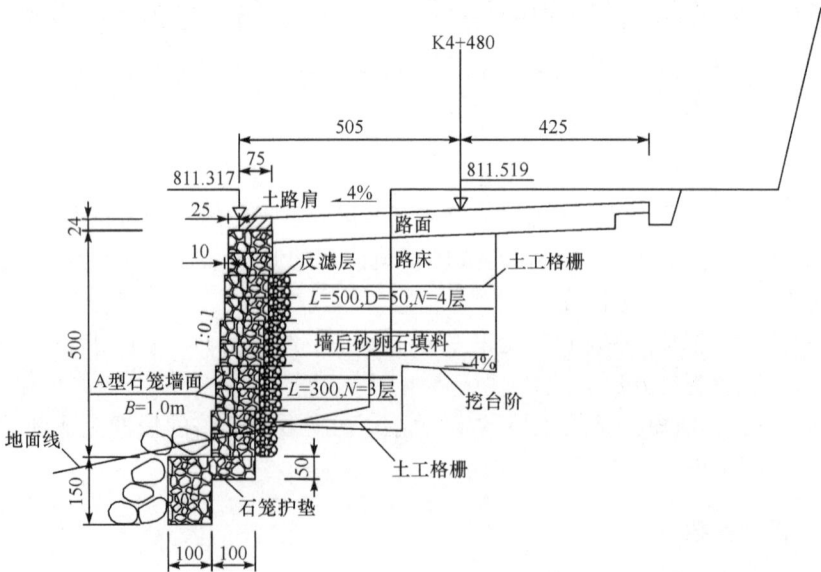

图8-1　城岚路K4+440～K4+485段石笼挡土墙典型断面设计图

8.2　巫溪至十堰二级公路重力式石笼挡土墙

巫溪至十堰二级公路巫溪段位于重庆巫溪县,终点和湖北十堰市接壤。巫溪至十堰二级公路巫溪段全长 26.165km,路线沿途经过地段地质情况复杂,地质条件差,多数挡墙设计高度大,路基坡度较陡,存在地基承载力不足、挡墙及路基稳定情况差等问题。为解决上述问题,经认真分析该路段的地质报告后,针对现场施工中可能存在的问题,课题组选定 K17+300~K17+420 段作为试验工程。K17+300~K17+420 段路面设计高程 1134.9~1136.07m,地形坡度较陡,地势起伏较大,土层较厚,最厚处约为 10.00m;基岩裂隙发育,岩体结构差,地基土体承载力低,斜坡土体稳定情况较差,路基挡墙设计采用重力式石笼挡墙设计方案。

8.2.1　气象、自然气候

试验路段路线所在区域属亚热带湿润季风气候,其主要特点是:四季分明,雨量充沛,湿度大,秋季多雨,冬春季多雾。多年平均气温为 12~16.4℃,最高气温为 38.3~42.3℃,最低气温为 0.1~7.7℃;高山区每年 12 月至次年 2 月为积雪期,高山深谷温差为 6~12℃,具有明显的垂直分布特点。多年平均蒸发量为 1043.90~1190.60mm;多年平均相对湿度为 66.6%~79.4%;多年平均降水量为 1150mm 左右,最大年降水量可达 1900mm,多集中在 5~8 月;多年平均蒸发量为 1200mm 左右。

8.2.2　地形地貌

线路位于大巴山南缘,地形以褶皱抬升中山为主。地形受岩性控制明显,勘测区内最高高程为 1540.00m,最低高程为 340.00m(东溪河),相对高差为 1200.00m。K17+300~K17+420 段位于斜坡地带地面,地形坡度较陡,地势起伏较大。

8.2.3　地层结构

根据地质勘察报告:场地内被崩坡积块石土(Q^{c+pl})、残坡积碎石土(Q^{el+dl})覆盖,下伏基岩为志留系下统双河场群(S_{1sh})、奥陶系上统及临湘组(O_{3l})。

1)第四系

崩坡积块石土(Q^{c+pl}):杂色。主要由强风化灰岩块石、页岩碎块及少量黏性土组成,结构呈松散至稍密状、稍湿。

残坡积碎石土(Q^{el+dl}):杂色。主要由强风化页岩碎块及少量黏性土组成,结构呈松散至稍密状、稍湿。

2)下伏基岩

试验段出露基岩主要是志留系下统双河场群(S_{1sh})和奥陶系上统临湘组(O_{3l})地层。

志留系下统双河场群(S_{1sh})：灰绿色，黄灰色，泥质结构，页理构造。强风化岩体网状风化裂隙发育，层厚 3.30~3.50m；弱风化岩体较破碎。属软质岩。

奥陶系上统临湘组(O_{3l})：灰色，中至厚层状，裂隙发育。强风化岩体结构破碎，厚约 0.50m；弱风化岩体较破碎，岩质较硬，属硬质岩。分布比较普遍。

8.2.4　水文条件

水文条件主要为东西向冲沟内流水，其水位流量明显受降水量的影响控制，主要由上游山坡地表水汇集排放补给。区内溪流分散，溪沟大多与东溪河呈大角度相交，组成树枝状水系，其源头远、流程长，流量为 0.5~1.5L/s，水质清澈透明，水质较好。

地下水包括松散土层空隙水和基岩风化裂隙水。试验工点地形均较陡，有利于大气降水地表径流，大气降水入渗较少，场地地下水水量贫乏。

场地地下水多为 HCO_3^- · SO_4^{2-} · Ca^{2+}，对混凝土无结晶类腐蚀、分解类腐蚀、结晶分解复合类腐蚀危害，水质无污染。

8.2.5　设计参数

石笼加筋土挡墙设计参数：填土容重 $\gamma=20.5kN/m^3$；其中填土的综合内摩擦角 $\varphi'=26°$；黏聚力为 20kPa。

8.2.6　K17+300~K17+420 段设计

K17+300~K17+420 段路基开挖后岩体破碎，为强风化志留系下统双河场群页岩，路基坡角为第四系冲积层，地基承载力较低，采用重力式挡土墙面临地基承载力不足，挡墙的抗倾覆不足和自身的沉降较大等缺点，针对该段落的特殊情况，采用对地基要求不是很严格的柔性支挡结构——石笼挡土墙形式。典型断面设计如图 8-2 所示。石笼挡土墙结构可以产生较大的变形而保证稳定，特别适用于地基承载力较低的情况。石笼采用填土植草，以达到与自然形成一体，产生良好生态效应的目的。

石笼挡土墙采用高强度树脂钢丝石笼网，网内材料就地取材，采用抗风化能力较强的灰岩块石进行人工填充。石笼网采用工厂机器编制、批量生产、现场组合的生产工艺。人工填充石笼网箱要求整齐、平顺。

石笼挡土墙块石空隙内填充营养土植草绿化。

石笼挡土墙工程数量为石笼面积 6653.7m²、填石体积 1201.5m³、无纺布 884.1m²、填方 3031.1m³。

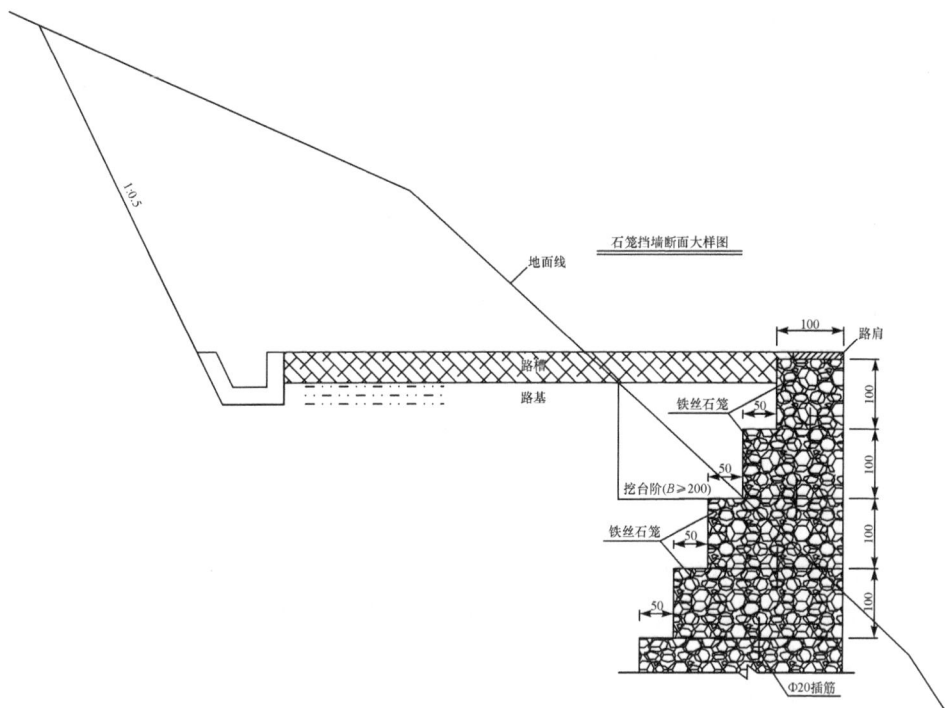

图 8-2 石笼挡墙设计图(单位:cm)

8.3 石笼加筋挡土墙示范工程施工与质量控制

在地形条件限制,石笼挡土墙稳定性不足时,可以在石笼挡土墙背填土中设置一定数量的加筋带,形成石笼加筋挡土墙,实际上是石笼挡土墙与加筋土挡墙的一种组合体。

石笼加筋挡土墙对地基承载力、地基处理、石笼网箱组装与填装等并无特别要求,与石笼挡墙相同,这里不再赘述。下面以城岚路 K4+440~K4+485 段石笼加筋挡土墙为例(图 8-3)对石笼加筋挡土墙施工特点及要求进行简单阐述。

8.3.1 土工格栅材料

应根据设计要求购置合格的土工格栅。土工格栅应有专门的场所堆放,且不得曝晒于阳光下,如果土工格栅在阳光下曝晒时间超过 24h,则该土工格栅不得在石笼加筋土挡墙中使用。

8.3.2　墙背回填

当填方料为土石混合填料时,填料中石块的最大粒径不得超过单层压料厚度的 2/3,且石块应均匀分散。距挡墙坡面 1.0m 以内的路堤填料,其最大粒径不得大于 8.0cm。

每一压实填土层厚度不得超过土工格栅的铺设间距,并且须满足原设计填方路基的有关质量要求和规定。

铺设土工格栅时,填料表面必须整平,且保证施工排水流畅,严禁凹凸不平。

每层填方压实完毕后,必须进行压实质量的检测及填土厚度的测量,检测、测量的资料须由监理工程师签证认可后方可进行上层填筑或土工格栅的铺设。

8.3.3　土工格栅施工

土工格栅应按设计图要求的间距及铺设长度,铺设于压实质量合格的路堤填土层表面。土工格栅铺设时,应将强度高的方向垂直于路堤轴线方向。土工格栅铺设不允许有褶皱,应用人工拉紧,必要时可采用竹制插针等措施,使其固定于填土层表面。挡墙坡面回包的土工格栅,应紧密与坡面土体接触,不得有空隙,且由此形成的坡比不得陡于设计坡比,整个坡面应保持顺直。

铺设土工格栅材料的土层表面应平整,严禁坚硬凸出物。土工格栅材料摊铺以后应及时填筑填料,以避免其受阳光过长时间的直接曝晒,一般情况下,间隔时间不应超过 24h。土工格栅材料之间的连接应牢固且连接处的抗拉强度(垂直于路基轴线方向)不得低于土工格栅极限抗拉强度的 70%。其连接一般可采用尼龙绳绑扎,纵向(平行于路基轴线)连接,其绑扎节点间距不超过 30cm;横向(垂直于路基轴线)连接,其绑扎节点间距不超过 50cm。

8.3.4　施工观测

(1) 应进行地基沉降、路堤沉降、地基侧向位移、路堤侧向位移的观测,如果有条件,可进行土压力和土工格栅拉力或拉应变的测试。

(2) 地基沉降和侧向位移的测点宜为同一点。测点应从坡脚开始,按(距坡脚)1m、3m、5m、7m 的距离布点,全路段至少布置 4 个段面。测点桩用 5cm×5cm 的木桩或 ϕ20mm 的钢筋,桩长不小于 60cm,埋入地下的深度不小于 50cm。

(3) 路堤的沉降和侧向位移的测点宜布置在堤坡平台和堤顶。平台上的测点,各在台面内外侧设一点,堤顶的测点布置于(距堤轴线)0、2m、4m 的距离点。

(4) 土压力及土工格栅拉力或拉应变的测点设置于堤高 1/2 处,点位根据具体情况确定。

（5）侧向变位和沉降的测量分别采用精密经纬仪和精密水准仪。观测频率为：每一填土层填筑前后各一次，如果两填土层填筑间隔时间超过 5 天时，须加测一次。

（6）观测数据需即时整理，绘制时间-沉降、时间-侧向位移、填高-沉降、填高-侧向位移曲线，以便控制施工稳定性。

8.3.5　质量检测

（1）加筋陡坡路堤的质量包括填土压实质量加筋材料及铺设质量、边坡防护质量等内容。

（2）每完成一填土层或铺设完一层土工格栅后，承包人均须进行相应的质量自检，监理工程师须进行相应的质量抽检。

（3）填土压实质量检测。填土压实质量包括填土厚度、压实土层表面平整度、压实度及填土剪切强度，填土表面无明显凹坑。填土压实度采用灌砂法测定，其标准干密度采用《公路土工试验规程》（JTG E40—2007）重型击实试验确定的最大干密度值。当填料为土石混填时，应考虑含石量的影响，对标准干密度进行修正。

（4）压实度检测的抽样频率为 3 点/500m³，测点的压实度须满足设计要求，且应选择有代表性的点位进行检测。

（5）土工格栅材料及铺设质量的检测。

（6）用于本工程的土工格栅材料，必须进行抗拉强度的测试，抗拉强度采用带条拉伸试验测定每千平方米须进行一组试验，且其抗拉强度 T_U 必须满足 $T_U \geqslant$ 50kN/m，且拉断时的应变不得大于 3%。

（7）土工格栅的连接强度采用带条拉伸试验测定，应满足设计要求。

(a) 城岚路K4+440~K4+485段石笼挡土墙一　　　　　(b) 城岚路K4+440~K4+485段石笼挡土墙二

(c) 城岚路K4+440~K4+485段石笼挡土墙局部图一

(d) 城岚路K4+440~K4+485段石笼挡土墙局部图二

(e) 城岚路K4+440~K4+485段石笼挡土墙
(PVC包裹铁丝石笼)

(f) 变形观测

(g) 土压力盒埋设

图 8-3 城岚路 K4+440～K4+485 段石笼挡土墙示范工程现场施工图

8.4 重力式石笼挡土墙示范工程施工与质量控制

本节以巫溪至十堰二级公路重力式石笼挡土墙为例(图 8-4),简要阐述重力式石笼挡土墙施工特点及质量控制要点。

8.4.1 施工准备

（1）承包人需仔细了解和熟悉现场地质、地貌、水文条件及周围环境，并根据施工设计图、现场条件、业主对工程总体进度计划编制施工进度计划，报监理工程师及业主审批。只有经审批同意的施工进度计划，才能作为工程施工进度安排的依据。

（2）承包人根据业主审批的施工进度计划进行施工组织设计，施工组织设计包括施工场地布置、施工设备、施工顺序及进度、施工技术措施、关键工序的质量保证措施等，并将施工组织计划报监理工程师审批，报业主备案。

（3）施工场地。承包人根据设计图，清除地表杂草、农作物及有机质土，并将路堤范围内的地表平整。

（4）填筑填料。承包人在进行石笼挡土墙施工之前，应准备足够的石笼填筑材料，对石笼内填筑材料的具体要求是：所有石材必须质地坚硬，石材的抗压强度不小于 30MPa，表面洁净，有圆角，耐久并具备这样的性质，即在结构体的寿命中石材放在水中或温度发生变化，它们能保持其完整性而不会破裂。石笼内岩石的直径为 180~300mm，根据需要可以允许 5% 的误差。

石笼填料要求搭配合理以达到要求的孔隙度和保证网石笼的直线外形。

（5）工程石笼网材料。承包人根据设计要求，购置合格的石笼网材料。石笼网需有专门的场所堆放，由专人负责管理。

① 石笼网网孔直径为 12cm×15cm 或 10cm×12cm，要求网孔为双扭结的六角形网目，石笼网的规格为 3m×1m×1m 和 3m×1m×0.5m，可以根据设计要求选购。

② 石笼网使用重镀锌铁丝线，具体要求为，镀锌铁丝的直径不小于 3.5mm，框线使用直径不小于 3.5mm 的铁丝线。捆绑各石笼的铁丝线的要求为不小于 3mm 的镀锌铁丝线。

③ 石笼网网孔线和捆绑线均要求具有至少 372~470MPa 的抗拉强度，要求石笼网线具有较好的延伸率，其延伸率不小于 12%。

④ 对于重镀锌线材，用铁线围绕铁线直径 4 倍的圆棒缠绕 6 周时，徒手摩擦不劈裂也不剥落，手感要光滑。

8.4.2 石笼挡土墙施工

1）施工放样

承包人首先按照设计图，在实地每隔 10m 设置一个桩，测量路基横断面，并测量路堤两侧坡脚与路基设计高的高差，以便准确确定石笼挡土墙的高度和换填基础的厚度。测量资料必须有监理工程师的签证认可。

2）石笼网的装配

石笼网是整卷提供的，并且根据要求的规格编制成半成品后运至现场，要独立的装配各个单元，通过将侧面直立起来，确保面板和隔立面在正确的位置，所有面的顶部需合理排列。首先拉伸因折叠而引起的褶皱，摊平石笼网，然后连接石笼，要先连接单元体的 4 个角，然后将内部隔立面连接在侧面上。

石笼网需一次安装在最终的位置上，确保各个石笼网通过连接线捆绑在一起，使用相同的连接程序。

3）石笼网的绑扎要求

使用捆绑铁丝线将所有石笼网结构连接在一起，捆绑铁丝线使用和石笼同直径的线材。使用捆绑铁丝线的程序为：切割足够长度的铁丝线，沿石笼框线缠绕，并在每个网孔开口处螺旋缠绕 2～3 圈，将绑线围绕两条重合的框线或框线与网笼的双扭结边（缝合网格时）螺旋状扭紧，避免镀锌损伤，同时在框线两头打死结，避免连接线松动、脱离，确保石笼之间固定连接。对于使用不锈钢钢丝扣环密闭的石笼，需使用专业的锁扣工具，然后每隔一个网孔开口（距离 100mm，最大不超过150mm）使用工具将钢丝扣密封，钢丝扣开口尺寸为 4cm，闭合后为 2.5cm 左右，确保石笼之间固定连接。

4）石笼挡土墙填筑

（1）用于石笼填筑的填筑材料必须满足 8.4.1 节（4）填筑填料的规定。

（2）石笼填筑中为充填孔隙，可以适当填充小于 180mm 的填料，但是该填料不得超过石笼总填料的 5%。

（3）在某单元工程的同一水平层施工时，应将网笼全部就位后才开始填充石料，为防止网笼变形，相邻两个网笼之间的填石高差不得大于 35cm，填筑石料需人工完成，手工轻放，避免镀锌包裹层的损伤。

（4）在网笼内填充石料时，外露面需用粒径不小于 180cm 的石料作为填料，不得使用小于网孔直径的石料，并用人工填码平整，以获得美观的表面和防止水流将石料从网笼中淘走。石笼填筑完成后，需保证超填 2～3cm 高，以便为沉降留有余地。

（5）石笼填充达 $\frac{1}{3}$ m 时，应在石笼的中部各 $\frac{1}{3}$ 位置处设加强筋，加强筋使用连接线一样的铁丝线，每隔 $\frac{1}{3}$ m 高度设置两道加强筋，防止向外鼓胀，要求加强筋必须穿过至少两个网眼，以使该铁丝受力均匀。在两个边缘，应使用 45°的斜交加强筋。

（6）网笼内石笼填满后即可将顶盖盖下，然后用连接线将两条重合的框线螺旋状扭紧，螺距不应大于 100mm。如果因为超高 2～3cm 而不方便封闭，可以使用撬杠或铁棒等辅助工具封闭，也可以使用不锈钢钢丝扣封闭。

（7）当在已完工的底层网石笼上面安装石笼时，需用连接线或不锈钢扣环沿新装网笼下部边框将其固定在底层的网笼上,同一层相邻的网笼也需用连接线相互捆扎牢,使石笼网连成一个整体。

（8）当场地对石笼进行切割或折叠时,需沿网孔用钳子剪切开,剩余的网孔折叠好,网线整理整齐。网孔切痕要与铁丝线捆绑在一起,并确保石笼的强度和完整性。任何切割开的网笼需组装完整,封闭成一个整体。

8.4.3　施工观测

（1）施工过程中进行地基沉降、路堤沉降、挡墙侧向位移、路堤侧向位移的观测,如果有条件,可进行土压力和石笼拉应变的测试。

（2）挡墙的沉降和侧向位移的测点宜为同一点。测点应从坡脚开始,按（距墙底）1m、2m、3m、4m、5m、6m、7m 的距离布点,全路段至少布置 5 个断面。测点桩用 5cm×5cm 的木桩或 $\phi20mm$ 的钢筋,桩长不小于 60cm,埋入地下的深度不小于 50cm（图 8-4）。

(a) 石笼挡土墙局部图

(b) 石笼

(c) 石笼加强筋

(d) 石笼挡土墙施工

图 8-4　巫溪至十堰段二级公路石笼挡土墙施工图

　　(3) 路堤的沉降用侧向位移的测点布置在堤顶(距堤轴线)0、2m、4m 的距离点。

　　(4) 侧向变位和沉降的测量分别采用精密经纬仪和精密水准仪。观测频率为:每一石笼层填筑前后各一次,如果两层填筑间隔时间超过 5 天时,中间须加测一次。

　　(5) 观测数据需即时整理,绘制时间-沉降、时间-侧向位移、墙高-沉降、墙高-侧向位移曲线,以便控制施工稳定性。

　　(6) 石笼挡土墙修筑完成后,填土期间,每填筑一层土体,需测量一次石笼挡土墙的侧向位移一次,使用测点桩进行读数。

8.4.4　质量检测

（1）石笼挡土墙的质量包括石料质量、填筑质量和连接捆绑质量等内容。

（2）每完成一层石笼的填筑后，承包人均须进行相应的质量自检，监理工程师须进行相应的质量抽检。

（3）填筑石料质量检测。①填石料的质量包括石料的强度、尺寸、摆设的位置；②填石料的尺寸必须满足规定才能认为合格；③填石表面的平整度要求为石笼填筑完成后，表面平整度不大于 3cm（使用 3m 长的直尺），不影响上一层石笼的施工；④填石料的侧向无明显外凸，保持垂直的外观，最大外凸尺寸不得大于 2cm，可以使用铅垂仪进行量测；⑤填石料的抗压强度不得小于 30MPa，现场抽检合格率不得低于 95%。

（4）铁丝石笼质量检测。铁丝石笼材料必须进行抗拉强度的测试，抗拉强度采用单丝拉伸试验，测定每 1000m^2 须进行一组试验，其抗拉强度必须大于 375MPa，且拉断时的伸长率不得小于 12%。

8.5　小　　结

将石笼挡土墙新型路基防护结构成功地应用于沿河路基实体工程，设计、施工及工程效果均表明，石笼挡土墙可以用作沿河路基的防护结构。

在城岚路 K4+440～K4+485 段、巫十路 K17+300～K17+420，进行了石笼加筋挡土墙、重力式石笼挡土墙的工程应用。研究与示范工程表明，对地基承载力低、存在冲刷问题的地段采用石笼挡土墙、石笼加筋挡土墙，并采用石笼护垫进行挡土墙基础防冲刷处理，有效解决地基承载力低与基础防冲刷问题。结合示范工程实施，重点进行石笼挡土墙基础处理、石笼挡土墙施工工艺等方面的试验研究工作，有效解决山区沿河路基防冲刷难题，保证公路运营安全。